◎新乡教育丛书

有效教研案例研究

YOUXIAO JIAOYAN ANLI YANJIU

王新年 著

图书在版编目(CIP)数据

有效教研案例研究/王新年著.—郑州：大象出版社，2017.4(2018.6重印)
(新乡教育丛书/李修国主编)
ISBN 978-7-5347-9120-8

Ⅰ.①有… Ⅱ.①王… Ⅲ.①教学研究 Ⅳ.①G420

中国版本图书馆 CIP 数据核字(2017)第 057373 号

有效教研案例研究
YOUXIAO JIAOYAN ANLI YANJIU

王新年　著

出 版 人	王刘纯
责任编辑	阮志鹏
责任校对	张迎娟　马　宁
装帧设计	刘　民

出版发行	大象出版社(郑州市开元路 16 号　邮政编码 450044)
	发行科　0371-63863551　总编室　0371-65597936
网　　址	www.daxiang.cn
印　　刷	河南安泰彩印有限公司
经　　销	各地新华书店经销
开　　本	787mm×1092mm　1/16
印　　张	19.5
字　　数	317 千字
版　　次	2017 年 4 月第 1 版　2018 年 6 月第 3 次印刷
定　　价	40.00 元

若发现印、装质量问题，影响阅读，请与承印厂联系调换。
印厂地址　郑州市中原路与华山路交叉口向南 200 米路西华山路 78 号
邮政编码　450000　　　　　电话　0371-67196689

"新乡教育丛书"编委会

主　任：李修国
副主任：张　林　冯树正　苏绍彬　刘建学（常务）
　　　　高洪喜　冯　建　陈长玉　于建新　宋卫红
编　委：张连菊　靳月华　刘月贤　郭义林　陈玉伟
　　　　颜秉黎
办公室主任：王新年

目 录

教师研究：最美教师系列

- 教研写作，成就自己的教育梦想 …………………………… 003
- 教研写作，选择自己的创作主题 …………………………… 006
- 提升自己的核心竞争力 ……………………………………… 011
- 形成自己的学识见解 ………………………………………… 017
- 名师成长需要跟进学习 ……………………………………… 023
- 拜师结对的教育意义与教师成长的有效策略 ……………… 028
- 提升自我教育能力，拓宽专业发展路径 …………………… 033
- 贯彻"八自"方略，提升教研素养 …………………………… 039
- "时代需要这样的教育家" …………………………………… 047
- 教师职责的当代解读 ………………………………………… 056

教学研究：示范教学系列

- "示范教学"引领校长专业发展 ……………………………… 067
- "示范教学"提升校长的课程领导力 ………………………… 074
- 给学习注入情感的色彩 ……………………………………… 083
- 给学习加上生活的联系 ……………………………………… 088
- 会学比学会更重要 …………………………………………… 094
- 学先进重在有思路，抓落实贵在有方法 …………………… 100
- 小课题促进大发展 …………………………………………… 110
- 听课要听出门道 ……………………………………………… 114
- 跟进学习，实现新乡教育跨越式发展 ……………………… 116
- 课改大讲堂——打造新乡教育的课改名片 ………………… 118
- 课改，改到深处是理念 ……………………………………… 120

课堂研究：教研随笔系列

- 开展联合教研，落实有效导学 ……………………………… 125

  教师敬业贵在修"四书" ······ 130
  抓好三个课堂,创建卓越学校 ······ 134
  有效教研,提升教师的职业幸福感 ······ 139
  核心价值观怎样有效进头脑 ······ 145
  晒课:重在分享教育智慧 ······ 154
  做好交流规划,促进专业发展 ······ 159
  从高效课堂到卓越课堂的跨越 ······ 164
  引导有效阅读,打造书香校园 ······ 170
  创新:从做你不会做的事开始 ······ 175
  用"四个满意"衡量教研品质 ······ 181

课题研究:教研论文系列

  论有效教研的十个基本指向 ······ 189
  论有效阅读的七个要诀 ······ 199
  论导语设计的六个招式 ······ 210
  有效教学的感性认知 ······ 217
  论冲刺复习的八字方针 ······ 228
  教研协作体——学校品牌建设的助推器 ······ 235
  研究学生"三趣",优化学习品质 ······ 242
  "每课一读":提升思维品质 ······ 249
  "先学后教"的深度思考 ······ 252
  教学创意,让有效教学更精彩 ······ 260

培训研究:专题培训系列

  论教研员的核心素养与发展指向 ······ 269
  论优秀教师专业素养的涵养与生成 ······ 280
  六微循环:促进教师三次成长 ······ 289
  坚持四个跟进,推进牛津版教材落地生根 ······ 297
  跟着名师做名师 ······ 302

  后记 ······ 305

教师研究：最美教师系列

最美好的家
寻找回家的家

教研写作，成就自己的教育梦想

——最美教师的出书梦

作为教研员，我有一个梦想：出版自己的学术专著，提出自己的教研主张。经过不懈努力，《有效教学课例与反思》《有效教学行动研究》《导学的创意与智慧》已经相继出版，这算是圆了自己的出书梦。

作为教研室副主任，我还有一个梦想：编辑"新乡教育丛书"，帮助我们新乡的校长和老师完成他们的出书梦。2013年年底，我在上海考察学习时，第一次见到"上海教育丛书"。上海教育同行20年间出版教育专著103本，这种敬业精神，让我深受感动；这种教研差距，也让我深受刺激。

现在，我有了这样一个机会。受新乡市教育局李修国局长、刘建学副局长的指令，为2011年"感动中原"年度教育人物、第四届河南十大教育新闻人物和河南省"三平教师"、辉县市拍石头乡中心学校张锦文老师的《生活化快乐教学》专著，组织学术论证。该书已经由河南大学出版社出版。恭喜张锦文老师当选2015年新乡市首届"年度教师"，也恭喜张锦文老师的专著问世。

2016年，市教育局等相关部门，共评选出新乡"年度教师"一人，"杏坛耕耘最美教师"十人，"守望田园最美教师"十人。李修国局长有意把二十一位年度教师、最美教师组织起来，让他们讲述自己的教育故事，诉说自己的教育主张，把最美教师的事迹和思想编辑成一本专著。领导把这项任务交给了我，我既感到荣幸，又感到责任重大。作为评委，我曾有机会零距离学习最美教师；作为编委，我又有机会零距离服务最美教师。当然，这也是践行"跟进学习、跟进实践、跟进培训、跟进提高"教研策略的最佳机会。

写书，对许多教师来讲都是一个梦想。那么怎样才能实现这个梦想呢？我读过《中国教育报》上的一篇文章，很受启发。文章介绍说，一位名叫克里斯·巴蒂的美国人，1999年7月在旧金山创办了第一届全美小说写作月，要求参与者在30天时间内写成一部5万字的小说，即平均每天写1667个字。该活动一直延续到今天，规模和影响力在不断扩大。仅2010年的写作月，就有100多个国家的20万人参与其中。活动创办者克里斯·巴蒂因此创作了一本书——《30天写小说》。

故事启发一：行动成就梦想，坚持创造奇迹。30天写一本书，听起来像神话，但如果每天都坚持写完规定的量，就能写成一本书。我们一天写1667个字，大部分人都可以做到；十天，就是1.6万字，大概有三分之二的人都能做到；一百天，就是16万字，大概只有十分之一的人能做到；二百天，就是32万字，这就是一部专著的字数，大概只有百分之一的人能做到。巴蒂用自己的经历告诉我们，坚持是成就梦想的秘诀。

故事启示二：收获源于写作，成功源于自信。全美小说写作月的参加者既非天资聪颖，又非专业作家，大都是一些普通人。但他们都有一个创作梦，都有一份自信心，他们相信自己，相信每天挤出一两个小时用来写作是完全可以做到的。想想我们自己，每逢寒暑假，总是习惯给学生布置很多作业，却从来没有或很少想到给自己布置作业。如果我们以学生的身份要求自己，每天反思一小时，写作一小时，这样坚持30天或者更长一点儿的时间，一定会有收获。在专业发展的过程中，阅读、思考、交流、实践、反思、写作这些成长要素，最有价值的是什么？收获最大的是什么？我认为是写作，感触最深的还是写作。思想只有变成文字，才有可能成为永恒。思想只有与人交流，才有可能实现增值。

故事启示三：梦想源于追求，追求成就梦想。教师群体中，有多少人有写作梦、出书梦？其他人可以没有，但最美教师一定要有出书梦。最美教师应该是最有发展动力、最有发展前景的一个群体。20多年的守望，20多年的耕耘，咱们一定有自己的故事、自己的心得，一定自己的追求、自己的梦想。参加全美小说写作月的作者，都在追求自己的出书梦。今天，《最美教师 光耀新乡——2015新乡首届年度教师、最美教师纪实》一书的编写，也提供了一个实现教师出书梦的机会。作为主要策划人，我保证竭诚为每一位最美教师负责，为每一篇文章尽心。

可能会有人说：我连论文都没有发表过，怎么敢奢望出书呢？其实，写作一点儿都不难。20年以上的教学生涯，你一定经历过一些难忘的事，让人感动的事；一定读过一些有意义的书，启发我们深度思考的书；一定见识过一些特别的人，让我们终身难忘的人……拥有这些丰富的职业经历，还愁没有教研案例和写作素材？如果真的找不到可以写的人、可以写的事、可以写的素材，那你可以写你的领导、同事或者家人。生活中不缺少美，只是缺少善于发现美的眼睛。

教研写作是教师在其职业生涯中，以促进学生全面发展和教师专业进步为目的，以课程开发、课堂教学、课改实践、课程评价等具体问题为研究对象，以自我发现、自我表达、自我感悟、自我满足为契机的研究活动。教研写作题材广泛，形式多样：可以写读书心得、教研收获、听课比较、反思感悟，也可以写教学设计、活动创意、课堂智慧、教育故事，还可以写校园生活、师生交流、父母情怀、生活情趣。

不想当将军的士兵不是好士兵。同样道理，不想做名师的教师不是好教师。将军与名师，他们有一个共同的特征：有梦想。当将军，要有战功；做名师，要有思想。教研写作，能提供表达自己思想的机会；教研写作，能提供成就梦想的机会。30天，足以完成一部5万字小说的创作。我们有20位最美教师，两个半月的时间，每人完成2万字的写作任务，最后整合为一部专著，应该是毫无问题的事情。

教师不读书，一辈子会很苍白；教师不著书，一辈子会很遗憾。教研促使我们深度阅读；写作促使我们有效表达。教研与写作相结合，就是打造名师的捷径；教研与写作相融合，就是成就教育梦想的机会。

梦里能到达的地方，总有一天，脚步也会到达。

阅读思考：

1. 作为教师，你心底是否真的有个出书梦？如果有，你准备怎样实现这个梦想？

2. 《30天写小说》是个神话还是个传奇？是个榜样还是个案例？这取决于你的态度和行动，你应该立即拟定写作提纲与计划并付诸实施。

教研写作，选择自己的创作主题

——最美教师的写作纲要

2015年12月23日星期三下午，教育局人事科、教研室联合召开2015年新乡市"年度教师""守望田园最美教师""杏坛耕耘最美教师"座谈会。靳月华科长介绍了年度教师、最美教师评选工作的目的、立意、经过与结果，宣读了教育局党委深入开展向最美教师学习的决定及为最美教师结集出版专著的意向。郭义林主任则重点强调了教研写作的意义和作用，要求注意政策指向，明白发展方向，把握价值取向，强调教研室要为此活动提供智力支持和学术保障，争取出人才、出名师、出精品。我作为策划者，主要讲了三个问题：最美教师写什么？怎么写？怎么写出最美的教研文章来？

组织、策划、编排最美教师的论著，既要理解领导的用意与意图，又要了解作者的水平与现状，还要把握读者的需求与渴望，要在这三者之间找到一个契合点。我认为教师的专业发展就是这个契合点。习近平总书记对广大教师提出了要做"四有"教师的殷切希望。最美教师应当是"四有"教师的带头人，争做"有理想信念，有道德情操，有扎实知识，有仁爱之心"的优秀教师。"四有"教师的风貌和神韵聚焦于专业发展、专业水平和专业境界上。市教育局党委表彰最美教师的用意，也是树立榜样，注重典型引路，用身边的人物来感染人、影响人。教育需要名师，一线教师都有专业发展的意愿和要求。最美教师都是有阅历、有故事的人，在专业发展过程中所引发的故事、思考和研究，能给我们提供很好的借鉴和启示。

最美教师写什么？立足专业发展的主题，我草拟了七个小标题：

1. 个人小传。在最美教师评选的时候，每位候选人都提交了自己的个人小传。我也认真拜读了每位教师的小传，都很精致，也很用心，但与真正的名师、名家文章相比较，就会发现某些地方的不足。

首先，与《光明日报》2015年"寻找最美教师"揭晓典礼上的获奖教师的个人小结相比较，我们欠缺对感人故事、感人细节的挖掘。莫振高先后筹集 3000 多万元善款，帮助 1.8 万名贫困生圆了大学梦。他还连续 30 多年用自己的工资资助近 300 名贫困生，让他们顺利进入大学。2015 年 3 月 9 日，莫振高突发心脏病与世长辞。去世前，他最牵挂的就是寄宿的孩子们能不能在元宵节吃上汤圆。他的爱岗敬业、无私奉献精神值得所有教师学习与发扬。

其次，与《中国教育报》介绍的北京海淀区名师相比较，我们缺少自己的教育主张和教育理念。窦桂梅在 30 年的教育教学实践中，带领团队完成了三次教育思想超越，从"三个超越"到"主题教学"，再到"课程整合"。她提出了自己的教育思想，主张教育要聚焦"学生适应未来社会发展和个人终身发展所必备的核心素养"。

最后，与美国年度教师相比较，我们在一些方面还有欠缺。2010 年美国年度教师萨拉·布朗·韦斯林的教学主张是"以学生发展为中心"。学生评价她的教学："没有无益的讨论，没有无意义的作业，没有一天令人厌倦。"政府因其满足学生个性化学习需求的实践经验而赞美她，这些实践经验被视为 21 世纪教师卓越典型的最重要元素。美国前总统奥巴马同样对韦斯林能够为每一位学生创造性地提供个性化的写作指导而赞赏有加。2012 年美国年度教师丽贝卡的获奖感言为"教育融入我的血液之中"，表明她把教育上升为一种实现人生理想、达成生命价值的崇高事业。她用自己的献身行动，富有感染力地诠释了一位教师的"超越"和"卓著"。（参见 2015 年 9 月 16 日《中国教育报》）

个人小传要写出最美教师的优点、特点和亮点。要拟定最能反映教育理念、最能概括教育奉献、最能代表教育追求的标题。《光明日报》评选的最美教师，靠事迹感动人，用精神鼓舞人；海淀区的名师，凭学识打动人，借思想影响人；而美国年度教师靠热爱吸引人，用忠诚塑造人。新乡的最美教师要围绕"坚守、奉献、仁爱、信仰、自觉、追求"这六个核心词来做文章。一方面争取写出自己的人格魅力、思想魅力、道德魅力和学术魅力；另一方面完成自我发现、自我修炼、自我提高、自我完善的成长过程。要想感动别人，首先要感动自己。

2. 教育格言，也可以包括教育理念、教育主张、课改感悟等。这是最美教师教育主张的闪光点。总结格言的要求：言简意赅，朗朗上口，意蕴深刻，富有哲理。

"扬长的学习是乐学，补短的学习是苦学。"

"跟老师学习是最省心的学习，教别人学是最有效的学习。"

"名师成长需要两个转化：把教学经历转化为教学经验，把教学经验转化为教学主张。把经历转化为经验需要反思，把经验转化为主张需要提炼。"

"用升学的标准评价学生，一部分学生是失败者；用发展的眼光看待学生，每个学生都是成功者。"

"让学习成为一种幸福，就必须让学生掌握一种方法，拥有一份收获，体验一种快乐，追求一种智慧。"

"学习的动力不是来自外界的压力，而是来自内心的渴望。"

上述教育格言是我总结、提炼出来的，收集在拙著《导学的创意与智慧》一书中。格言是我们信奉并付诸行动的教育信念，而不是用来装点门面的名人字画。格言要用行动来证明，用实践来证实，用研究来证伪。

教育主张最能系统地反映一位教师的学识见解和理论水平。《人民教育》2015年第3期发表了《"教学主张与教师成长"专辑》，请各位最美教师检索阅读。《教学主张：打开专业成长的"天眼"》《寻找自己的教学灵魂》《从教材中寻找思想之源》《数学课的三重立意》《研究是成长的"法宝"》《攀登中，你也成为一座高峰》等，这些精彩论文都是该专辑的优秀篇目。

3. 精品课例2—3节。张锦文老师的《生活化快乐教学》，收录了他21节精品课例。该书已赠送给各位最美教师，请诸位作为参考。每位教师要提交2—3节精品课例。

所谓精品课例：一看学生参与的广度与深度，二看教学设计的立意与创意，三看有效导学的力度与效度，四看问题思考的主动与灵动。其关键是教材整合、教法契合，体现用教材教的理念。大家不必受模式的局限和影响，重点是讲出学科特色和教师个性。

精品课例可以是教学实录，也可以是教学片段、教学设计。总之，要体现出最美教师对课程改革的实践与认识。

4. 教育故事（班主任工作、心理辅导）3—5篇。新乡市教研室曾编辑出版过《听老师讲自己的故事》（2007年，河南大学出版社）一书。该书包括成长故事、育人故事、学习故事、课堂故事、教学故事五个板块，可以作为参考。

教育故事的写作目的是教师把教学实践中有深刻感悟、思考价值、借鉴作用和指导意义的事情记录下来，用文字表达的形式进行个人反思或与同伴交流。教育故事的写作要求，概括起来讲就五句话：有情节，有人物，具备文学上的故事性；有过程，有结果，刻画叙事上的完整性；有方法，有策略，概括规律上的普遍性；有思考，有见解，提炼研究上的创造性；有总结，有感悟，提升认识上的深刻性。

通过教育故事讲述最美教师的成长过程，对自己是一种鼓励，对同行是一种促进，对事业是一种追求，对人生是一种感悟，所以，最美教师一定要讲出自己最动人的故事。

5. 教研随笔可以包括读书笔记、教学反思、评课议课等形式。每位教师要提交3—5篇。

教研随笔作为一种教育经历、教育情感、教育思想的表达方式，受到越来越多教师的厚爱与青睐。究其原因，关键就在一个"随"字：随时、随地、随和、随意、随需。随笔，没有科研论文的严肃，没有课题报告的正式，不求理论的严谨，也不求数据的精准，只求一时之畅快、一时之意趣。随笔不奢望成为经典，也不企求成为文献，只是表达自己的一份情怀、一种思考、一种感悟、一种追求。

教研随笔做得较好的几位先生有肖川、李镇西、刘良华、陈大伟等。他们的随笔可以借来作为范文研读。

我在拙著《有效教学行动研究》《导学的创意与智慧》中，对教研随笔的写作也有所涉及。

教学创意、教学机智、教学感动都可以算在教研随笔中。《河南教研》刊登过的一些好文章，也可以为大家提供借鉴：《追梦教育，让师爱与责任同行》《教育是我无悔的选择》《做有情感的教师，上有情感的课》《教师的价值》《朴素地上好每一节课》《在学生面前"吹吹"自己》《好课的境界》……看别人的标题就能明白，我们应该思考什么样的问题，追求什么样的境界，体现什么样的品质，达到什么样的层次。

6. 代表性作品2—3篇。最能代表自己教研水平的课题研究，最能说明自己的教育情怀与追求的论文专著。

7. 获奖感言。这个栏目实际上是回答"向最美教师学什么"的问题。全市教师学习最美教师，那么，最美教师要有成长规划、发展目标，让大家学有榜样、比有对象、赶有目标、超有方向。我个人强烈建议大家研读一下诺贝尔奖得主屠呦呦的获奖感言。

从 2015 年 12 月 23 日（阴历十一月十三）开会布置任务、明确责任开始计时，到 2016 年 2 月 23 日（正月十六）开学前正式交稿，大家要在两个月的时间内完成上述七个方面的内容，可谓时间紧、任务重、责任大、要求高。坦率地讲，这本专著如果以论文集或资料汇编、经验总结的方式结集出版，我的负担最轻，也最省心省力，但我想把它做成一个正品、一个精品，向全市教育同行充分展示最美教师的神采、品格和底蕴。同时，在这项工作中，体现我们"跟进学习、跟进实践、跟进培训、跟进提高"的教研策略，落实我们"服务教师、服务学校、服务学生、服务社会"的教研宗旨，达成"让学校满意、让教师满意、让学生满意、让自己满意"的教研标准。

教研写作，最美教师是主体，是主角；教研室是媒体，是配角。我会用心做好服务，尽心提供帮助，也希望在这两个月的时间内各位最美教师集中精力、全神贯注，用心写好自己的故事，尽心提炼自己的主张。

一个人想要优秀，必须接受挑战；一个人想要尽快优秀，就必须寻找挑战。现在各位最美教师就面临一个挑战：怎样在两个月的时间内，用自己的作品和主张来证明自己的优秀，用自己的课例和反思来装扮自己的神采。

阅读思考：

1. 把自己以前的作品列出来，按专题排列组合，争取不缺项。
2. 针对自己的教学生涯做一个小结，可以重新发现自己的人生定位，重新界定自己的价值取向。请您认真审视自己的职业生涯，做一个小结或小传。
3. 重新审视个人小传、教研随笔、教育故事，争取写出自己的特点、优点和亮点。
4. 积累一些教育格言，自己总结提炼的为上品，转借他人的亦可。
5. 用自己的学识与见解来证实最美教师的内涵；用自己的勤奋与努力来说明最美教师的品格。

提升自己的核心竞争力

——对最美教师发展瓶颈的解析

为了深入开展"向最美教师学习"的活动，教育局党委决定编辑出版《最美教师　光耀新乡——2015新乡首届年度教师、最美教师纪实》一书，具体任务交给了教研室。写什么，怎么写，怎样写出最美教师的品质特征、个性风采、时代精神和教学主张，是我一直苦苦思索的问题。

教研写作是教师在教书育人、教学反思、课改实践、课题研究的过程中，对有所感觉的教学现象、有所感触的教学案例、有所感动的教育人物、有所感悟的教育规律，进行深入观察、系统比较、生动描述的专业性叙述与表达。教研写作题材不限，形式多样，内容丰富，既可以是读书心得，也可以是课堂观察；既可以是教学随笔，也可以是课题论文。教研写作突出一个"教"字，要求"接地气"，写教师自己读过的书、见过的人、做过的事、说过的话；教研写作强调一个"研"字，追求"有灵气"，要经过思考、加工和提炼，写出风采，写出水平。

对教师来讲，学科知识，教学经验，教研能力，教研写作，哪项技能最重要？我认为教研写作最重要，因为它是教师专业发展的核心竞争力。卓越教师的显著特征一定是有自己的学识见解和教学主张，而这些学识见解和教学主张又一定是通过教研写作，由教研论文和教研论著的形式表现出来的。《语言文字报》曾刊登李镇西和他已出版的著作的合影。60多本著作，摞成近1.8米高的"书塔"，生动地诠释了什么是著作等身。李老师谦虚地说："我没有什么特别深刻的思想，更没有什么新的模式，只有充沛的情感、肤浅的思考和朴素的故事，但我的每一个字都很真诚。"

李镇西老师对我们最美教师的写作启示有五点：一是勤奋。30多年的职业生涯，发表60多本著作。与李老师相比，我们还好意思说我们教学工作有多忙、班主任工作有多累吗？二是思考。教育工作的性质相同，任务相似，目标一致，然而在我们习以为常、不以为意、自以为是的地方，李老师总是能以敏锐的眼光发现有价值的问题，提出有分量的见解，拿出有创意的方案，取得有意义的成果。三是写作。思想只有变成文字才有可能成为永恒。写作促进深度思考，写作促进有效发展。写作是优秀教师的品质，著作是卓越教师的品牌。四是情感。因为热爱，所以甘愿奉献；因为执着，所以甘愿付出。五是故事。教研写作就是写自己的学生、同事或者家人。他们的言行举止、喜怒哀乐，都是教育故事，都有教育价值和意义。

为了促进教师的专业发展，提高教研水平，提升教研品质，许多学校都实施了"N个一"工程，要求教师每学期都要提交最能反映课改进程、最能体现教研现状、最能刻画心路历程、最能代表学术水平的教研文章，如读书心得、教学故事、教学设计、教研随笔、教学反思、教学创意、教研论文、教研课题等。学校用意虽好，但效果欠佳。教研写作被许多教师视为负担，借口往往是没空写；被多数教师视为畏途，理由是写不好。

教研写作究竟难在哪儿，以至于成为教师专业发展的瓶颈？根据我的观察，其主要原因有以下六项：

一、囿于功利思维，不愿写

教研写作，在许多教师看来，除了为拿证书、评职称，别无他用亦别无他意。

写论文、做课题尽管对教师的专业发展有促进作用，但其主要作用还是为了满足当下的评职称条款。如今，职称评审制度改革，取消了论文条款的限制，一些教师也随之失去了写作的动力和热情。在他们看来，教研写作不是为了表达自己的学识见解和教学主张，而仅仅是为了一纸证书。

最美教师是新乡教师群体的优秀成员，他们可能没有惊天动地的功绩，也没有感人至深的事迹，甚至也没有让人称道的教学成绩，但他们一直兢兢业业地坚守自己的工作岗位，无私奉献。怎样在自己看似平凡的教研写作中，让未来的读者领略到课改实践给学校带来的真实变化，感受到坚守在农村学校的广大教师的清贫与崇高，尤其是最美教师身上的风格、品质、信仰和追求？这种写作超越了功利层面的价值诉求。教研写作是一种倾诉，教研写作是一种表达。几十年的教学生涯中，老师们一定经历过一些特别让人难忘的人和事，一定思考过一些有趣的、让人难以释怀的问题，把它们如实地记载下来，作为教研素材、教研案例也好，作为职场经历、情感历程也罢，都是我们职业生涯的一个组成部分、一段人生插曲。有文字记载的生命，是有分量的生命；有情感倾诉的地方，是情感寄托的角落。它们哪一点儿不比评职称更有人生意义和教育价值呢？人们常说"心底无私天地宽"，我还要说"摆脱功利眼界宽"。

二、疏于教学积累，没啥写

一说要写教研论文，老师们的第一反应是上网查资料，找题目；接着，经过一番"下载""剪辑"，东拼西凑，改头换面；然后，大功告成，上交了事。教研写作的本意是要表达我们自己的声音，现在却变异为教学研究的"二道贩子"与"传声筒"。究其原因，是相当一部分教师缺少教研意识，缺乏学术积淀，疏于教学积累，拙于理论提升，导致腹内空洞无问题、眼界空白无见识、大脑空泛无学识、口中空喊无意义。

教研写作是一种积累，教研写作是一种沉淀。辉县市教科所赵田锋副所长在介绍年度教师张锦文的专著《生活化快乐教学》时，曾说过这样一句话："张老师没有占据理论的高地，却占据了实践的洼地。"我把这句话换着说，最美教师没有占据理论的高地，却占据了实践的平地，所以，教研写作接地气，教研文章有灵气，专业发展才会有名气。我相信，每位最美教师，都有着20年以上的教学经历，一定有着不平常的教学积累。这本身就是一笔教研资源，同时也是一座教研宝库。资源需要整理类别，梳理线索，提供写作主题；宝库需要寻觅问题，拓展主题，研究课题，呈现价值取向。

说没啥写，是因为你没用心观察生活。课堂上不缺美，校园中不缺美，生活中不缺美，只是缺少发现美的眼睛。同样道理，教学中不缺事例，只是缺少发现教学事例背后的教育意义。

三、忙于日常事务，没空写

在实际工作中，许多一线教师要应对各种检查评比，处理各种临时任务，无暇去认真思考课程改革，无暇去完成教研写作。

教研写作是一种态度，教研写作是一种追求。在学校常规工作中，总有一些任务要用写作的方式来表达吧。那好，咱们用教研写作的方式来完成它，而不是以应付的方式去做。教研写作需要"三心二意"：所谓"三心"即用心、尽心与潜心，所谓"二意"即立意与创意。备课是每位教师的常规工作。一般教师的备课过程就是抄教参、背教参的过程。如果是参加省、市优质课大赛，备课可就下功夫了：查资料，制课件，做设计，摆问题，请高参……这个备课的过程，就是行动研究的典型案例。把这个过程写下来，就是很好的教研文章。我们不缺经历，不缺过程，也不缺事例，唯一欠缺的就是写作。教学反思、教学创意、教学设计、教学随笔，都可以包含在选材过程中。教研写作可长可短、可大可小，完全自主而定。

想做成一件事，你总会有时间去做；不想做一件事，你总是找寻借口去推托。选择坚持，时间就会越来越多；选择放弃，借口就会越来越多。平凡的事用心做，做到细致，你就是赢家；简单的事尽心做，做到精巧，你就是专家；重复的事潜心做，做到极致，你就是大家。

四、碍于学识见解，写不好

教研写作不同于一般的经验总结，它要表达作者对教育的深度理解，要有自己独到的视角和独特的看法，否则，就会沦为人云亦云的套话。怎样拥有自己的学识见解，对一线教师来讲是个挑战；怎样表达出自己的学识见解，是个更大的挑战。

教研写作是一种交流，教研写作更是一种表达。教研写作的意义在于交流彼此的教学见解，教研写作的价值在于表达自己的教学主张。一些教育工作者习惯于迷信经典、盲从权威，缺乏独立思考和独立见解，因此迷失了自己的目标，不知道如何去选择判断，更不知道如何去表达交流。

学识是对知识消化、转化、内化后的再认知，见解是对事物理解、探索、概括后的再提高。学识是对知识、见识、常识融合后的超越，见解是在了解、理解、分解整合后的创造。优秀的教师善于启发学生思考。"听君一席话，胜读十年书"，谈话、对话、讲话要胜过读书，这是因为教师的话对学生具有启发意义，能正确引领其思维导向及价值观。写自己的教学经历，会让人感到亲切；写自己的教学经验，会让人感到可信；写自己的教学思考，会让人感到自然；写自己的教学主张，会让人感到可敬。如果我们有经历、有经验、有困惑、有思考，只是缺少教研写作的主观能动性，岂不可惜？如果我们有主题、有框架、有案例、有思想，只是缺少教研写作的自我坚持，岂不让人笑话？

教研写作是一种蜕变，让人变得厚重；教研写作是一种转型，让人变得丰满。"先学后教"是著名的洋思经验，这句话背后的文化意蕴和教学要求是什么？我概括出来八句箴言："先学突出主体作用，后教规划教学分工；先学践行自主学习，后教指向认知障碍；先学提供选择权利，后教强调学识比较；先学难在提出问题，后教巧在深度解析；先学对应知识结构，后教注重主题拓展；先学重在习惯养成，后教贵在学法指导；先学反馈学情学趣，后教矫正认知偏差；先学涵养文化自觉，后教追求核心素养。"蔡林森校长作为洋思经验的概括者、总结者和推广者，都未必能诠释得这么周到、细致、全面、深刻，这就是我自己的见解。

五、苦于学识视域，不好写

教研写作的教育意义在于它记录了我们的进步历程，反映了我们的情感世界。教研写作的学术价值，在于它表达了我们的思维成果，代表了我们的学术水平。怎样从研究的角度而不是经验的角度来观察课堂，从学术的视域而不是技术的视域来研究教学，需要我们完成从经验总结到行动研究的跨越。

一个人的成就永远不会超越他的认知高度和思想格局。正所谓眼界决定境界。

教研写作是一种气质，教研写作是一种品格。写作反映最美教师的职业气质和学术品格。有这样一段话："看到，不等于看见；看见，不等于看清；看清，不等于看懂；看懂，不等于看透；看透，不等于看开。"其中的哲理应用到教研中同样有效。教学中的许多事，我们不就是处于看到、看见、看清、看懂、看透与看开的迷惑与探索之中吗？

拥有学术视域，可以使我们站在理论的高度上去俯视教育实践，从实践的平台上检验理论的成色。合作学习在实践中常常被误以为是小组合作，分组讨论。其实合作不仅是一种学习方式，更是一种文化形态，我们要认知体会并感受合作的内涵。小合作要放下态度，彼此尊重；大合作要放下利益，彼此成就。做人比做学问更重要，明白了做人的道理，自然也就明白了做学问的诀窍。

拥有学术视域，可以使我们在立足实践的基础上去反思教学研究。教师专业发展要解决好高度、深度、广度与厚度的关系。学术视域既是教研广度与厚度的结合，又是教研高度与深度的融合。

六、拙于思想提炼，不会写

很多教师课讲得好，活干得好，但提到写文章就心里发怵，总也写不好。理科教师说自己不会用文字表达思想，文科教师说自己不会用逻辑归纳理论，工作中出现"宁愿费力，不愿费脑"的现象。而这种现象，实际上反映了教师的思维惰性。

教研写作是一种提高，教研写作是一种提升。以专业发展的视角看，写作是教研能力的体现，也是教学主张的提炼。综观我们的教研写作，普遍存在的问题是选题粗糙不精致，问题空泛不实际，主题平淡不突出，过程简单不深入，方法单调不科学，结论寻常不鲜明。这些暂且不论，教研写作面临的最大问题是不善于表达自己的学识和见解，不善于提炼自己的教学主张。研究如果没有自己的观点、主张和结论，就只有跟随别人、模仿别人和重复别人。一些所谓的教研成果也常常是无中生有的编造而不是见解独到的创造。

教研写作是教师专业发展的有力支撑，是专业水平的有力佐证。对于最美教师来讲，《最美教师 光耀新乡——2015新乡首届年度教师、最美教师纪实》的编著出版，是一个交流展示自己教研水平的平台，也是一个总结提升自己教学主张的机遇。优秀教师的成长需要两个转化：首先是把教学经历转化为教学经验，其次是把教学经验转化为教学主张。经历转化为经验，需要教学反思为催化剂；经验转化为主张，需要教研写作为加速器。没有写作，成长是一种遗憾；没有反思，教育是一种缺憾。学会反思，我们才可能成为优秀教师；学会提炼，我们才可能拥有教学主张。

选择求知，我们会有层出不穷的问题；选择责任，我们会有勇往直前的动力；选择教育，我们会有多姿多彩的人生；选择写作，我们会突破专业发展的瓶颈；选择坚守，我们会有意想不到的收获。

阅读思考：

1. 解剖自己，发现自己的弱点与不足，才能更好地进步、发展与提高。

2. 诊断自己专业发展的瓶颈在哪里。怎样突破制约，实现专业发展过程中的改变、转变与蜕变？

3. 读书是基础工程，教书是育人工程，研书是提升工程，著书是光彩工程。请思考：我们应该怎样处理好读书、教书、研书与著书之间的关系？

形成自己的学识见解

2015年11月,我有幸参加了"全国目标教学专题研讨暨柳州市教育特色展示会",受全国目标教学学术委员会的委托,主持"教育评价"的专场研讨并担任点评嘉宾。

怎样既扮演好主持人的角色,又符合点评嘉宾的身份,既要把每位发言者的优点逐一讲到,又不能重复别人的观点,还要讲出自己的思想观点和学识见解,对我来讲是个严峻的挑战。

广西教育科学研究院教师作的报告——《基于教学质量标准的课堂教学质量评价——民族地区教学质量及其检测体系的研究》,切合均衡发展的时代要求,突出民族地区的特色,关注过程管理,注重数据分析。其研究成果曾在《广西教育》上分五期进行连载,颇有区域影响力。

山东潍坊东明学校《优化综合素质评价过程,引领学生走向幸福人生》的报告,其要点可概括为:立意高,作用大,指向明,要求细。所谓立意高,就是把教学的知识立意、能力立意,提升到了素养立意的境界;把中招考试与学业水平考试二合一,文化课与综合素养的成绩以A、B、C、D的等级呈现,体育成绩以A、B、C的等级呈现。作用大是指综合素质评价将作为高中录取的硬指标,以促进学生的全面发展和个性发展。指向明是指评价要对教学起到引导的作用,它以"日常评价+期末评价+标志性成果=学期评价结果"的操作模式,告诉学校及学生综合评价的操作细则及行为指向。要求细是指课程设置与开发,特别是地方课程、体艺选修、综合实践活动和成长体验四类课程,保证了学生的广泛参与。正向量表的应用与开发是其评价工作的亮点。学生的全员参与、全程参与,使评价具有相当高的信度与效度。

河北衡水中学的《让评价成为学科建设的助推器》,引起了与会者的广泛关注。衡水中学发展的秘诀就在于有力的评价与有效的指导。他们以"教学管理、教学质量、专业发展和文化构建"四位一体的融汇,落实对教学常规、教学成绩、团队建设和课程文化的综合评价。衡水中学的集体备课，要求做到"一课三备"：一备教学常规，二备教学个性，三备学科特色。衡水中学的集体研课，要求做到"一课三讲"：学生讲概念与结构，老师讲主题与小结，师生合讲探索与感悟。衡水中学的成功，一定有它的秘诀，就看我们是否有慧眼发现它，是否有慧根感悟它。

新乡市实验小学王立康校长向大会作了《创新评价体系，践行"三实教育"》的专题报告。"三实教育"是实验小学的教育品牌，即"老实做人，踏实做事，求实创新"。实验小学的评价方案有四个特点：一是体系全。该体系分八个板块，涉及教师团队、特色课程、特色班级、社团活动、学校文化、家长学校、学校管理、综合素质评价。二是重落实。以研究的态度对待工作，用研究的方法解决问题。在落实、落细、落小上下功夫，做到内容具体化、实施动态化、主体多元化。三是讲和谐。评价工作的立足点和着眼点，就是促进学校的全面发展，它既要有学生的发展，又要有教师的发展；既要有学校的发展，又要有校长的发展。四是效果好。通过评价体系的改革创新，实验小学达到了"行为规范、自我教育，行知合一、自我提高，素养立意、自我完善"的教育目标，理所当然地成为新乡市的窗口学校、示范学校。

我随后的点评以"教育评价的新思考"为题目，简要概述了自己对教育评价的认识：

评价不是一种制度，而是一种引领（品行、品德、品格）；

评价不是一种规范，而是一种导向（学习、合作、发展）；

评价不是一种强迫，而是一种自觉（道德、行为、文化）；

评价不是一种约束，而是一种激励（特点、特长、特色）；

评价不是一种区分，而是一种发现（潜能、潜力、潜质）；

评价不是一种甄别，而是一种认同（身份、情感、文化）；

评价不是一种督促，而是一种互助（学习、生活、研讨）；

评价不是一种目的，而是一种期待（成长、成才、成功）；

评价不是一种塑造，而是一种选择（权利、空间、意向）；

评价不是一种权利，而是一种分享（交流、碰撞、发现）。

教育评价是个大课题，理论性强，抽象概念多。讲清楚、讲透彻，让听众有认同感、亲切感、现场感是首要目标。我曾为此设计过三套方案：一是逐个点评、面面俱到。这是会议主持人常用的套路。二是另起炉灶，再作报告。这有点儿标新立异，不合身份，因为我是主持人，而非主讲人。三是综合概述，深度解析。既立足嘉宾的报告，又表述自己的见解；既要着眼嘉宾的观点，又要融合自己的学识。几经考虑，我决定采用第三套方案。于是我把会前准备的资料，如教育评价的概念、定义、发展阶段、技术手段、功能作用、价值取向、指导意义、典型案例、实践困惑等全部放弃，重新梳理思路，寻找点评与点拨的切入点。采取"以我为主，兼顾嘉宾；融会贯通，形成体系；全面细致，富有启示；点到为止，留有空白"的策略，果然收到不同凡响的效果。

在教育评价中引入科学的方法，使之真正成为一门科学，是19世纪中叶以后的事情。所谓教育评价，就是根据一定的教育价值观，运用可行的科学手段，通过系统地收集信息资料和分析整理，对教育活动、教育过程和教育结果进行价值判断，为提高教育质量和教育决策水平提供依据的过程。教育评价经历了四个发展阶段：一是心理测量期（19世纪中叶至20世纪30年代），考试的定量化、客观化和标准化是其主要特征；二是目标中心期（20世纪30年代至50年代），在此期间形成了科学的教育评价概念，把评价与测量区别开来；三是标准研制期（20世纪50年代至70年代），布鲁姆等学者提出系统的教育目标评价理论；四是结果认同期（20世纪70年代至今），亦称个体化评价时期，关注评价过程，强调评价给予更多被认可的可能。总之，评价的根本作用就是促进教师与学生的共同成长、共同进步。

教育评价有两种基本方式：一种是绝对评价，以目标参照为标准，测量学生的达标度；另一种是相对评价，以常模参照为标准，以某一集团的平均状况为基准。教育评价是以价值判断教育意义的活动，通过对教育活动现实或潜在的价值作出判断，达到教育增值的目的。

以上所述都是鹦鹉学舌、照本宣科，没有经过自己"消化—转化—内化"的深度理解过程，因此显得生硬、拗口。从听众的知识需求和价值判断上分析，他们不会对理论陈述感兴趣，也不会对歌功颂德的溢美之词感兴趣。我常常思索怎样找到理论与实际的结合点、小结与点评的契合点、学识与见解的交汇点。只有三点碰撞，生成自己的思想观点，才能做好此次点评。

我把知识分为常识、见识、学识与卓识四个层次。常识存在于体验，见识存在于观察，学识存在于思考，卓识存在于经典。知识是一种常态，不管你见到没见到，它都在那儿存在着。思想境界、学识水平、生活情趣和价值取向不同的人看待同一种事物，会有不同的看法。这种认识差异，就是学识水平的差距。学识贵在辨别真伪优劣，重在把握发展趋势，巧在洞悉变化规律，难在做到融会贯通。

见解是在了解的基础上，经过理解消化，与原有的认知形成认知共鸣并融会贯通，生成自己的看法，形成自己的观点。按《现代汉语词典》的注释，见解是"对事物的认识和看法"。"见仁见智""见微知著"是指人们认识事物的差异与差距。有效教学在实践中常常要回答一个问题：为什么学生在学习过程中会出现"一看就会，一听就懂，一过就忘，一做就错，一考就晕"的现象？究其原因，恐怕还是浅学习、浅参与、浅认识、浅理解所致。

学识是进行教学研究的知识基础，见解是表达教研成果的学术基础。有知识未必能发现问题、解决问题，有学识则能把握其要害，有卓识则能洞悉其规律；理解问题也未必能全面、系统、完整、准确地将见解表达出来。学生在小组合作讨论时，常常会有这样的现象：某些问题明明自己知道答案，可在交流过程中就是对同学说不清楚，讲不明白。理解与见解的区别主要有两点：一是理解能讲清楚概念，见解能联系生活实际；二是理解仅仅是个人认知，见解是拥有自己的看法并可以用以交流。最简单地说，理解是解释别人，见解是阐述自我。

评价不是一种制度，而是一种引领。评价明明就是一种制度，怎么说不是一种制度呢？这样说的目的在于引起大家的有意关注。最初的设计是"评价不仅仅是一种态度，更是一种引领"。李希贵讲过一则故事，说的是学校进行教学常规检查，一位老教师的教案被判定为不合格，于是他怒气冲冲地找校长申诉："我是有近30年教龄的老教师，论教学业绩在咱学校最好，多年送毕业班；论教学水平，刚刚荣获'最受学生欢迎的好教师'称号。我的教案怎么可能被判定为不合格？尤其可恼的是，判定不合格的老师竟然是学校教务处的小姑娘，她才来学校没几天，没上过几节课，不正是因为教学效果不好才调到教务处的吗？她有什么资格来评价我这样的老教师？"李校长劝道："您消消气，先回去，等我了解清楚情况以后再给您答复。"一问情况，小姑娘也挺委屈："我是照章办事，他的教案非常简单,没有按学校的规定写,所以才判定为不合格。"李校长陷入了沉思,老教师说得有道理,教务处照章办事也没错。但问题出在哪儿呢?制度制定有不完善的地方,需要采取措施,补上制度的漏洞。学校作出规定:教龄在20年以上,获得市优秀荣誉称号的教师一律免检;年轻教师写详案,中年教师写略案,老教师只需写教学创意与点子。问题得到圆满解决,老、中、青三代教师,各安其位,各明其责,各得其所,各美其美。

评价不是一种甄别,而是一种认同。在一般人的认知中,评价的功能就是诊断、反馈、选拔、激励,尤其是选拔功能得到了空前的重视。评价就是要甄别学生、选拔学生,还要淘汰学生。大家都知道适合学生的教育是最好的教育,怎样为学生提供适合的教育呢?我们教育工作者应该静下心来去研究学生,发现其兴趣爱好、个性特长、潜能潜质,提供合适的场合、条件与环境,取得学生、家长及社会的认可,我们才算是把办人民满意的教育落到了实处。甄别容易,简单地给学生贴上一个"差生",甚至"双差生"的标签,将会给学生带来巨大的心理负担和阴影。赏识学生的优点,发现学生的潜能,拓展学生的潜质,认同学生的努力,教育评价大有用武之地。

评价不是一种强迫,而是一种自觉。《中国教育报》曾刊载过这样一则故事:北京某学校因为场地狭小,学生众多,为保障校园安全,学校规定机动车、电动车、自行车一律不得入校园。一天,一位家长用自行车推着脚部受伤的孩子上学。门卫挺为难:放行,有违制度规定;禁行,不合人之常情。门卫作出了让双方都满意的决定,门卫背着孩子,把她送到班上。这既不违反学校的规定,又帮家长解决了难题,但是门卫却付出了额外的辛苦。校长表扬称,这就是一种灵活的执行,它体现的是一种敬业精神,一种职业自觉。

若是单纯讲评价、讲管理,校长们哪一个都比我知道得多,体会得深,讲解得有趣。所以我选择讲自己的学识见解,既不重复别人,又不复制理论。短短的十句话,虽然看起来不长,但每句话都有内涵。全面细致的概括,周到详尽的总结,通俗易懂的阐释,深入浅出的论述,富有启发的提示,层次分明的推理,都是基于我在思考、总结、提炼后的学识见解。

我的小点评,有题目"教育评价的新思考",有主题,有框架,有素材，有故事，稍微下点儿功夫即可整理成一篇像模像样的论文。这就把自己的学识见解提升到了另外一个层次：教学主张。

学无止境，我们的发展、进步、提高亦无止境。

阅读思考：

1. 你认为知识、学识与卓识三者之间的差别是什么？请用教学生活中的实例来证明你的理解或用教学反思来思考教师学识对促进学生深度思考的实例。

2. "平庸的教师把学生教得没问题，优秀的教师把学生教得会不断思考问题并期待在下节课上提出层出不穷的新问题。"你同意这句话吗？我们的课应该怎样上呢？请你设计出一个教学方案来证明自己的学识水平。

3. 你怎样理解"评价不是一种强迫，而是一种自觉"这句话？关于"教育评价的新思考"，你最欣赏哪句话？说说你的理由。

名师成长需要跟进学习

——论最美教师的发展转型

新乡市教育局李修国局长在 2015 年新乡市首届年度教师张锦文的《生活化快乐教学》一书的题词中写道："名师贵在拥有教学特色，难在形成教学主张。张锦文老师既有快乐教学的特色，又有生活化的教学主张，做到了知行合一。"李修国局长的题词，道出了名师必备的两个基本特征：教学特色和教学主张。把自己的教学特点、教学特长磨砺成为教学特色，是名师成长的必备条件；把自己的教学经验、教学反思提炼成为自己的教学主张，是名师成长的核心要素。

每位教师都有自己的特长优势，怎样把自己潜在的优势提炼成教学特色和教学主张，使自己成为一位名师，是促进教师专业化发展的迫切任务。办人民满意的教育，需要一大批名师作为引领和支撑。名师的成长是个过程，这个过程需要跟进学习。

一位优秀的教师，不仅要有完整的学科基础知识和学科专业知识，还要有系统的教育基础知识和教育专业知识。只有把学科与学科教学相结合，把教学与教学专业相统筹，实施有效教学，才会有牢固的专业基础，教师专业成长才会有坚实的能力支撑。

对教师职业而言，其专业性更多地体现在其教育专业知识上。社会其他行业的人士，拥有的相应的学科基础知识和学科专业知识并不比教师少，但在教育领域，尤其在教育子女方面，他们却没有教师有权威性。原因就在于他们欠缺教育基础知识和教育专业知识，在教育教学方面，存在着认知盲点和认知误区。

可能大家还记得陈景润的故事。自厦门大学毕业后，陈景润被分配到一所重点中学教书，他尽管是名牌大学的高才生，但不擅长表达与沟通，所以并不适合做中学教师。后来，华罗庚慧眼识珠，把他调到中国科学院数学研究所工作，这才成就了陈景润的学术辉煌。这个故事说明，善于做研究的人才，未必适合做教师。同样道理，拥有学科专业知识的人士，也未必适合做教师。

教育基础知识和教育专业知识是教师专业成长急需补齐的两块"短板"。它们更多是属于实践性知识，靠实践体会与感悟，才能意会其妙，领会其巧。现在入职的中学教师，基本上都是本科和硕士学历，他们不缺知识缺经验，不缺志向缺能力，不缺抱负缺实践，不缺个性缺特色。针对怎样尽快补齐专业发展"短板"的问题，我倡导跟进学习，掌握教育基础知识。跟进学习、跟进实践、跟进培训、跟进提高的"四跟"策略，是我个人三十多年教研生涯的深刻体会与感悟。跟进学习，就是围绕一个阶段性的学习主题，瞄准领军人物的思想主张，进行有意识的理论学习和实践尝试，突出在理论指导下进行课改实践，强调在比较实践中进行理论验证。跟进学习强调三个积累：文献积累、思想积累和成果积累。跟进学习要求做到三个同步：既要了解该领域的学术动态，又要提出自己的学识见解，还要有课题研究的学术成果。跟进实践突出三个指导：理论指导、行为指导和课题指导。跟进实践是在一定教育理论指导下的教学实践，是经过理性思考后的行为选择。跟进培训是教研员的本职工作，其核心要素是针对课改实践中的问题，用研究的方式加以解决，用培训的方式推广成果。跟进提高是我们在学习、实践、研究、反思的过程中，对学习主题的深度理解，对目标达成的同步前移。

跟进学习强调实践性，跟进学习的主阵地在课堂，最主要的形式是听课。我曾写过一篇教育随笔《不听别人的课，就讲不好自己的课》，讲述了为什么要听别人的课，听课时重点听什么，怎样讲好自己的课。听课对于促进教师专业发展的重要性，怎样强调都不过分，关键是怎样听出门道，评出新意，碰出见解，悟出创意。我个人认为，比较的方式和学习的心态是听课的基本方法和基本态度。比较的方式强调四个"发"字：一是发现问题，二是发表意见，三是发挥水平，四是发展能力。发现问题是专业水平的体现，发表意见是专业精神的体现，发挥水平是专业态度的期待，发展能力是专业进取的体现。学习心态让我们既要用"欣赏"的眼力，看到别人的长处，听出课堂的味道；又要用"发现"的眼光，看出问题的所在，找出问题的关键；还要用"建构"的眼界，提出改进问题、解决问题的新思路、新方法。

跟进学习倡导情境性，跟进学习的突破口在评课，最主要的方式是研讨。一般来讲，在遇到教育教学的新情境、新问题时，教师通常会有三种处理方式：一是运用原有的旧知识和老经验去应对和解决问题；二是当原有的知识和经验不足以应对和解决问题时，多数教师会去学习新知识和新经验，来应对课程改革中的新情况、新问题；三是个别教师在学习之后，能够将这些新知识、新经验"嫁接"、改造乃至生成为自己的知识和经验。这就是机械学习、跟进学习与创新学习三种学习形式的区别，实际上也是普通教师、优秀教师与卓越教师的区别。

跟进学习要求自觉性，跟进学习的"制高点"在于主题性。选择什么样的学习主题，决定了你会有什么样的发展前景和发展高度。跟进学习首先要了解国际教育发展的大趋势，从宏观上把握全局。这种大趋势之一是由传统学校转向现代学校，由传统教育转向现代教育。它表现在由学科划分、分科教学，转向学科综合、综合教学；由整齐划一的固定课堂时间转向机动灵活的项目自由时间；尤其在评价方面，由传统的反馈、矫正、选拔、激励功能转向自我激励、自我满足的成果展示。二是倡导以深度参与、深度理解为基本特征的深度学习。三是推广合作学习，特别是项目合作。互联网让全球合作成为可能，进行跨文化交流，尤为可贵。跟进学习其次要跟踪本领域的领军人物，如李吉林的从情境教学到情境教育。"选择教育，成就英才"，这是我研读《晋元实验——基于选择教育理念的教学改革》一书所受到的启发。我就"选择教育，成就英才"的理念，分别与新乡市十中英才学校陆桂生校长和卫滨区英才小学赵静校长进行了交流沟通。让教育适合学生，就要学会选择适当的内容，提供适时的指导；选择适合的案例，提供适宜的环境；选择适意的课题，提供适用的引导。宏观层次上的课改实践需要在办学理念、办学特色上寻找突破口；微观层次上的课改突破需要在教学创意、教学设计上仔细揣摩。

跟进学习体现主动性，跟进学习的"着力点"在于持续性。成功源于你选择的目标及坚持。20世纪60年代，联合国教科文组织最早提出"终身教育"的概念。到90年代，"终身教育"发展成为"全民教育"。随着知识经济、创意经济的到来，终身教育、全民教育的概念又丰富为"终身学习""全民学习"。教师应该是"终身学习""全民学习"的先行者和践行者，而跟进学习就是一种很好的过渡形式。终身学习的难点在于持续拥有职业进取的动力、活力和张力，建设一个纵向衔接、横向沟通、学历与能力同步发展、创意与智慧平行提高的学习体系。终身学习有四个基本要素：一是基于发展渴求的主动性，二是基于问题解决的针对性，三是基于批判思维的深刻性，四是基于学识积累的思考性。

跟进学习追求应用性，跟进学习的"闪光点"在于它的具体性。跟进学习的价值取向是解决问题，行动指向是课改实践，思想倾向是主动进取，发展趋向是办人民满意的教育。解决问题需要具体问题具体分析，具体情况具体对待。李瑞环同志在谈哲学时讲到，一具体就深入，一具体就细致，一具体就深刻，一具体就生动。学以致用的奥秘就在于具体化。跟进学习既然以解决问题为价值取向，就必须格外重视具体问题具体分析，具体情况区别对待。教育面临的最大难题是它的复杂性，解决难题最有效的策略就是具体性。

跟进学习崇尚深入思考，跟进学习的"拓展性"在于它的深刻性。人类认知世界的程度由低到高分为六个层面：记忆、理解、应用、分析、评价和创造。这是最基本的认知规律。但是，在教学实践中，我们强调记忆、理解的多，要求运用、分析的少，引导评价、创造的更少。课程标准的分层要求并没有在教学目标上得到很好的体现，甚至出现课标与目标之间的巨大反差。究其原因，一是认知不到位。不理解基本的认知规律，也就谈不上照章办事，只能是跟着感觉走，凭着感觉做。二是能力有欠缺。教师自己的认知能力和认知水平尚且达不到评价、创造的程度，又怎样去引导学生深度参与、深度理解、深度拓展、深度探究？

名师的成长是个过程，也是种竞争。成长要克服阻力，竞争要体现能力。成长需要跟进学习，竞争需要跟进提高。跟进学习需要能力保障、定力支撑、毅力维系、活力充实、张力拓展。谁能把跟进学习坚持到底，谁就将是"终身学习"的践行者。随着网络技术和互联网的普及、知识经济和创意经济时代的到来，终身教育、终身学习成为建立学习型学校、学习型社会的基石。跟进学习与终身学习的共同之处，在于都强调通过学习实践和感悟获得提高工作的能力而非单纯以获得文凭提高学历层次。这是名师成长的关键。

跟进学习的落脚点是有效解决教学工作中的实际问题，建立一个行之有效的基本流程和方法体系；终身学习的支撑点是建立一个纵向衔接、横向沟通、学历与能力同步发展、创意与智慧平行提升的学习体系。这些都需要我们在学习实践中去完善、去体验。

跟进，让我们且行且坚强；学习，让我们且学且充实。跟进学习会让我们完成教师职业生涯中的三"变"：由普通教师转变为骨干教师，由骨干教师演变为优秀教师，由优秀教师蜕变为卓越教师。

阅读思考：

1. 跟进学习的特点是什么？请你做一个简要概括。

2. 你心目中最欣赏、最佩服的教育名家是谁？按照"四个跟进"的策略，拟定一个跟进学习的规划。

3. 跟进学习需要"五力"支撑，假如以此为题目，你能续写出一篇随笔或论文吗？请尝试一下，也算是跟进学习的实践。

拜师结对的教育意义与教师成长的有效策略

2015年9月29日下午,应高学峰校长的邀请,与郭义林主任、陈玉伟所长陪同刘建学副局长参加了九中"青蓝工程"的启动仪式和拜师结对活动。会上宣布了十一组教学结对、七组班主任结对的名单,宣读了"青蓝工程"实施方案,聆听了郭勇、卢春霞、田媛媛三位教师代表的发言,高学峰校长发表了热情洋溢的讲话。最后,刘建学副局长勉励全体与会人员要善于学习、善于总结、善于反思、善于表达,形成自己的教学风格,打造团队精神。

我把参与此次活动的心得,概括为两个方面、三句话。两个方面,即拜师结对的教育意义与教师成长的有效策略。三句话,即想不想成为优秀教师、能不能成为优秀教师和怎样成为优秀教师。

一、拜师结对的教育意义

俗话说:"一个人能走多远,看他与谁同行;一个人能有多优秀,看谁给他指点。"也有人把成功概括为五个要素:个人努力,高人指点,贵人相助,友人支持,好人督促。拜师的意义、作用和价值,就是寻找我们职业生涯中的高人、贵人、友人及好人。我把拜师结对的教育意义,概括为十句话:

拜师不仅是一种形式,还是一种承诺;
拜师不仅是一种礼仪,还是一种向往;
拜师不仅是一种荣誉,还是一种责任;
拜师不仅是一种帮助,还是一种互助;
拜师不仅是一种姿态,还是一种心态;
拜师不仅是一种约束,还是一种督促;
拜师不仅是一种目标,还是一种期待;
拜师不仅是一种谦虚,还是一种境界;
拜师不仅是一种传承,还是一种超越;

拜师不仅是一种学习，还是一种信仰。

办人民满意的教育，我们需要一支优秀的校长队伍、教师队伍和教研队伍。"青蓝工程""群雁工程""头雁工程"都是培养优秀教师的有效抓手。在实施"青蓝工程"的过程中，我们首先要回答的问题是教师成长的有效策略。

二、教师成长的有效策略

作为有效教学课题研究的自然延伸，我提出有效教学、有效科研、有效成长三位一体成就有效教师的概念（见拙著《有效教学行动研究》）。教师成长要回答以下三个问题：

1. 想不想成为优秀教师

①志向：奠定心理基础

不想当将军的士兵不是好士兵。同样道理，不想成为名师的教师不是好教师。

我有意做一个小调研，于是就示意现场的各位教师，想成为优秀教师乃至卓越教师的请举手，结果90%—98%的教师都想成为优秀教师。这种愿望说明我们有共同的志向，并为我们成为优秀教师奠定了心理基础。最终成为什么样的人，取决于你自己想成为什么样的人以及为此付出的努力。如果不愿意学习和成长，没人能帮助你；但如果你决意要学习和成长，也没人能够阻止你。

②要诀：掌握成长公式

定位＋策略＋行为＋时间表＋激励＝成功

大部分教师都有成为名师的愿望，有些人有想法没行动，有些人有行动无坚持，有些人有行动没策略，导致最终结果不太令人满意。根据我个人的观察估计，几乎所有的教师在教学中都有自己的想法，但最终能够成为优秀教师的仅占10%，其中巨大的反差在于策略、行动、坚持和激励。可以说把自己定位在合格还是优秀，是成功与否的心理基础。一个人的成就，永远不会超越他的思想格局，只有想到才能做到，能否采取正确的策略至关重要；付诸行动并且以行动研究的方式来改善教学，是走向成功的核心要素；时间表是缩小成功时差的重点。许多人不是不优秀，而是在需要成为优秀的关键时刻，他还不够优秀，以至于可能丧失宝贵的机遇。竞争往往是速度的竞争。激励是人才成长的加油站，及时的激励提供专业发展的正能量。

③坚持：成就职业理想

成功就是做出正确的选择并且加以坚持。为达成目标制订一份时间表，既是自我成长的督促，又是自我肯定的激励。曾有人问我，写一本书难不难？需要多长时间？我说一本书大约需要 30 万字，你只要有写书的志向，每天写 300 字应该不是什么难事，可以说每位老师都能做到。十天就是 3000 字，大概只有半数的老师能做到。一百天就是 3 万字，大概只有不到 1/3 的老师能坚持完成。一千天就是 30 万字，可能只有个别老师能完成。写书是个大目标，一下子难以完成。但如果我们把它分解为若干小目标，经过努力，就可以完成。写书本身并不难，难的是坚持不懈地努力。这就是时间表的激励作用。

选择坚持，思路就会越来越活，方法就会越来越多；选择放弃，借口就会越来越多，理由就会越来越蠢。

④潜能：发挥个性特长

成功，一定是在自己的优势领域。有时候，我们没有成功，不是因为我们不努力，没付出，而是因为我们的优势尚未得到充分发挥，我们的潜能尚未得到充分挖掘。

教学特点、教学特长、教学特色与教学主张，是优秀教师成长的"四部曲"。给课堂教学烙上个性的标识，就拥有了自己的教学特点；发挥自己的优势，就拥有了自己的教学特长；拥有自己的特色，形成自己的风格，提出自己的观点，就形成了自己的教学主张。

2. 能不能成为优秀教师

①优秀的标准

优秀不仅是一个评价尺度，更是一个激励目标。优秀有行业标准、社会标准和自我标准。行业标准由同行评价，社会标准由家长评价，而自我标准由自己评价。

优秀教师不是上出成功的课、教出最高分数学生的教师，而是有能力并习惯于反思一堂课的成败得失，寻找策略，破解难题，拿出方案，成为让下一堂课讲得更好、下一次努力做得更好的教师。优秀不是结果，而是一个过程；优秀不是奖状、证书，而是一种心理满足；优秀不是彼此竞争，而是一种合作共赢。

②优秀的养成

小成功靠个人努力，努力构成专业竞争力，竞争力由五部分构成：毅力、定力、能力、活力、张力。毅力坚持梦想，再加上定力保持目标，能力跟进学习，活力拓展思路，张力提升见解，最终形成专业发展的核心竞争力。

大成功靠团队合作。团队精神与团队建设是学校发展的翅膀。主动性、思考性、合作性、互补性是团队的精髓，团队讲究团队目标的达成、团队力量的凝聚和团队智慧的提炼。团队讲究"1＋1＞2"的合作效应和激励效应。成功人士背后必定有一支优秀的团队。

巨大的成功靠敌人的挑战。这个敌人往往就是我们自己。战胜自己对未知的恐惧，就是走向成功的第一步。学会我们不会做的事，尝试我们从来没有想过的事，我们要战胜自己的三大敌人，就是安于现状的习性、不思进取的惰性和听命权威的奴性。

③优秀的类型

2015年教师节期间，我个人申报并获得了"河南省优秀教师"的荣誉称号，同时还有幸被聘为教育专家，并参与了2015年新乡市"年度教师""守望田园最美教师""杏坛耕耘最美教师"的评选工作。这段经历促使我思考一个问题：怎样用"三绩"评选优秀教师？我个人认为优秀教师看业绩，最美教师看事迹，年度教师看功绩。

优秀教师大约可以划分为八种类型：适应岗位的骨干型，关爱学生的慈母型，富有经验的管理型，合作进取的团队型，潜心研究的专家型，学识渊博的学者型，开拓局面的创新型，素质全面的领导型。

比照优秀的类型，按照自己的优势来塑造自己，我们才可能在自己的优势领域取得最终的成功。

3. 怎样成为优秀教师

优秀教师的成长需要两个转化：一是把自己的教学经历通过反思转化成教学经验，二是把自己的教学经验通过提炼转化为教学主张。反思需要写作，提炼需要研究。一般人的习惯：想得多，做得少；说得多，写得少。我提倡以写作促进工作，以写作促进交流，以写作促进思想，以写作促进成长。

①自我诊断，树立正确的目标

比较优秀教师的类型，看看我们自己拥有哪些优势，具备何种潜能，适合哪种类型，为自己的专业成长做出正确的判断。

你最喜欢、最擅长、最易得到快乐、最易取得成功的方面，就是适合你的地方。发现自己的潜能，大约有四种简便的方法：临事有跃跃欲试的冲动，做事有无师自通的灵感，谋事有思虑再三的周全，成事有欣喜若狂的快感。这些就是你的潜能所在。

②自我提高，采取正确的策略

跟进学习、跟进实践、跟进培训、跟进提高是我提出有效学习的"四跟"策略。选定一个学习目标，保持跟进的姿态，同步前移不掉队，是谓跟进学习；以理论指导实践，以实践验证理论，以比较观察实践，是谓跟进实践；实践中的问题，用研究的方式加以解决，培训的方式加以推广，是谓跟进培训；在学习中进步，在实践中思考，在研究中发展，在写作中提高，是谓跟进提高。

③自我培训，提出正确的问题

有效教学，有效科研，有效培训，三位一体成就有效教师。

优秀教师的成长是自我学习、自我培训的结果。自我培训的四项法则：一是学习使我认识了什么，二是实践使我改变了什么，三是研究使我提高了什么，四是反思使我感悟了什么。

自我培训的六个指向：学会用最简洁的语言传授知识，用最直观的方法呈现内容，用最贴切的方式指导学习，用最动人的提示启发灵感，用最深刻的感悟总结规律，用最恰当的鼓励展示学识。

④自我激励，追求理想的教育

最好的教育，让学生把学习当作一种人生的享受，从而热爱学习。最好的教师，让学生把学习当作自己的事情，从而专注学习。最好的学校，让学生把学习当作未来的责任，从而自觉学习。

每位教师有了自己的职业自觉，每位学生有了自己的责任自觉，每所学校有了自己的文化自觉，我们的教师就会转变为新型学习者，我们的学生就会变成终身学习者，我们的学校就会变成全民学习者。这样一来，终身学习、全民学习就落到了实处，理想的教育就会使我们的生活更美好。

阅读思考：

1. 拜师不在形式，而在实质。只要你愿意，随时可以找到学习的机会。古人有"向书学，向事学，向人学"的说法，现在需要加上"向网学，向天（自然）学，向己学"的内容。请各位教师谈谈自己对学习策略的看法。

2. 优秀教师有哪八种类型？你认为自己最适合哪一种？以后应怎样实现自我培训、自我提升？

3. 自我培训的"四项法则""六个指向"是什么？结合教研经历，谈谈你的心得体会。

提升自我教育能力，拓宽专业发展路径

你想成为什么样的人，取决于三个要素：你自己的选择，你为此付出的努力，以及最终的坚持。

最美教师、年度教师和优秀教师，各有其长、各美其美。坦率地讲，最美教师未必是教学成绩最好、班主任当得最好的教师，也未必是各类优质课大赛成绩最好、获得各级课题研究奖项最高的教师。最美教师美在哪里？我认为他们最有仁爱之心，最有奉献精神，最具有草根精神，最具专业成长力。

年度教师应该最具思考性，对教育有着自己的思考和看法。我在为年度教师张锦文《生活化快乐教学》一书做学术论证时，曾说过这样一段话："张老师立足三尺讲台，以平凡中的坚守，造就了崇高；扎根山区教育，以平常中的积累，造就了厚重；致力于教学研究，以平实中的追求，造就了卓越。"张老师从生活的角度，观察学习与教材的联系；用研究的方法，探究学习与快乐的奥秘，以专著的形式呈现自己的教育体验与教学主张。他不仅用扎根山区的事迹感动人，更以快乐教学的主张影响人，以生活化的教学实践带动人，张锦文老师以实际行动为以后的年度教师树立了一个标杆，指明了方向。

优秀教师看重的是综合素质及综合影响。用简单的语言来概括，就是优秀教师看业绩，最美教师看事迹，年度教师看功绩。优秀教师凭业绩带动人，最美教师凭事迹感动人，年度教师凭思想影响人。评先进、树典型，其终极目标是由优秀教师的个人成长带动教师群体的快捷成长，起到引领风尚、浸润师德、熏陶灵魂、塑造精神的作用，为教师的专业发展提供正能量，拓宽其发展渠道。

办人民满意的教育，需要一批优秀教师作为人才支撑，需要一批教育家作为人力保障。教育家有四个显著的特征：一是有教育实践与教学主张；二是有教育理想与教育情怀；三是有教育品质与教学创意；四是有教育梦想与教育追求。许多地方开始实施"人民教育家培育工程",即通过选择培养对象,为其配备专业导师,制订成长规划,确定研究方向,拨付专项经费,计划在5－10年内培养出若干名教育家。我认为培训、培养、培育,都是外部的因素和条件,它要与成长渴望、成长意愿、成长路径相结合才能产生促进发展的正能量,优化发展的新路径。

最美教师要认真思考并回答三个问题:最美教师美在哪儿?向最美教师学什么?最美教师怎么做?美在哪儿是自问,可以通过教研写作,找到自己的特点、优点和亮点;学什么是追问,通过教学反思,提炼可供同行学习的观念、论点和主张;怎么做是疑问,通过自我教育,寻找自我提高的契机。

最美教师怎么做?其实就是如何进一步发展提升、完善自己的问题。最美教师不能在荣誉面前止步,在赞扬声中陶醉,而应该努力进取,完成从优秀教师到卓越教师的华丽转型,争取实现从卓越教师到教育家的关键一跃,完成专业发展道路上的突破、提升与转型。

最美教师的成长目标,具体讲是由经师转变为人师,由讲师转变为导师;由特点拓展为特色,由内涵拓展为品质;把理念提炼为主张,把优秀提升为卓越。

最美教师的发展路径,关键是自我教育。你想成为什么样的人,你最终能成为什么样的人,取决于你自己的思想主张及所能达到的思想境界。孔子的老师是谁?孔子的老师就是他自己。孔子的抱负、理想、追求及终身学习的实践,最终成就了他的崇高与荣耀。孔子就是自我教育、完善自我的典型。

自我教育是指人通过认识自己、要求自己、调控自己和评价自己,达到教育自己、提升自己、完善自己、成就自己的成长目的。

自我教育的价值在于决定自己的发展定位、职业品质、专业境界和事业成就。自我教育的关键在于善于发现、肯定并坚持自己正确的思想主张,同时善于认知、否定并纠正自己错误的思想观念。自我教育的意义是对自我的充分认知和潜能优势的充分开发。多元智能理论在某种意义上,就是对自我教育的最好佐证。自我教育的最高境界充分体现出"教为不教,学为创造"的教育理想。

"不教"不是指教师偷懒放弃,而是尊重学生行为的选择;"不教"不是指教师师德失范,而是拓展学生潜能的自由。"教"是教师尽责、尽心的表现,"不教"是教师放心、放手的体现。学生已经明白的知识无须教,学生已经掌握的方法、通透的原理亦无须教。"不教"在某种程度上,反映了教师对学生的了解与信赖。"不教"在某种意义上,体现了自我教育的价值与追求。教是外在的接受,不教是内在的选择。最美教师应该是践行自我教育的示范者,最美教师更应该是践行自我教育的引领者。

自我教育有以下四个环节:

一是自我认识,自我定位。自我认识是自我教育的前提,自我定位是自我发展的动力。人类认识自己有两种倾向:一是自谦与自卑,二是自大与自傲。人类认识自己有四种指向:一是我知道我行,二是我知道我不行,三是我不知道我行,四是我不知道我不行。我们的潜能优势常常蕴藏在我们自己尚未发现的地方。你不尝试,就永远不会知道自己行不行;你不努力,就永远不能证明自己到底行不行。

人们对自己有什么样的认识,就会对自己提出什么样的人生定位。有了"天将降大任于斯人"的定位,就会拥有藐视一切艰难困苦的自信。自我定位有四个层次:一般、出色、优秀与卓越。对自己有高标准的人,一定会严格要求自己。哈佛大学和耶鲁大学都有过类似的报告,经过近20年的跟踪调查,发现成功者大多数都有自己的人生目标。这个目标都是在充分认识自我的基础上提出并付出坚持不懈的努力,才最终得以实现的。认识自我是取得成功的心理基础,人生定位是取得成功的目标导向。

二是自我要求,严于律己。每个人的学习、进步、发展、提高,首先是我们自己的事儿,就别过多地指望别人、依赖他人。自我要求,贵在自己心中有梦想、有追求、有抱负、有信念。严于律己,难在把握调控好心态、能力、业绩三者之间的平衡。每个学校总有个别人,大事做不来,小事做不好,难事不想做,琐事不屑做,自己一事无成,却还总是抱怨领导不重视,同事不配合,条件不具备,分配不合理;在荣誉和待遇面前,从来不想想自己的业绩条件够不够,从来不问问自己的能力贡献有没有。心态决定姿态,姿态决定状态。人的心态、能力和业绩,每个项目都是高、中、低三个档次,它们分别组合可以形成不同的状态。自我要求的理想状态是心态平和要求低,能力超群水平高,业绩优秀贡献大。严于律己的行为是指:对待工作,一丝不苟、严肃认真;对待学习,孜孜不倦、精益求精;对待同事,诚心相待、热心助人;对待自己,从严要求、从难要求。人性深处有三个敌人:习性、惯性和奴性。认识自我,才能发现自己身上的弱点，从而战胜自我。

自我要求产生自我激励的作用，严于律己生成自我挑战的功能。许多人具有成为优秀工作者的潜质、潜力和潜能，为什么沦为平庸者而没有成为优秀者？究其原因，就是放纵自己，缺失自我要求。口头上说应该怎么做，心里明白怎么做，但就是没有付诸行动。或者说也有行动，但经不起挫折，耐不住寂寞；经不起诱惑，耐不住孤独。

自我要求有一个成功的公式：

成功＝形成动机＋提出目标＋付诸行动＋不懈努力

自我要求不是外部的压力而是梦想的追逐，严于律己不是制度的规范而是成功的渴望；自我要求不是纪律的约束而是对职业的尊重，严于律己不是道德的束缚而是文化的自觉。

三是自我践行，反思自我。自我践行是自我教育的关键环节和核心要求。缺失了践行，一切都是空中楼阁；缺失了践行，一切都失去了存在的意义和价值。

一个人最终能成为什么样的人，不在于他怎么想、想什么，而在于他怎么做、做什么。把思想变成现实，由心动变成行动，是非常重要又异常艰难的跨越。大家都知道知易行难的道理，提出一个观点，给出一个方案，都不算多大的难事，但真的要将想法变成现实，付诸行动时会有许多意想不到的困难和变数，能不能克服困难，敢不敢承担责任，怕不怕面对失败，都是必须回答的难题。

自我践行既是修行得道的过程，又是反思悟道的过程。行动伴随反思才有改进的空间，反思指导行动才有矫正的意义。

自我践行是教师专业进步的"跑步机"，反思自我是教师专业成长的"加油站"。"坐而论道"于事无补，空谈误国亦误事。实践是检验真理的唯一标准，实践也是专业成长的唯一捷径。立足课堂，我们才能发现课堂；着眼课堂，我们才能体验课改。尊重学生，我们才能发现学生；感动学生，我们才能教育学生。

自我践行有三个指向：一是发挥自己擅长的优势特长，二是充分激发尚未发现的潜在优势，三是挑战自己的能力弱项。如央视《挑战不可能》栏目，对我们的教育启示：不尝试你就永远不知道自己到底行不行。

四是自我评价，自我完善。自我评价有四个指标：首先知道自己能做什么，说明你在不断地成长；其次知道自己不能做什么，说明你在不断地成熟；再次知道自己能做好什么，说明你在不断地走向优秀；最后知道自己能把什么做到极致，说明你在不断地走向卓越。

进步有障碍，成长有瓶颈，发展有阻力，提高有局限。因此自我教育是个螺旋式上升的过程，自我评价是个蜕变式变化的经历。优秀教师的成长历程，就是一个自我评价、自我完善的过程。安于现状，你会不思进取；不甘平庸，你会奋发向上。自我评价有四个层次：合理定位，选择标准；比照标准，分析自己；拓展潜能，肯定自己；努力进取，悦纳自己。

有望得到的要努力，无望得到的别介意。再烦也别忘记微笑，再急也要注意语气，再远也别忘记感恩，再近也要注意礼貌。完善自我是人生的必修课，完善自我有四条箴言：第一条是"不要盘算太多，功利太重，要顺其自然，争其必然，失之坦然，得之淡然，该是你的始终会属于你"。第二条是"压抑自己的天性、违背自己的意愿没必要，刻意奉承别人、巴结别人也没必要。保持自己的独立人格，既无须依附于人，也无须攀附于人。保持自己的人格魅力和人格力量，你将赢得更多的尊重和机会"。第三条是"尊重朋友，一视同仁。永远不要被少数人利用，也不要被多数人裹挟"。第四条是"相信自己比相信别人可靠，依靠自己比依赖别人重要"。

完善自我是终身学习的大课题，完善自我讲究修炼"十种气"：立目标树志气，系苍生蓄底气，有担当储骨气，淡名利求正气，多读书养才气，善思考涵灵气，重情义聚人气，温处世生和气，讲宽容重大气，多写作出名气。

自我教育强调自我意识对教育的感受、认可与转化，自我教育重视教师、教材对教育的点拨、促进与内省。自我教育不依赖于教师的点拨指导，而需善于学习，善于观察。用心观察，时时是学习之机；潜心研究，处处是学习之地。人们都拥有八位教师：父母是第一任教师，班主任是首席教师，同伴是生活教师，自然是天然教师，社会是人生教师，媒体是探究教师，网络是免费教师，自己是标杆教师。古人有"向书学，向人学，向事学"的三学之说，现在要加上"向网学，向天（自然）学，向己学"的新内涵。

最美教师要取得更快、更好的发展，就需提升自我教育的能力，拓展专业发展的渠道。自我教育不但是一种行为、一种层次，也是一种品格、一种境界，更是一种智慧、一种自觉。

鸡蛋，从外部打破是食物，从内部撑破是生命。它对我们的启示：从外打破是一种压力，从内撑破是一种动力。如果你等待别人打破你，那么你注定会成为别人的食物；如果能让自己从内撑破，那么你会发现自己的成长相当于一次重生。打破是一种形态的改变，撑破是一种生命的蜕变。这段话是从网上看来的，但对最美教师来讲，却很有启发意义。撑破束缚才能获得生命，这是成长的代价。撑破要有原动力，挣脱束缚后才能获得成长力。

最美教师不仅美在师德，更应该美在师能、师技和师道，这需要自我成长、自我提高、自我完善、自我激励。

阅读思考：

1. 最美教师的优秀品质体现为"崇高、厚重与卓越"，形成这种品质的途径与方法是什么？
2. 教育家的显著特征是什么？
3. 自我教育的定义、价值、主要环节是什么？谈谈自己的认识。

贯彻"八自"方略，提升教研素养

——论最美教师和教研员的内涵发展

2015年1月20日，教育部刘利民副部长在全国教研工作会上指出，教研工作在服务教育决策、推进课程改革、促进教育内涵发展等方面，发挥着重要作用。面对全面深化课程改革、落实立德树人根本任务的新形势，教研工作要实现教研工作指导思想转型、工作任务转型和工作机制与方式转型。刘利民强调，各级教研队伍要进一步增强课程意识，面对学校教师的多元需求提供个性化、差异化的指导与服务，尤其要从整体提升区域教育教学质量的角度，对教研工作进行顶层设计，统筹规划，研究设立区域课程改革重大研究项目，建立课改重点、难点和热点问题的追踪研究机制，要基于需求驱动和问题导向开展教研工作，要建立校本教研、联片教研、区域教研等多种教研方式形成优势互补机制。

落实全国教研会议精神，需要一支优秀的教研队伍做支撑，更需要一支优秀的教研队伍做引领。笔者认为，提高教研能力，提升教研素养，贵在贯彻"八自"方略——自知、自学、自强、自信、自足、自悟、自律、自觉。

一、自知，明白岗位职责

一位教研员应该对自己的角色定位有一个清醒的认识，首先姓教，其次名研，关键是员。教研员是教师队伍中的普通一员。姓教，是指教研员在本质上从事教育工作，离不开学校、课堂与教学；名研，是指教研员在分工上侧重于研究教学，着重研究课程与评价；是员，教研员不是教研官，教研员不是"领导"而要引导，要凭借自己的学识水平、教研成果和学术见解，在课程改革中真正起到引导作用。

自知之义是指教研员要具备正确认识工作职责、客观评价教研贡献、全面衡量教研水准的能力。由于教研员掌握着一定的话语权，在与教师打交道的过程中，个别人容易自我膨胀，唯我独尊，听不进不同意见，容不得反对声音。老子说："知人者智，自知者明。"正确认识他人是一种智慧，客观评价自己是一种能力。一般人总是习惯高估自己，过分看重自己的能力和水平，而对待他人则自觉不自觉地"打低分""给负分"。教研员身居领导机关，手握一定的分配权和决策权，在与教师打交道的过程中，要防止自以为是的心理倾向。自知之义，贵在正确认识自己，重在客观评价他人。

自知之要是明白教研工作的职责所在、目标所在和任务所在。笔者曾撰写过一篇文章，收录在拙著《有效教学行动研究》一书中，题目是《教研员要做课程改革的五种人》，即教研工作的"明白人"、以身作则的"带头人"、培养骨干的"有心人"、落实工作的"责任人"和关爱教师的"贴心人"。现在看来，教研员还应该是校本教研的"掌门人"、课题研究的"执笔人"、专业成长的"引路人"、区域合作的"牵线人"和项目攻关的"协调人"。

自知之理是发现自己的不足，并知道怎样弥补不足。"人谁无过？过而能改，善莫大焉"，若能坚持自我修炼，自我完善，在专业发展与人格塑造上，一定会成长得更快。自知之理要防止两种极端，一种是目中无人、妄自尊大；另一种是过分谦虚、妄自菲薄。自知之理贵在三个层次，知不足而学习，补不足而进修，纠不足而锤炼。知不足需要一种眼光和境界，补不足需要一种能力和水平，纠不足需要一种进步和超越。

自知之旨重在发挥优势，成就自己。成功一定是在自己的优势领域，加宽加厚自己的长板，在团队合作中才会成为首选之才。巨大的成功一定是一个团队的成功，团队的优势在于充分发挥每个成员的优势，形成优势互补。在合作中，既完成团队的任务目标，又促进个人的成长成功。自知之旨在于学会合作，学会借力、借脑与借势。成功需要朋友的帮助，巨大的成功则需要敌人的挑战。自知之旨在于我们要知道什么情况下可以依靠自己的努力解决问题，什么情况下应该寻求朋友的帮助克服困难，什么情况下可以打造一个团队协同攻关。

二、自学，比较学识见解

当今时代，通过一次性学历教育来应对工作挑战的时代早已过去，学习型组织与终身学习的理念，促使我们不断学习以适应时代特征，信息时代要学会网络学习，民主特征要学会对话学习，创新精神要学会探究学习，批判思维要学会比较学习，提升志趣要学会选择学习，求是态度要学会自主学习，课题研究要学会合作学习。

把学习当作一种习惯，终身学习。把学习当作一种习惯，会有一双善于观察的眼睛。读书是知识学习，观察是生活学习。"生活即教育""观察即学习"，前者是陶行知先生的名言，后者是笔者的感悟。向书学、向事学、向人学，都需要我们用眼睛观察，用大脑思考。把学习当作一种习惯，会有一颗善于思考的大脑。学贵有疑，大疑大进，小疑小进，不疑不进。怀疑是求学的开始，质疑是求学的深入，释疑是求学的结果，新疑是求学的提升。把学习当作一种习惯，使学习真正融入我们的生活，成为一种生活方式，成为相伴终生的精神财富。习惯于学习，就会利用一切可以利用的时间，开发一切可以开发的资源，视学习为人生的必需，视学习为进步的阶梯。

把学习当作一种志趣，快乐学习。学而有趣，方有动力。"趣"分兴趣、情趣、乐趣、志趣几种类型。兴趣刺激求知欲望，兴趣源于好奇；情趣丰富生活格调，情趣源于审美；乐趣享受生活快乐，乐趣源于发现；志趣实现人生抱负，志趣源于责任。视学习为责任，才会有学无止境的要求和精益求精的需求，才会对自己有高标准、严要求的职业自律。工作志向与个人兴趣相结合，会产生学习内驱力和研究的牵引力。当我们在某一课题、某一方面、某一领域有所成就、获取成功时，会从心底产生一种愉悦感、成就感，形成更高层次的学习志趣和教研需求，形成更高境界的学习视域和教研追求。

把学习当作一种责任，自主学习。只有把学习当作一种责任，才会主动学习，才能认真思考。教研员只有在学习上先人一步，才可能在学识上高人一等，在本领上强人一等，在见解上快人一招。学习不是应付领导的要求，而是为满足自身的需求。学习讲究方法，才能做到有效学习。笔者提出有效学习的四化策略，即消化知识概念，优化认知结构，转化认知能力，内化教研素养。学习重在思考，贵在联系实际。学习不仅要阅读有字之书，更要研读无字之书。所谓无字之书，即工作实践。有意识地从实践中、从具体问题情境中学习知识、增长见识、增加学识、增长技能，通过比较思考、实践检验，而有所感悟，有所启发，有所发现，有所创造。

把学习当作一种追求，反思学习。面对知识经济信息时代的挑战，我们应该让学习更有效、更科学，使学习具有更高品质、更高价值。现代教育需要"贴着学习想象，骑着科学飞翔"，换句话就是关注生活联系，注重学法指导。现代教育要适应社会经济的发展，就必须要完成从传统教育向现代教育的转变。当中国社会逐渐失去"人口红利"的时候,企业由劳动密集型向注重劳动力素质转型的时候,人们对教育的要求也发生了改变:除了有知识还要有文化,除了有技能还要有实践,除了身体健康还要心理健康,除了能制造还要能创造。如果没有对传统教育的系统反思,没有对现代教育的不懈追求,我们凭什么去应对时代的挑战呢?

三、自强,防止职业倦怠

自强,要发挥自身优势。在专业成长的过程中,既要防止能力掉队,又要防止思想滑坡。在一部分人的潜意识里,总有"好事轮不上,荣誉挨不着"的想法,不由得心生懈怠,放松了对自己的要求。上了年纪,就是没有功劳也有苦劳,于是产生"船到码头车到站,该我下船转一转"的思想,失去了继续努力的精神动力。自强,首先是思想上不服输,其次是学习上求上进,再次是教研上有创见,最后是学术上有成果。

自强,拓展自身潜能。正确认识自己,尤其是认知自身潜在的优势,是事业成功的心理基础。怎样发现自身的潜能?有专家介绍说,当你遇见你从未参加过的活动时,你有一种跃跃欲试的冲动,有一种参与其中的渴望,那一定是你的潜能所在。而当你能够无师自通时,可以肯定这就是你的潜能所在。

自强,形成个性特长。在专业发展的过程中,教研员要注意发挥自身优势,形成个性特长,要善于演讲、善于写作、善于沟通、善于思考、善于动手制作、善于创新。总之,每个人都有一技之长,总有自己的独门绝技。俗话讲,一招鲜吃遍天。有绝技鲜招,即可畅通天下。有意锻炼,刻意追求,着力提升,善意对待,我们才会有自己的特长,才会有自己的个性。

四、自信,追逐教育梦想

自信是对自我能力的评估和认可,是工作信心和学习毅力的集中表现。

自信,源于经历。当我们生活、工作中曾经经历过的事情、解决过的问题摆在我们面前时,因为熟悉,所以我们有自信。学历是财富,阅历是经验,经历是能力。有了知识、经验和能力,也就有了解决问题、克服困难的勇气和信心。不要怕领导压担子、派任务,因为这都是极好的锻炼机会、提高机会,也是展示自我的机会。

自信,源于能力。当拥有解决问题的能力时,碰到问题才不会慌,才有底气。能力从何而来？有学习、研究、实践、反思这四种途径。能力尤其是核心能力，是我们拥有自信的关键。

自信，源于品质。自信是有才的表现，也是有德的体现。自信不仅是能力的象征，也是智慧的象征。作为一种品质，自信突出表现在事业心、敬业心上；表现在责任感、幸福感上；表现在坚韧不拔、执着追求上；表现在融会贯通、学识见解上。

自信，源于信仰。相信我们的事业是伟大的事业，我们就会有坚定的信仰，就会产生强大的自信。道路自信、理论自信、制度自信、文化自信，是我们信仰的支柱。

历史的经验告诉我们，信心越足，越有利于解决前进中的问题和矛盾，而解决的问题和矛盾越多，我们前进的速度就越快，我们的信心就越多。改革过程中，要善于变压力为动力，变被动为主动，这需要自信。

五、自足，保持平和心态

自足，保持平和心态。古人道：知足者常乐。知足就是懂得适可而止，在福利、地位、荣誉、待遇面前，保持平和的心态，不伸手、不眼红、不攀比、不嫉妒。做到学习上不知足，工作上知不足。教研员要正确处理好能力、业绩与心态三者之间的关系，拥有高能力，争取高业绩，保持低心态。常常有个别人能力不强、业绩不佳，却总是抱怨领导不重视，同事不配合，下属不支持，这就是典型的心态失衡症。尤其是当看到别人取得什么成就，获得什么荣誉时，更是牢骚满腹。要做到不比年限比水平，不比能力比贡献，这样才会有平和的心态。

自足，要懂得感恩。感恩是一种阳光心态的体现，懂得感恩将会获得更多的帮助。小成功依靠个人努力，大成功要靠朋友的帮助，朋友为什么要帮你？一是友情积淀，二是利益维系，三是合作共赢，四是感恩回报。所以，懂得感恩的人，合作伙伴越来越多，成功概率越来越大。感恩我们的父母，他们把我们带到这个世界；感恩我们的老师，他们教会我们学习；感恩我们的朋友，他们给我们支持；感恩我们的对手，他们教会我们坚强。

自足，要学会比较。自足与不知足相比，关键是拿什么标准来衡量，用什么价值取向来度量。比学识，比贡献，我们就会永不满足、奋发图强；比福利，比待遇，我们就会心生怨恨、心怀不满；比职称，比职务，我们就会产生心理倦怠、职业倦怠。总之，向上比，给人正能量；向下比，给人添阻力。

自足，要学会克制。一个人选择奋斗时，他只有一个想法；一个人选择享乐时，他会有许多欲望。克制自己的欲望，才能静下心搞教研，沉下身子做学问。市场经济冲击下，教师要有职业操守，要保持心理定力，能守住自己的一片天地，面对诱惑不放弃教师的职责。师德定力与教研定力都是我们专业成长和师德修养的两根"定海神针"。

六、自悟，提出教学主张

学贵有疑，疑贵有悟。悟，是指通过自己的潜心思考、努力探索，发现事物的道理、情理、法理与哲理之间的区别与联系，从而从本质上掌握常识、知识、见识、学识与卓识的特征与规律。悟，不是老师告诉的东西，而是自己想明白的道理。学生的学习状态可分为以下三种类型：背课文背概念者，属于单纯记忆状态；能用自己的语言来表达对知识的理解者，属于基本理解状态；能联系生活实例总结事物规律者，属于有所感悟的状态。

悟分为领悟、感悟和觉悟三个层次。启发点拨、联系生活谓之领悟，触景生情、触类旁通谓之感悟，潜心思考、豁然开朗谓之觉悟。领悟，贵在点拨，心有灵犀一点通，是对领悟的最好注解。感悟重在情景，"不养儿不知报娘恩"是对感悟的最好例证。"不当家不知柴米贵"是对感悟的最好说明。领悟是求学的天分，遇到名师点拨是莫大的荣幸。感悟是智慧的体现，遇到严师关照是最大的幸福。觉悟是做人的境界，遇到导师提携是最大的恩惠。

悟，明白道理，用自己的语言表达出来形成自己的教学主张，教研就上了一个新台阶。有效教学的模式、理论有很多，我提出教学设计贯通三条"线"、教学分工明确三个"讲"、教学策略规划三个"问"、教学效果实现三个"鸣"的教学主张，获得一线师生认可，在教学中取得一定成效，颇让人有一种成就感。

七、自律，规范教学行为

自律，放低身段。有人说教研员是教师的教师，从教研引领上讲这话有一定道理，但从角色定位来讲，这话不完全正确。教研员要主动放下架子、放下身段，首先做师之生，其次做师之友，最后才做师之"师"。学习教师的长处，获得教师的友情，才有课改的指导权，才可能成为教师专业发展的导师。

自律，廉洁教研。教研工作涉及对教师业务能力的考核评价，涉及教师职称评审，大家普遍需求，关注程度高。教研员在各项活动中，尤其是在优质课评比中，一定要本着公开、公平、公正的原则，杜绝关系分，消除人情分，一方面给教研员一个清白，同时给参赛教师一个明白。

自律，师德修炼。华中师范大学郭元祥先生在《教师的20项修炼》一书中提出"教育人生"的概念，要教师把教育当作自己人生的一部分来看待、来体验，在修心、修情、修性和修行四个方面提升自己、完善自己。师德是教师的灵魂，是教师人格特征、人格魅力的直接体现。

自律，立德树人。中共十八大把立德树人作为教育的根本任务，明确了今后教育改革发展的方向。立德树人，关键要引导学生树立正确的世界观、人生观、价值观。立德树人，师德为范。知识或可言教，德行需得身教。立德先立师，立师先正己。

孔子说："其身正，不令而行；其身不正，虽令不从。"教研员若不能做到以德服人，纵然其水平再高、理论再好，若无人听、无人信、无人服、无人从，一切都是浮云。教研员要严于律己，做师德的楷模，要求教师做到的，自己首先要做到；要求学生做到的，保证自己要做到。

八、自觉，追逐教育梦想

角色自觉，感染他人。每个人都有一种社会角色，都承担相应的社会责任，明确意识到自己社会角色的权利、义务，自觉践行社会责任，并努力用自己的行动去感染周围的人，就是一种角色自觉。当雷锋回答"我叫解放军"时，他就有一种军人的角色自觉；当张荣锁开凿山路时，他就有一种共产党员的角色自觉。不用领导交代，不靠他人督促，完全出于自愿，出于对社会角色的肯定，出于对社会的热爱，而甘心付出、乐于奉献，这就是角色自觉。

教研自觉，关注课改。有了教研员的角色定位和角色自觉，我们就会进入到工作自觉和教研自觉的层次。教研自觉表现为教研主动，碰到问题不避让，遇到困难不推辞，把问题视为学习的机会，把困难当作练兵的机会。教研自觉，表现为教研思考。思考是解决问题的开始，行动是解决问题的过程。乐于思考、善于思考、长于思考的人，才可能是有见识、有主见、有灵性、有智慧的人。

行动自觉，提升学识。"听听挺激动，想想挺感动，回家不想动"，这是许多人观摩学习的真实写照。一般人想的最多，说的次之，做的又次之，而写成文章的最少。教研要从行动开始，积累教研素材，选择教研课题，解决教研问题，提升教研品质。行动研究强调从教学需求中寻找课题，在实际工作中进行研究，由一线教师共同参与，使研究成果与教师分享，从而达到改善教学、改进教学的目的。以科学的方法研究自己的问题，目的在于应用而不是提出新观点、建立新学说。行动研究的典型就是苏联教育家苏霍姆林斯基。

文化自觉，追逐梦想。文化自觉是对文化地位作用的深刻认识，对文化发展规律的正确把握，对发展文化历史责任的主动担当。文化自觉表现为对中华文化的发展前途充满信心，对社会主义文化强国充满信心。文化自觉是费孝通先生的观点，指生活在一定文化历史圈子的人对其文化有自知之明，对其发展历程和未来有充分的认知。换言之，这是一个人、一个群体乃至一个民族文化的自我觉醒、自我反省并自我创建。文化自觉首先是知识分子的自觉，是责任意识、使命意识的自觉，真正认识到文化的重要性并自觉承担。文化自觉应该是教育追求的梦想，弘扬民族文化，传承民族精神，社会主义核心价值观的教育才能真正入耳、入心、入情、入神。

全面深化课程改革，落实立德树人的根本任务，教研室起着不容替代、不容取代的重要作用。教研员要起到典型引路、示范引导的作用。不断提高教研能力和教研水平，不断提升专业素养和教研智慧，我们需要全面贯彻"八自"方略，认真落实"八自"方略。

阅读思考：

提升教研素养的"八自"方略指什么？结合工作经历，说说你对"八自"方略的认识。

"时代需要这样的教育家"
——张锦文《生活化快乐教学》论证

开学伊始,就接到新乡市教育局副局长刘建学的指示,要帮助辉县市教育局进行学术论证。经过辉县市督导室王琦副主任的联系,辉县市教科所赵田峰副所长把书稿送到了我的手上。我利用周末休息时间,随即进行认真研读,并提出论证提纲。周一即与王琦副主任电话沟通,反馈意见。周二中午趁到辉县校对九年级第一次模拟考试试卷的机会,与刘光华校长、张锦文老师一道在王琦副主任的办公室进行深入交流,就我的论证提纲及论证方式的设想交换了意见。在市教研室郭义林主任的带领下,我与小学数学教研员卢玲、卫滨区小学语文教研员朱静,分别就张老师的教学课例与学术见解、人文情怀与教育追求及文本体例与主题结构进行了学术论证。

一、"时代需要这样的教育家"

《光明日报》2015年3月18日报道了广西都安高中校长莫振高的事迹,我感到该报道的题目非常切合我们的论证主题,于是借用了这个题目,打上引号,就是这个意思。

办人民满意的教育是我们面临的时代命题。办人民满意的教育,要求我们办好每一所学校,开好每一门课程,成就每一位学生,发展每一位教师。办人民满意的教育,我们需要一批优秀的教师作为人才支撑,一批优秀的成果作为智力支撑,尤其需要一批教育家作为带头人。在这种时代需求的大背景下,张锦文老师的教学专著可谓应运而生,辉县市教育局慧眼识才,可谓伯乐。《生活化快乐教学》一书的成型定稿,标志着张锦文老师开始了由优秀教师向教育家的转型。

在我的教研生涯中我坚持"四个跟进"的策略,不断完善自我;以"四个有效"为抓手,提升自我;以"四个满意"为标准,评价自我。所谓"四个跟进",即围绕一个教研主题,跟进学习、跟进实践、跟进培训、跟进提高。我自2008年开始系统研究有效教学的课题,6年来,取得了省级课题奖 3 项，课程研究所课题奖 1 项，教育部课改优秀成果奖 1 项，省基础教育教学成果奖 1 项，出版专著、编著有《有效教学课例与反思》《有效教学行动研究》《导学的创意与智慧》。"四个有效"即有效教学、有效教研、有效教师、有效成长。"四个满意"即让学校满意、让教师满意、让学生满意、让自己满意。

教育家的特征是什么？我个人认为：一是有教育实践与教学主张；二是有教育理想与教育情怀；三是有教育品质与教学创意；四是有教育梦想与教学追求。就张锦文老师个人来讲，37 年的教学实践与教学探索，提供了丰富的生活积累与教育实践；37 年的坚持不懈与默默奉献，铸就了三平精神的师德与师魂，那就是：平凡的事用心做，做到精致，就是不平凡；平常的事尽心做，做到标致，就是不平常；平实的事潜心做，做到极致，就完成了一种蜕变，就完成了从优秀到卓越的跨越。张锦文老师让农村孩子、山区孩子享受优质教育的理想及以人为本、快乐学习的教育情怀，为他的教学创意提供了无数个可能。张老师基于生活、关注生活的生活化快乐教学，把生活与学习相结合，把情感与学习相契合，把快乐与学习相融合，把方法与学习相配合，使"生活化"成为张老师的教学特色，"快乐化"成为张老师的教学风格。这一切使张老师开始由优秀教师向教育家转型。优秀教师有两个显著特征：一是有经验，有行之有效的做法、招式、策略和创意，使他们工作起来得心应手，事事顺手；二是有思考，对教学问题和课程改革有自己的看法、想法和做法，有自己的思考和判断，但这些思想的火花通常是相对零散的，相对模糊的，没有形成完整、系统、全面、精确的思想体系，也缺乏相应的认知深度和理想高度。所以我只是说张老师开始了转型而不是定型。只有经过理性思考的加工，经过专业化的课题研究与系列化的案例写作，把教学心得、教学经验提炼为教学主张，把教学案例、教学思考提升为教学思想，才能算是最后完成了对经验层次的超越。

在论证会上聆听张老师的一节现场课后受到启发，在随后的议课交流中，我发言的题目是《分享快乐教学的密码五四三》。五种形态即随和的状态、主动的心态、研究的姿态、快乐的神态，以及生活化的新常态；四种精彩是学生展示的精彩、师生互动的精彩、教学创意的精彩，以及教学生成的精彩；三种快乐是发现的快乐、成功的快乐和共鸣的快乐。我把共鸣分为情感共鸣、认知共鸣和效能共鸣三种形式。共鸣是对教学效果的有效检验，共鸣是对生活联系的自然反应，共鸣是对学法指导的自然效验。

二、张锦文老师的教育实践

审读了张老师的大作，脑子里有了一个很生动、很亲切、很丰满、很感人的人物形象。在拍石头小学，听了领导和同事的介绍，观摩了张老师的现场课，张老师在我心目中的形象更加具体，更加亲切，也更加感人。

《生活化快乐教学》是张老师在教育实践中总结的宝贵经验。快乐是学习的动力，快乐是学习的体验，快乐是学习的感受。快乐学习的理念大家都知道，生活化的要求大家都明白，可是把生活化的原理与快乐学习的方法整合到一起，并且长期坚持下去，形成自己的教学特色，提出自己的教学主张，整理出自己的教学专著，这就不容易了。做到以上几点使得张老师摆脱了平庸，走上了优秀，造就了卓越。经验让人成熟，但并不足以使人优秀。优秀使人拔尖儿，但不能使人卓越。从优秀到卓越，最核心的工作就是把教学经验提炼为教学主张，并围绕其教学主张开展系统的理论研究、实践研究，最终形成教研专著。

三、张锦文老师其人印象

人不可貌相，用在张老师身上最为贴切。初识张老师是在书中，未见其人，但见其书，先有了三分敬意。等到见面交谈后，但闻其声，又增加了七分敬意。今天的论证会上，随着对张老师认知程度的逐步加深，心中的敬意与日俱增，现在是十二分的敬意。

我把对张老师的印象，概括为"十个最"：最朴实的敬业精神，最真挚的教育情怀，最丰富的生活素材，最巧妙的教学创意，最开放的教学设计，最快乐的生本课堂，最有效的点拨指导，最强烈的情感共鸣，最精彩的学识见解，最草根的行动研究。

这"十个最"，不仅是对张老师个人教学经历、教学特色、教学主张和教育梦想的概括，也是对辉县市教师群体的形象刻画。过去，辉县人民战天斗地"干得好"；今天，辉县打造现代教育升级样板，不仅干得好，而且"说得好"。辉县教育要升级，从政策层面来说，首先要通过义务教育均衡发展县的国家级验收；从发展指向讲，要完成从传统教育向现代教育的转型；从教师发展的途径讲，要倡导有效教学的行动研究、教学特色的草根研究；从课改发展的趋势上讲，要坚持信息化、数字化，促进现代化，同时完成讲师型、督导型教师向导师型、智慧型教师的转型。

观摩张老师的课，我注意到一个细节：张老师讲课不拿书，也不看书，显得从容不迫，胸有成竹。我知道，没有30多年的教学积淀作基础，他不可能这样得心应手。我们现在的工作重点是怎样总结其经验，传播其主张，扩大其影响，树立其榜样，让一个优秀的人，引领一批人变得优秀，让一个成功的人，引导一批人走向成功。

欣赏张老师的课，我体验到一种快乐——发现的快乐。张老师一共设计了三处发现：一是猜想什么叫质数。通过鼓励同学将自己的想法与科学家的建议进行比较，引导同学们发现质数最本质的特征。二是分组探讨1—100之间共有多少个合数，让每个同学都充分参与，既展示自己的研究结论，又指正别人的研究结论。当问到1—100之间共有25个合数，是否完全正确，个别同学尚不敢确定时，张老师告诉大家，数学家的研究结果与同学们的结论完全一致。在同学们的惊呼声中，发现快乐得到了充分的诠释。三是作业设计，把老师的手机号码作谜底，以猜谜的形式做作业，全班同学都跃跃欲试，让听课同行也有一种冲动，想要拨通号码试试看，究竟电话会不会打通。

品味张老师的课，我有一种感动，对张老师敬业精神和文化自觉的感动。曾经有很多校长纠结于到底要不要检查老师教案。张老师没有用手写教案，但他一直在用心写教案，也在用心写自己的教育理想。尽管张老师没有写教案，但课堂的精彩已经证明，他这样的优秀教师完全不用写教案，因为他有一种职业自觉。一旦有了职业自觉和文化自觉，不用别人督促，他自己就会把工作做好，并且做到极致。不用别人检查，也不用评比，他自己就会用心把工作做好，并且做到精益求精。

感悟张老师的课，我有一种共鸣，一种找到知音、遇到知己的认知共鸣和情感共鸣。我提出以"四个满意"为标准，评价教研工作；以"四个满意"为标准，提升教研品质的要求。让自己满意，自己要有一个标杆，就是做最好的自己。如果每位教师都能坚持做最好的自己，辉县的教师一定是优秀的教师，辉县的教育一定是优质教育。

四、快乐教学的核心

论证《生活化快乐教学》，我尝试着系统性提炼总结快乐教学的核心是什么。我们只有充分理解了这一点，才会在数学教学中有意识地运用这一思想成果。生活注入快乐的基因，情感增加快乐的联系，教学创设快乐的氛围，参与提供快乐的分享，发现带来快乐的体验，思考引导快乐的拓展，探究延续快乐的感受，反思感悟快乐的真谛。

快乐学习的前提就是学情诊断和教学分工。学生的生活经历和知识储备，学生的认知方式和思维习惯，学生的性格特征和个性特长，学生的认知水平和学习习惯，这都是了解学情的基本要求。在此基础上，再进行教学分工。根据学生的学前状态是应知应会、已知已会、一知半解、一无所知，还是错误认知、错误观念，教师要采用相应的略讲、串讲、精讲或是不讲等策略。我欣赏张老师的话"老师要跟着学生走"，而我们习惯领着学生走。领着走，关注的只是好学生；跟着走，关注的是全体学生。领着走，以教师为中心；跟着走，以学生为中心。

快乐学习的重点是教学设计和教学创意。教学设计要把握三条线，即知识拓展线、情感联系线和逻辑推导线。知识拓展，要求关注生活，把学生的生活经历与知识内容相联系，体验生活化的特点，生活即教育，生活即教材，这样才会不拘泥于教材的表述。把文本教材、知识学习与学生的生活经历、情感世界相联系，可以帮助同学们更好地理解文本，理解社会，理解人生，理解世界。拥有一份感情，永远用欣赏的眼光看待学生，永远用宽容的心态面对学生。教学创意是调动学生主动学习的奇思妙想。创意源自生活积累，创意出于生活提炼。正是30多年的教学实践，30多年的教学反思，造就了张老师的无数个创意。表面上别出心裁的教学创意，恰恰是一种厚积薄发的教学智慧。

快乐学习的核心在于提升学识与内化素养。学习分六个层次，生活经历叫常识，文本记载叫知识，社会阅历叫见识，付诸实践叫胆识，融会贯通叫学识，深谋远虑叫卓识。常识，不言而喻不用教；胆识，因人而异教不会；卓识，才疏学浅教不了；剩下的只有知识、见识与学识，留作我们的教学空间。常识是生活经验的结晶，体现了规律特征，因其通俗易懂，浅显直白，其教育价值与意义易被人忽略，只有把生活与教育结合，把人生阅历与知识学习贯通，才能做到对知识的理解更深刻，对世界的理解更透彻。把知识理解与社会阅历相结合，形成深度思考后的新观点、新主张，就会拥有自己独立思考、比较研究后的学识见解，就不会人云亦云随大流，照本宣科讲套话。学习效度也有六个层次，即知识消化、认知强化、能力优化、情境感化、结构转化和素养内化。快乐学习尤其应该重视素养内化。教育的根本使命是立德树人，德的实质就是文化素养。素养的形成不在教训而在浸润，不在告诉而在熏陶。古人云："经师易遇，人师难遭。"经师是专门名家，教授有法者；人师是谨言慎行，足以范俗者。

张老师兼具经师风采与人师神韵，有这样的老师是山区孩子的幸事，是辉县教育的幸事。

五、快乐学习的感悟

把生活引入教学，课堂才会生动；把联系引入教学，教材才会鲜活；把观点引入教学，思想才会碰撞；把比较引入教学，理解才会深刻；把体验引入教学，情感才会共鸣；把探究引入教学，思考才会灵动；把方法引入教学，能力才会提升；把自主引入教学，学习才会有效。这是我在《有效教学行动研究》一书中对有效学习的形象概括。我认为它同样适用于快乐学习的教学思想与教学设计。

通过几天来的读书、交流与思考，我能清楚地感到张老师教学主张的发展脉络：有想法—有思路—有行动—有反思—有见解—有成果。张老师个人颇有点"述而不作"的特点，上课有创意、有亮点，但对其教学主张背后的理论支撑，构成的核心要素，操作的快捷方式及传递的基因密码，似乎缺少了一个完整、清晰、系统、全面的论述。我想这大概与张老师的学历层次、学识见解有关系，也可能与张老师的学术视野、教研方式有关系。辉县市教育局提供的及时有效的帮助，抓住了名师成长的关键，帮助其提炼教学主张，支持其写作学术专著。

一位优秀的教师，呈现给社会的绝不仅仅是能上好课，让自己的学生能够快乐地学习，关键是要有学者风范，提出自己的教学主张及教学模式，帮助一批年轻教师迅速成长。优秀教师还要有终身学习、终身发展的强烈意愿，学无止境，教无止境，快乐亦无止境。

《人民教育》杂志在2015年第3期推出《"教学主张与教师成长"专辑》，文中讲：一个教师即使著作等身，荣誉无数，如果缺乏自己的教学主张，他依然难以进入卓越教师行列。提炼教学主张也就是引领优秀教师把教学经验上升到理论高度或用理论来充实、改造、完善提升自己的教学经验，从而使自己的经验拥有"理论因子"，使其变得更为透彻、更有规律性、更有解释力和影响力。

六、快乐学习的比较研究

为了论证张老师的《生活化快乐教学》，我对快乐学习进行了一番学术检索。做研究首先要知道以前别人都说过什么话，提出过什么主张；其次要明白我们的教学主张有哪些是重复别人的主张，哪些是我们自己的新观点；最后要清楚我们怎样把快乐学习做得更扎实、更有效、更具操作性。

巴甫诺奥的《快乐学习法》曾被翻译成几十种文字，发行至几十个国家，是具有广泛国际影响的专著。其主张大概是寻找快乐的感觉，建立快乐的平台，通过学习的兴趣，融入学习的体验。有一种有效的方法可以把学生不喜欢的事或没有兴趣的事转化为有兴趣的事，那就是加深对这些事情的理解并实际参与其中。当学生充满求知渴望时，学习就会产生快乐。

刘善循编著的一套丛书《快乐学习法——增强情感智力的技巧》《高效率学习与心理素质训练——如何使您更聪明》《学习成功术——记忆、思考和创新的方法》《学会学习——提高成绩的窍门》由商务印书馆出版。这套丛书值得一读。徐承博的《愉快学习有效课堂——愉快教育学科学习设计的实践》由上海教育出版社出版。徐先生的著作，其理论体系特别清晰，对我们构思写作框架很有借鉴意义。

快乐学习的基本论述，一般要讲清楚其理论基础、教学原则、核心要素、操作要领、结构特点和审美指向。当然张锦文老师的著作倾向于实际应用，定位于草根研究，没有在理论方面投放过多的精力，也算是我们的一种特色吧。一种草根本色构成一种实用特色。

七、《生活化快乐教学》的修改建议

"小学数学生活化快乐教学法"是《生活化快乐教学》出版前用过的名字，我个人认为教学法与教学中的做法有很大的差距。这也是许多教师的思维误区，常常把自己在教学实践和课程改革中的某些做法，命名为"××教学法"，殊不知教学法有严格的定义。一般来讲，教学法有着厚重的理论基础，广博的学术视野，广泛的学术影响和便捷的操作方式。教学中的做法，更多的是教师个性化的教学行为，表现为课程改革的尝试、教学创意的呈现、教学机智的灵动和教学反思的感悟。

《人民教育》曾刊文说，名师要有自己的教学主张，提倡教学主张而不是"××教学思想""××教学法""××教育理论"这样"高大上"的东西，因为显得大词小用。教学主张更适合做草根研究，如果能提出自己的教育主张并获得大家的认同、认可，就是一种成功，就是一种快乐。

我尝试归纳快乐学习的特点为"三快四乐"，即快意阅读，快捷建构，快慰反思；乐于展示，乐于交流，乐于分享，乐于合作。从来没有人这样概括快乐学习的特点，我说这就是我的主张。

草根研究，突出行动研究的特点，讲究有效应用，在实用、管用、顶用上下功夫。一般来讲，行动研究注重情境与情感，道理与哲理，增值与

增效，学识与卓识，联系与联通，生活与创意。我在个人拙著《有效教学行动研究》中对此有过专门论述。

作为专著，应该具有自己的教育主张和教育追求，应有一定的结构框架和教育指向，以下是我的见解与主张。

理念支撑：让我们一同快乐学习，快乐生活，快乐成长，快乐成功。

教育目标：发现每一位学生的潜能，拓展每一位学生的优势，尊重每一位学生的天性，成就每一位学生的发展。

教育举措：依据快乐理念，营造快乐课堂；设计快乐活动，完善快乐创意；培养快乐学生，成就快乐教师；创建快乐校园，感悟快乐人生。

教育意义：成长的快乐，分享的快乐，探索的快乐，成功的快乐。

教育密码：入乎其内的兴趣，愿学；沉乎其中的情趣，会学；出乎其外的逸趣，乐学；超乎其上的志趣，善学。

生活化教育的途径：教学内容生活化，教学语言生活化，教学案例生活化，教学启发生活化，教学活动生活化，教学创意生活化，教学指导生活化，教学情感生活化，教育实践生活化，教育主张生活化。

作为专著，应该讲究结构体例。《生活化快乐教学》从结构上讲似乎单薄了点儿。《人民教育》2014年第15期为"尝试教育"专辑，其结构体例一是专家释义，二是课堂实践，三是教师领悟，四是学生感言，五是学校行动，六是区域推广。与此结构相比，辉县的同志可考虑把学生感言拆分出来。至于学校行动与区域推广，是跟进实践、跟进提高的后事。从市教研室的角度讲，我们要创建机会，为张锦文老师搭建更大的平台，推介生活化快乐教学的经验。

作为专著，应该有一个准确的定位，既点明主题又抓眼球。"小学数学"，首先就把其他学科的老师排除在读者群之外。请问在场的诸位来宾，假如你是语文专业的教师，会对小学数学感兴趣吗？一般不会。所以小学数学的称呼要去掉，我理解这是张老师的专业定位，但从市场营销角度来看，可能会影响未来读者心理，影响到教育主张的传播。

作为专著，应该有一个响亮的名称，既朗朗上口，又内涵丰富，"小学数学生活化快乐教学法"的关键词是生活化，核心是快乐教学。我曾建议用"快乐教学的草根研究——一位山区小学教师的教育梦""快乐学习源于生活体验""发现快乐学习的密码""从快乐教学到快乐教育"作为书名，但最终还是采用了现在使用的名称。

张老师的研究，应该做一个课题申报，通过课题研究提升行动研究的价值和意义。这样，既出成绩，又出成果；既出经验，又出人才；既出名师，又出团队；既做示范，又做引领。引领我们从教学经验走向教学理论，从教学思考走向教学思想，这是促进教师从优秀走向卓越，从而实现自我超越的生长点。一枝独秀不是春，百花齐放春满园。大家好才是真的好。通过课题研究，提升研究品质，把感性的做法提升为理性的认知，把个人的想法、做法提升为理论概括，最终完成从优秀教师向卓越教师的完美转型。优秀教师的特征是课讲得好，受学生欢迎，有成绩；卓越教师的特征是不仅课讲得好，而且研究做得好，有自己的教学主张和学识见解，有自己的教育理想和教育追求。

八、生活化快乐学习的特征

经过研读、考察与提炼，我把张锦文老师的教育品质和教育追求概括为六种"气"：最平常的课堂，最接地气；最平凡的守望，最显豪气；最真实的生活，最有灵气；最有效的点拨，最是锐气；最平淡的反思，最讲才气；最真挚的追求，最长志气。

有效学习的途径有四条：向书学，向事学，向人学，向网学。拜读《生活化快乐教学》的书稿，是谓向书学；观摩张老师的课，是谓向事学；聆听领导和同事们的介绍，是谓向人学；在互联网上检索快乐学习的主要内容，是谓向网学。这次的论证，对我来说，是一次综合学习机会，也是一次交流思想的机会，更是一次检验自己的机会，还是一次结交朋友的机会。

改革的时代需要脚踏实地的教育者，开放的时代需要仰望星空的教育家。我希望在辉县这块沃土上能涌现出更多像张锦文老师一样优秀的教师、一样卓越的教育家，辉县教育的升级样板才会形成得更快，辉县教育的明天才会更美好！

阅读思考：

1. 你怎样看待"四个跟进""四个有效""四个满意"的教研策略、教研抓手和教研标准？
2. 快乐教学的核心要素是什么？能否以自己的课例加以证明？
3. 你是否同意关于知识认知与学习效度六个层次的划分？谈谈你的看法。
4. 提炼教学主张的基本途径是什么？能否提出你自己的教学主张？

教师职责的当代解读

"教书育人"是教师的基本职责。尽管我们有"百年树人""立德树人"的思想渊源和教育传统，然而，究竟立什么德，树什么人，拿什么提升德育工作的针对性和实效性，却始终是一个常说常新，历久弥新的教育话题、教研课题和职业考题。常说，一方面说明德育工作很重要，得到各级领导的高度重视；另一方面说明德育工作没做好，让人不满意，又不放心。常新，意在不仅要适应新形势、新情况的变化，还要面临新问题、新难题的考验。

教育规律不同于自然规律之处是，没有一个"普遍、必然、永恒"的标准。育人之难，难就难在背景千差万别，需求千奇百怪，表现千姿百态，经历千辛万苦，结果千锤百炼。因此，教学方法要因人而异，教学策略讲因材施教。积极探索新形势下的育人之道，尤其是核心价值观的涵养之道，是我们义不容辞的职业担当。

社会主义核心价值观怎样有效"进教材、进课堂、进头脑"，是当今时代赋予教育事业的重大课题。"进教材、进课堂"的问题，在政策层面上基本得到了解决。怎样有效"进头脑"，打破"最后一公里"的限制，让同学们真学、真信、真的付诸行动并转化为文化素养、内化为核心素养，却仍然是实践层面上面临的一大难题。解决问题的策略，一是诊断问题形成的原因，二是提出具体的解决方法，三是评价最终的效果，四是推广具有指导意义的经验。

教育问题大多都是社会问题在学校的反映。社会转型期的阵痛和波动，西方文化的冲击和影响，经济全球化、文化多元化引起的价值冲突和观念冲突，都对我们传统的德育内容、德育方式、德育途径和德育效果形成严峻的挑战；同时信息时代的数字化、网络社会的虚拟化带来的道德失范，多元价值、多元观念的潜在影响，均对学校德育工作提出新的要求。

面对复杂的国际环境和社会现状，我们要探索并掌握立德树人的基本规律，就需要在厘清时代特征、了解价值诉求、把握思想动态、满足成长需求的基础上，汲取优秀的传统文化，创新德育工作方法，明确主流价值导向，营造良好育人环境。基础教育要以培养核心素养为抓手，坚持正确的舆论导向与价值取向相结合，情感认同与思想认同相汇合，比较思维与批判思维相配合，人文关怀与心理疏导相融合，问题思考与学术指导相切合的教学策略，把德育工作落实、落细、落小。

德育的评价机制不同于文化课，可以通过考试取得立竿见影的效果。德育是个慢活，要有静待花开的耐性；德育是个细活，要有细致入微的韧性；德育是个累活，要有甘于奉献的担当；德育是个重活，要有不计得失的胸怀。德育作为一门课程，被提到"挂帅"的高度；但作为一门专业，仍有一部分人对其存在着模糊认识，甚至错误看法。对教育规律、成长规律认识不清，导致对育人工作理解不透，教育能力不够。认真研究并努力解决社会主义核心价值观教育的针对性、长期性和艺术性，对教师而言既是职责所在、使命所在，又是发展之基、进步之基。

"师者，所以传道授业解惑也。"韩愈对教师职责做的三个方面的界定，在今天仍有很强的现实意义和指导意义。在知识经济、创意知识的背景下，教育面临着从传统教育向现代教育转型的重大课题。现代教育既要继承传统教育的优良品质，又要汲取国外教育的营养；既要适应社会变迁的时代要求，又要契合社会发展的未来趋势。具体地讲，就是对传统教育注入时代的因子，做好当代解读；同时对现代教育增加理论的诠释，做好跟进实践。

一、传道：跟进学习细分三个认同

教师的第一职责是传道。何谓"道"？学术的思想体系，教育的价值取向，乃成人之道、成才之道与成功之道。通俗地说就是：教书育人。青年学生正处于世界观、人生观、价值观形成的关键期，思想意识的活跃期，青春发育的叛逆期和自我认识的萌动期。教导他们确立正确的"三观"，指导他们掌握核心价值观的基本要义，是落实立德树人的第一任务，是广大教育工作者义不容辞的职业担当和光荣使命。

若是"老师知道什么就讲什么，老师会讲什么就讲什么，老师想讲什么就讲什么"，如此不看对象，不看场合，不讲方法，不讲策略，就不会有好的教学效果。过去的习惯做法无法应对今天的挑战。教师要想提高专业水平，就要坚持跟进学习。跟进，强调在学习中比较，在实践中反思；

实践，鼓励在学习中选择，在选择中思考。

传道，首在达成情感认同。教师要以人格魅力吸引学生，感动学生。古人讲"安其学而亲其师，乐其友而信其道"，就是情感认同的价值取向。所谓情感认同就是认为跟自己有某种共同之处而感到亲切的一种心理感觉。老乡是一种地缘认同，同学是一种经历认同，兄弟是一种身份认同，同志是一种志向认同。单独看认同似乎跟我们的教学没关系，但如果把教材中的事例、人物，置换成我们的老乡、同学、兄弟，我们的情感态度就会马上发生变化。设身处地地换位思考，角色定位的情感体验，都会使学生得到更多的感悟和启发。所以，传道讲究故事化传播，更易获得情感认同；故事化讲解，更易获得深度理解。德育故事不讲大道理，只讲身边事；不讲空概念，只讲身边人。

传道，贵在指向道路认同。弘扬社会主义核心价值观，要旗帜鲜明地坚持四项基本原则，维护国家统一和安全。改革开放30多年，中国速度、中国模式、中国奇迹、中国道路奠定了今天的大国地位。当然，不可否认，与发达国家相比较，我们有差距、有不足，但我们要学会用发展的眼光看问题，用辩证的眼光看问题，用全面的眼光看问题。正是社会主义制度、社会主义体系保障了经济发展、社会稳定、文化繁荣的大好局面。所以，我们要旗帜鲜明地宣传爱国主义。对祖国的热爱，可以表现为对国旗的崇敬。新疆维吾尔族老人胡达拜地·依明，整整24年，每天坚持在自家小院升起五星红旗。这就是爱国主义的无声表达。爱国，在很多人眼中是个空洞的口号，其实，爱国并不仅仅体现在为保卫祖国冲锋陷阵，而是要求你有爱国情、报国志、建国才、效国行。

传道，旨在追求文化认同。《中华文化辞典》把文化认同解释为一种肯定的文化价值判断。文化认同是人们在一个民族地区长期共同生活所形成的对本民族最有意义的事物的肯定性体认，其核心是对一个民族基本价值的认同。文化认同是民族凝聚的精神纽带，是民族延续的精神基础，是民族认同、国家认同的重要支柱。余光中的《乡愁》之所以赢得海峡两岸同胞的喜爱，就是基于血脉相连的文化认同和血浓于水的骨肉亲情。文化认同发生在不同的文化接触、碰撞和互相比较的场域中，我们经常说，只有到了国外，你才能意识到自己中国人的身份；只有到了国外，你才能体会到自己是中国人的价值。

在改革开放的大背景下，文化多元化的冲击必定会影响一部分人的思想观念和价值取向。我们认为文明的冲突源于隔阂、偏见与歧视，消弭于交流、理解与信任。只有交流互鉴，一种文化才能充满生命力；只有彼此包容，一种文明才能充满自信力。有了对中华传统文化的认同感，才会拥有民族认同感、国家认同感，才会生成民族凝聚力、国家凝聚力。为此，市教研室组织九校教研协作体进行课改擂台赛——社会主义核心价值观有效进头脑。有政治、历史、地理三个学科，七、八、九三个年级参与其中，九个学校分三组，每周三定期举行，持续进行两个月。2016年3月22日，在铁路初中进行历史课《海峡两岸的交往》的学习过程中，讲课老师把社会主义核心价值观加入到教学中，是水到渠成的渗透，是自然而然的融入。反对分裂，反对"台独"，反对外来干涉，就是爱国主义的表现。两岸交往的意义在于增进、增强民族认同感、亲切感和归属感。

二、授业：跟进实践落实三个引领

所谓跟进实践就是认准先进目标，学习先进经验，力争思维同步、行动同步、发展同步。跟进实践的四项要求是在实践中破解先进典型的基因密码，在比较中吃透先进人物的核心要素，在研究中寻觅先进事迹的理论支撑，在发展中感悟先进经验的操作要素。

跟进实践依据组织行为的基本原理，为学生的健康成长和全面发展提供全过程、全方位的教育服务和教育引领。跟进实践的优势在于指导得力、保障有力。跟进实践的特点在于过程性体验、比较性选择、发展性引领。跟进实践的要点是遵循个人成长成才规律和教育规律，使学生的进步跟上时代发展的速度和变化节奏，引导他们成为自我渴望、家庭期望、社会需要和国家期待的栋梁之材。

授业，重在价值引领、提升教学立意。授业不仅是单纯地传授文化知识和操作技能，更重要的是着眼于培养学生的核心能力和核心素养，具体说就是创新精神、创新能力和社会主义核心价值观。授业的价值取向正在经历着由知识立意到能力立意、由能力立意到素养立意的两次转变，由知识学习向能力学习、由能力学习向智慧学习的两次转型。对一部分教师而言，要应对这种转变与转型，以适应时代的需求和职业的要求，就必须在实践中学习，在学习中提高。有了教师的不断发展，才会有学生的不断发展；有了教师的不断进步，才会有学生的不断进步。

授业，难在思想引领、启发深度思考。思想引领要做到润物无声。一个有思想的人，才是一个有力量的人。没有思想引领，我们达不到认识的高度；缺少思想引领，我们会缺失思想纵深。陈毅元帅曾说过，"淮海战役的胜利是人民群众用小车推出来的"。最初，我只是肤浅地认为陈毅元帅仅仅是为了表明军民关系的紧密合作，说明群众的支援保障了前方的军需，至于是否还有其他意思，没有深究。后来，我有机会参观孟良崮战役纪念馆，看到当时的一幅标语，瞬间感到一种强烈的震撼，此时才真正明白了陈毅元帅那句话背后的意义。"最后一碗米做军粮，最后一尺布做军鞋，最后一床棉被做担架，最后一个儿子送战场"。"最后"是什么意思？老区群众的人力、物力、财力已到了极限。但是，为了胜利，为了前线，他们毫无怨言地贡献了所有的一切，其中包括他们"最后一个儿子"。"最后"是什么感情？宁愿自己挨饿，也要保证前线的供给。"最后"是什么境界？先人后己，舍己为人，一切为了前线，一切为了胜利。"最后"是什么信仰？人民大众的解放。所以，"最后一个儿子"也要送上战场。我把这段材料应用到教师培训上，设计成系列问题，"最后一碗米、一尺布、一床棉被"为什么不留给自己而要自愿地送往前线？因为人们把解放军视作亲人，因为明白解放军为大众的解放在拼命，因为明白今天的困难是为了明天的胜利。谁代表人民的利益，谁就将赢得民心，赢得天下。过去是这样，现在是这样，将来还是这样。

　　思想付诸行动，行动影响人生。思想引领既要做到喜闻乐见讲故事，又要讲究通俗易懂讲道理。用百姓话讲百姓事，用百姓话谈百姓情。授业一忌板起面孔训学生，二忌端起架子讲理论，三忌不着边际瞎胡说，四忌照本宣科死读书。落实思想引领要做到用真实的故事打动人，用精彩的讲述感染人，用精致的设问点拨人，用多种参与形式拉近人，用敬业精神激励人，用核心素养塑造人。思想决定眼界，眼界决定境界。

　　授业，旨在文化引领，追求行动自觉。思想是行动的先导，价值是行为的标准。多元文化决定了人们的多元价值，多元价值决定了人们的多元选择。但什么样的选择是正确的，需要我们有一个判断是非曲直的标准。对待财富，有人信奉"人为财死，鸟为食亡"的谚语，有人坚守"君子爱财，取之有道"的圣训，有人相信"人不为己，天诛地灭"的煽动，有人甚至不择手段，违法犯罪。这就是思想深处的价值取向决定的行为选择。

作为社会主义核心价值观的宣播者、维护者和信仰者，广大教师要不断增强责任意识，落实行动自觉，做到守土有责、守土负责、守土尽责。同时致力于营造适宜的文化环境和宽容的文化氛围，让同学们在耳闻目睹、潜移默化、文化浸润和精神感召之中净化思想、洗涤灵魂，形成一种思想自觉、行动自觉。

文化引领修炼核心素养。世界上最难的事，莫过于把自己的思想装进别人的脑袋。解决的策略是五育并举，多管齐下。学校教育、家庭教育、社会教育、网络教育和自我教育统筹安排，形成合力。

三、解惑：跟进提高明确三个启发

跟进本来是商业领域的一个概念，指双方一次性洽谈签约的成功率不高，80%的合同是在随后的跟进洽谈中达成共识、签约成功的。商业跟进的目的很明确：以解决客户的疑虑、打消客户的顾虑为中心，以建立互信关系、取得彼此好感、达成互惠条件为要素，以快速成交、签订合约为目标。商业跟进大约有三种类型：服务性跟进、转变性跟进和长远性跟进。

商业跟进对我们教育的启示有四点：一是学习需要跟进指导。不要指望通过一次性学习就能让所有学生理解、消化所学知识。大多数学生需要在跟进指导下掌握学习方法，提高学习成绩。所以，教育需要有耐心。二是有效教学重在解决问题。我们都知道以人为本的原理，但何为其"本"？本"源"是教育之道，促进成才；本"真"是学习之法，破解疑虑。三是师生需要良好关系。古人云"安其学而亲其师，乐其友而信其道"，亲是信任的心理基础，信是彼此的情感纽带。建立良好的人际关系可以创设和谐的学习环境，形成愉悦的心理体验。四是进步需要跟进指导。学生的成长是个漫长的过程，成长期间可能会经历一些曲折、反复、波动和变化。这时候，教师的跟进指导就显得尤为重要，尤其难得。

跟进提高是指在学习、工作、研究的基础上，持续进行总结、归纳，以促进自己学识水平、教研能力和思想境界的不断提高。跟进提高要求做到目标明确，选准突破口。既然是跟进提高，就意味着是别人已走过的路、搭好的桥，我们只需要紧紧跟随别掉队，紧紧跟随别走岔。跟进提高就是善于向别人学习，学会借力、借脑与借势。向先进学习，可能只是一种姿态、一种谦虚；而跟进提高则是一种要求、一种标尺。

教师的法定职责是解惑。学生在成长中的主要障碍有三个：学习上的困惑、生活中的迷惑和思想上的疑惑。怎样有效解除其困惑、迷惑和疑惑，需要我们在跟进提高中明确三个启发：直观启发、类推启发和比较启发。

解惑，首在解除学习上的困惑。启发式教学是我国传统教育的精华。启发式不仅是一种教学方法，更是一种教育传统，还是一种教育理念。对于别人告诉的知识，一般人大概只能记住10%；自己感悟出来的知识，却能大概记住90%。所以，启发重在感悟而不在于告诉。启发式教学最经典的表述是"道而弗牵，强而弗抑，开而弗达"。大意是讲引导学生，但不硬牵着他们走；严格要求，但不施加过多的压力；指明学习路径，但不代替他们得出结论。综观我们的教育现状，对学生总是既不放心自主学习的效果，又不放手合作学习的尝试，还不放胆探究学生的能力，把生动活泼的启发式教学生生变成了呆板生硬的问答式，机械单调的讲练式，乏味无趣的考评式教学。

启发是在说明缘由、阐明道理、提供案例、点拨思路的基础上，力求引起学生的联想，使之有所触动，有所发现，有所领悟，最终达到自我教育、自我提高的目的。《乌鸦喝水》意在告诉学生一个道理：善于观察、善于动脑是克服困难的法宝。至于是不是往水瓶里投注石子，就一定能喝到水，或者在什么情况下投注石子才能喝到水，这是需要教师启发学生进行课下探究的小课题。为什么是乌鸦而不是其他别的鸟类有这种举动？因为据说它是鸟类中最聪明的鸟。英国科学家曾做过有趣的实验，发现乌鸦有向同类传递信息，尤其是传授技能的本领。

学习困惑的主要表现：一是缺少深度理解，常常被似是而非的东西所袭扰，被表面现象所干扰。二是缺少比较发现，习惯于就事说事、就事论事，而不是把相同或不同的事物放在一起进行比较研究，从中发现异同点。三是缺少本质认识，满足于字面意义的理解。四是缺少生活联系，学习思路窄、视野短。五是缺少学习方法，单独依靠死记硬背，当然耗时费力。六是缺少立体思维，习惯于学习知识由点到线、由线构面的思维。立体思维要求跳出点、线、面的限制，有意识地从前因后果各个方向、各个方面去考虑问题，也就是"站起来观察""立起来思考""坐下来写作""跳起来争辩"。古人谋事讲究天时、地利、人和，这就是立体思维的经典实例。课程改革提出三维目标，许多教师不知所措，机械地划分为知识与能力，过程与方法，情感、态度与价值观。这是线性思维的表现。三维是一个事物的多方面表现、多重性要求、多元化评价。

解惑，重在解决生活中的迷惑。教书育人，育人首要的内容是解决生活中的迷惑。教科书上告诉学生们的基本上都是美好的事物，但现实与理想之间往往存在差距，这一方面对德育工作的针对性、实效性提出严峻挑战，另一方面也对教书育人提出更高要求。

启发式引导要求教师要善于把大道理变成小道理，把大原则变成小案例，把大目标变成小议题，把大方向变成小要求。启发式引导的关键在于使学生想听、爱听、愿听，听得进、记得住、传得开、做得到。启发式引导的重点在于教师要善于联系生活，结合学生经历，把素材变成故事，把经历变成背景，把迷惑变成问题，把解答变成探寻。启发式引导要设计一流的问题，争取一流的思考，做到一流的表达，期待一流的效果。

启发式引导要把外在灌输的强制学习转变为求知需求的主动学习，其关键是做到联系实际，紧扣问题，抽丝剥茧，拨开迷雾，总结方法，指引实践。启发式引导注重实效，反对空对空，防止两张皮。启发式引导不回避问题，不逃避矛盾，对成绩讲透讲够，对问题讲清讲实，注意用数据增加说服力，用案例增加可信度。启发式引导只有用针对性的分析才能解开"心结"，用实际中的案例才能排除"心魔"。

解惑，贵在解除思想上的疑惑。价值观教育最大的难点是我们能否遵循认知规律，做到情景交融、触及灵魂。认知规律由"认知—感悟—认同—践行"四部分组成。认知是基础，感悟是重点，认同是关键，践行是目的。直观启发指向抽象问题，类推启发归纳同类性质的问题，而比较启发，主要解决易混淆的问题。直观启发强调从具体到一般，形成抽象思维；类推启发坚持归纳、总结、概括问题的主要特征；比较启发要求把握问题的特点、特征，发现基本规律。

价值观教育的宗旨在于影响青年学生的思想观念和行为态度，提升道德素养，明确价值取向，进而形成政治信仰和文化自觉。推进价值观教育反对教条式的说教、警示式的训诫、抽象化的概论和制度式的规范。空谈理想信念，奢论职责道义，妄议党性修养，轻慢职业素养，很难使学生产生认同，那就谈不上真学真信，入脑入心，甚至会引发反感。这就可能会造成个别人"当面说一套，背面做一套""人前是一套，人后另一套"的分裂人格。

启发式研讨要紧密联系热点问题、难点问题，尽可能调动学生参与的积极性和主动性，把"要我学""催我学""逼我学"变成"我要学""我想学""我爱学"。启发式研讨的教学设计要以案例解析入手，通过故事讲道理，通过分析懂法理，通过研讨明哲理。案例研讨，离不开例子，少不了讨论。否则，听了故事"感动一阵子"，回去"依旧还是老样子"。只有深度解析，深明大义，学生才可能"铭记一辈子""信奉一辈子"。

启发式研讨要掌握科学性的原则，抓住价值观教育这个主题，全面把握"知、情、信、行"的价值逻辑和实践要求。"知"是前提，要明白知行合一、知易行难的道理；"情"是方式，给学习注入情感的色彩，学习才会有体验；"信"是重点，信仰产生坚持的力量，信仰产生追求的渴望；"行"是目的，行动改善环境，行动改变命运。

启发式研讨的目的在于以"知"促"情"，以"情"促"信"，以"信"促"行"，最终达到知行合一的效果。我们的许多教师，两眼只盯住一个"知"字，两手只抓住一个"练"字，一心只想一个"考"字，忽视了价值观教育的宗旨、策略与追求，导致个别学生言行不一、执行脱节、情义背离的"双重人格"。

中国人民大学教授刘建军先生在发表的文章《社会主义核心价值观的内在逻辑》（《中国教育报》2016年3月10日《理论周刊》）中特别强调，一个社会，如果没有共同价值前提和一定的价值共识，多样化就可能导致相互背离和冲突，不仅影响社会和谐，也妨碍社会发展。为此就需要主流的引领，需要价值共识的建构。这是社会发展、时代进步提出的新的挑战。应对时代的挑战，我们要向传统学习，向经典讨教，对先贤的教诲做出时代的解读，争取把社会主义核心价值观的涵养之道做细、做实、做精。让我们共同努力。

阅读思考：
1. 传道的三个认同是什么？
2. 授业的三个引领是什么？
3. 解惑的三个启发是什么？

教学研究：
示范教学系列

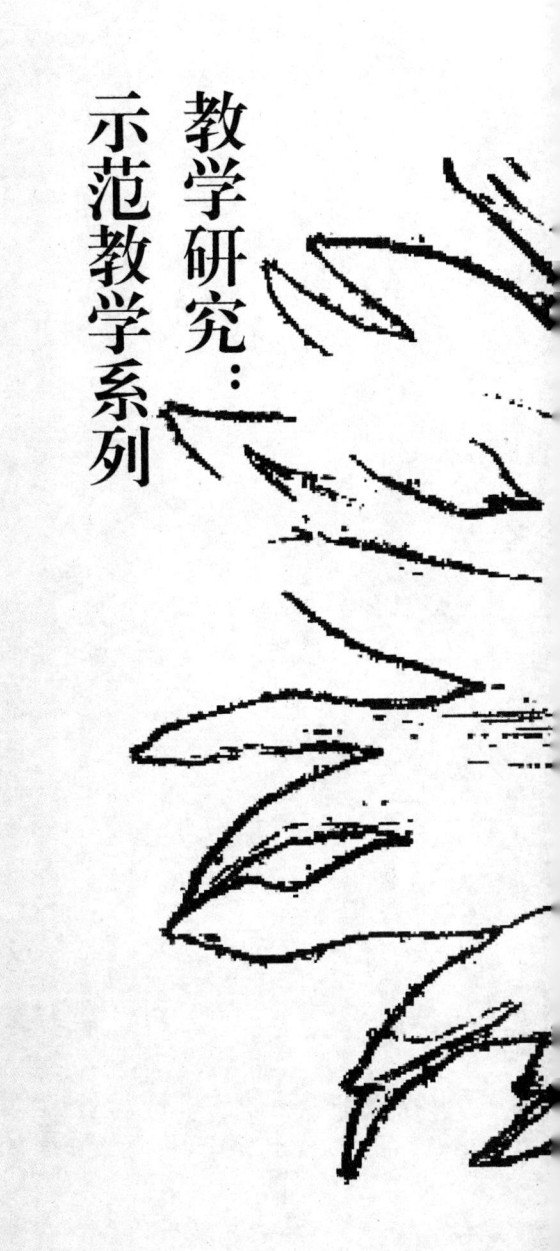

"示范教学"引领校长专业发展

——新乡市中小学校长"示范教学"的活动立意

新乡市教育局提出"一年打基础，两年上台阶，三年争一流，五年创第一"的奋斗目标。要实现"上台阶、争一流"的目标，需要一支优秀的教师队伍、一支优秀的管理队伍和一支优秀的教研队伍作为人才支撑。为此，教育局党委决定在全局范围内开展"岗位练兵"和"示范教学"活动。以市属学校为试点，带动县区学校全面跟进。此次活动的用意、立意是什么？市教研室如何有效、有序地组织开展此项活动？我受刘建学副局长和郭义林主任的委托，尝试着对活动的意义做一解读。

一、校长"示范教学"的用意：理解领导意图，恪尽校长职责

1. 表明一种态度：关注课堂，关注教学，关注课改

长期以来，由于基础教育的欠账和均衡发展的欠缺，我们的校长大多忙于跑资金、抓基建、上项目、抓安全。真正能够静下心来抓教学、沉下身子抓课改的不多，或者说效果尚不能令人满意。

要求学校领导干部讲课、评课，市教研室会充分考虑校领导的现状，不会拿优质课的标准来评价，也不会与优秀教师的水平相比较。刘建学副局长一再强调，示范教学"不打分，不排名，不让校长丢人"。其重点在于表明一种态度，校长要关注教学，把教学视为学校工作的第一要务，把课改视为学校发展的第一动力。

办人民满意的教育，精力必须放在课程改革上，能力必须落实在有效教学上，目标必须聚焦在学生发展上，标准要定位在让人民满意上。"上学难""上学贵"的现状，尽管有所改善，有所缓解，但距令人民满意的标准还有很大的差距。基础教育均衡发展的时代命题，需要我们共同努力来解答。校长讲课就是表明一种态度。

2. 转换一个角色：引导教学，引导教研，引导课改

校长无疑是学校工作的领导者，但领导的权威从何而来？领导的作用从何体现？领导的价值从何衡量？领导若是习惯于讲报告、做指示、提要

求,他可能会丧失对教师的亲和力、号召力和影响力。从主席台走到讲台,是一种身份转换;从报告席到裁判席,是一种角色转换。领导亲自讲课、评课,可以拉近与教师的感情,可以促进对教学的理解。为学洋思、杜郎口学校的教育模式,许多校长硬性规定,课堂只准讲多少分钟,超时即扣分。现在校长亲自尝试一下,看在限定时间内,究竟能不能完成教学任务,如果难以完成任务的话,校长能否提出建设性的改革意见?

校长应是课程改革的倡导者、引导者。倡导者要有思想主张、学识见解;引导者要有导学方式、导学模式。在教师看来,校长"说破嗓子不如做出样子",套用模式不如提供样式。校长应该是有效教学的践行者和研究者。通过"示范教学"的途径提升课程领导力,实现引导教学、引导教研、引导课改的目的。

3. 践行一种主张:跟进学习,跟进实践,跟进提高

教师的专业发展与学校的可持续性发展,都需要学习型组织的组织保障和终身学习的能力保障。"跟进学习、跟进实践、跟进培训、跟进提高"的教研主张,是我个人在长期的教研实践中的体会和感悟。学海无涯,学什么才最有价值,需要选择的眼光;怎么学才有效果,需要跟进的策略。跟进就是瞄准先进,咬定青山不放松,不轻易改变目标,不轻易放弃理念,不轻易落下队来,做到同期响应、同步思维、同步前移、同台竞技。跟进,说到底是要以一种虚心的姿态、平和的心态和积极的状态,投入到教学和课改中。

课改倡导"先学后教",同样道理,指导一所学校的课改,校长应该"先学",在理解、消化、吸收的基础上,结合自己的学识见解、教学主张,去策划自己的改革方案。"后教",就是敢于叫响"看我的",敢于高喊"跟我来"。成功,源于坚持;提高,也源于坚持。我们坚持学先进、比先进,乃至超先进,就要落实在跟进上。

4. 回归一种常态:研究教学,研究课程,研究课改

教育部提出"管、办、评"分离的改革设想,要让"教育家"来办学,扩大学校自主权。"教育家"的最大特征是拥有自己的教育主张和教育理念,乃至形成自己的教育思想。我们许多校长的工作状态是:宁愿费力,不愿费脑;忙于事务,疏于思考;限于俗务,拙于思考,尤其缺少对校本教研、办学特色、学校文化、校本课程等问题的系统思考。没有自己的思考,也就没有自己的教育主张、教育理论和教育思想,在课改实践

中，就只能充当追随者、响应者，而不是引领者、开拓者。我们设想通过校长"示范教学"，让校长们进课堂、登讲台成为教育的一种新常态。在这种新常态下，研究成为学校工作的主旋律，以研究的态度对待工作，以研究的方法解决问题，以研究的成果见证水平。研究教学，研究课程，研究课改，校长应该有侧重、有突破、有建树，为"教育家"的成长奠定底色。

2014年开始，教育部、省教育厅分别评选基础教育教学成果奖，这绝对是一个利好的消息。成果奖与课题奖不一样的地方在于，课题是成果的前提，换句话说，没有省级课题就没有省级成果奖的参评资格。成果是课题的延伸，也就是说在课题研究的基础上，经过实践检验，有推广价值、实用功能和借鉴意义者，方可评为教学成果奖。因此，积极筹划、准备2017年省级、2018年国家级教学成果奖的申报工作，应该是诸位校长重点考虑、重点安排的工作。当然，市教研室一定会提供智力支持。

二、校长"示范教学"的立意：优化导学设计，强化能力立意

1. 有效导学，引领意识

教学与导学，前者以教师为中心，后者以学生为中心；前者以讲授为途径，后者以思考为指向。有效导学是我在有效教学课题研究中提出的教学主张。有效导学强调创设情境、设计问题、联系生活、提供案例，让学生学会学习与思考，学会比较与总结，学会探索与发现，学会交流与表达，学会反思与感悟，最终学会创造性地整合知识、运用知识。

教学是被动的执行，导学是主动的选择。从教学到导学是一个根本性的转折，它首先要求教师要从"讲师"变为"导师"，要明确学习分工，完成角色蜕变；其次，从"教学"变为"导学"，要优化导学设计，开发课程资源。关于有效导学，拙著《导学的创意与智慧》一书，可供诸位校长参考。

导学要引领学生达到深度参与、深度探究、深度拓展、深度理解的目的，教师一定要有引领意识。"引"字，在汉语里可组成许多个词语。引航，由熟悉航道的人员引导或驾驶船舶进出港口或在内海、内河一定区域内航行；引河，为引水灌溉而开挖河道；引火，用燃烧着的东西把燃料点燃；引路，走在前面带路；引起，一种事物、现象、活动使另一种事物、现象、活动出现。概括其要义，都有相互作用、互为因果的意义，都有彼此联系、由浅入深的内涵。我把这些生活概念引入到教育领域中，引入到

有效导学中，提示教师要有创设情境、引领学习的意识和方法。

引领学习就是导师用问题提示问题，用思想碰撞思想，用方法比较方法，用学识提升学识。导师要有课程整合意识，善于创设情境，设计问题，用学生的生活经历作为教学素材，用学生的知识贮备丰富教学案例，适度地拓展教材，以达到启发思考、启迪智慧的教育目的。

引领意识强调关注学生认知状况，"低起点，小坡度，勤反馈，多鼓励"。引领的作用是使学生由接受学习过渡到自主学习，由被动学习过渡到主动学习，由个体学习过渡到团队学习，由课本学习过渡到网络学习，由传统学习过渡到现代学习。导学指向的是"教为不教，学为创造"这一终极目标。

2. 教学分工，方法意识

教学分工就是依据学生认知状况，对将要学习的内容进行合理分工。对于学生已知已会的或通过自主学习达到初步了解的内容，教师略讲点拨；学生一知半解或通过合作学习仍有理解难度的内容，教师要精讲指导；学生难以理解的知识或通过探究学习仍有一部分同学难以理解的内容，教师要针对困惑，条分缕析，结合生活，娓娓道来。教学分工，就是要明确师生各自的职责。针对学生应该通过什么途径，掌握什么方法，达到什么程度，教师要做到心中有数。同时，教师通过什么途径、什么指导方法，引领学生达到什么程度，也要做到心中有数。

相信学生、依靠学生，是进行教学分工的心理基础；了解学生、鼓励学生是进行教学分工的能力基础；调动学生、感染学生是进行教学分工的情感基础；引导学生、解放学生是进行教学分工的发展基础。

能力比知识更重要，方法比刻苦更有效。适合学生的教育是最好的教育，"适合"不是要学生"配合"教师的教，更不是要教师"迎合"学生的学。"适合"不仅仅是指学习内容要联系学生的生活背景，更重要的是指方法指导要关注教学匹配。

自主学习在相当一部分学校的教学中效果并不理想，究其原因，一是学生从习惯性地接受学习变为自主性学习，无论是方法、能力还是管理、评价都很不适应，而出现教学脱节；二是学生的自主管理、自主发展的自主意识尚未被充分唤醒，而出现管理脱节；三是教师缺乏对学习方法的有效指导，而出现能力脱节；四是一部分教师连自己都不知道自主学习的定义、要求、策略与管理，而出现思想脱节。出现的教学方法不匹配、教学节奏不合拍、导学思维不同步等，最终使自主学习难以落到实处。

我曾经设计了"三读三问"导学模式，即学生素读要求画书、批注、列提纲，合作研读要求解题、释惑、作小结，教师导读要求点拨、引领、讲感悟。与此相对应，教师要注意三个问：提问聚焦主题，追问拓展思路，反问验证理解。(详见拙著《导学的创意与智慧》)

3. 教学创意，课程意识

好课一定是有创意的课，创意是指"有创造性的想法、构思等"(《现代汉语词典》)。教学创意是指教师根据学习主题和学生情况，结合学校地域文化，融合现代信息技术，统筹谋划，开发课程资源而提出的教学构思。教学创意具有四个鲜明特征：一是具有生活气息的新颖性；二是创设学习氛围的情境性；三是注重思维灵动的启发性；四是拓展主题探究的深刻性。

新乡市第三中学铁铮老师提出的教学创意，帮助河南师范大学的学生荣获全国师范院校毕业生说课大赛一等奖。说课题目是"海峡两岸的交往"，其教学创意是一个问题——本为一家，为何隔绝；一个共识——两岸共识，一个中国；一个决策——"和平统一，一国两制"；一个方针——文化交流，经贸合作；一个愿望——骨肉团圆，共同发展。

教学创意取决于教师的课程意识，我个人认为，课程意识要求教师整合课程资源，不拘泥于教材、不束缚于教参来上课，按逻辑推论来设计教学。

课程的内涵是什么？简单地讲是指学校教学的科目和进程。课，一是指教学科目，二是指教学单位时间。本文的语境是指前者，就其形态而言，存在于教材，体现于文本，属于"显性课程"。程，教学流程，即学生在教师指导下，独立思考、合作学习、深度探究的体验、发现、感悟的过程。就其内涵而言，需要教师挖掘文本的人文情趣，提炼教材的学习主题，研究导学的"四学"(学情、学趣、学法、学旨)所在，完善有效导学的创意。课是显性的，程是隐性的。教师要把课程资源应用于课程开发和课程整合中，把教学设计聚焦在问题思考和情感体验上，就说明它具备了初步的课程意识。教教材是一种文本意识的反映，用教材教是课程意识的反映。教教材重在研读教材，呈现知识结构；用教材教贵在联系生活，拓展文化内涵。

4. 立德树人，责任意识

德育要渗透在学科教学中，德育目标要体现在教学设计和活动设计中，德育指向要体现在创设情境和学习体验上，德育价值要体现在情感认同和情感匹配上。

德、智、体、美、劳五育并举、协调一致、齐抓共管、全面发展。社会主义核心价值观怎样有效地"进头脑"？一般教师仅仅停留在知识学习的层面上，缺少生活联系与情感渗透，因而也就失去了学生的思想认同和情感共鸣，换句话说，也就缺失了践行社会主义核心价值观的心理基础和感情基础。校长"示范教学"尤其要在立德树人上下功夫，真正让核心价值观入耳、入心、入情、入理，最终达到"虽不能至，然心向往之"的入神状态。

教书育人是教师的天职。教书与育人相比较，育人更需要我们的耐心、爱心、关心、诚心与热心，育人更要讲究面向全体的适应性、因人而异的针对性、善待学生的包容性和尊重学生的差异性。育人是更重要的职责。在外来思想的冲击下、多元文化的影响下，一部分人可能会误认为德育是空洞的说教，没什么用途和价值。教材只是搭建了一个平台，如何丰富它、完善它、拓展它，让学生感到如沐春风，沁人心脾，那才是校长讲课的水平呢。听新乡市第十中学北校区郑亚文老师讲"自我尊重"，联想到以前读过的一篇短文《尊重他人的原则》，可以作为素材引入课堂。说是西南联大教授金岳霖先生应邀参加一个学术研讨会，主办方允许他带一名助手前往，岳先生想到自己的得意门生王浩，便急匆匆赶到教工宿舍，通知他准备赴会。到门口时发现挂着一个牌子，"周末学习，雷打不动，请勿打扰"。金先生微微一笑，站在门口耐心等待，却始终没有敲门。直到傍晚，王浩出来吃饭时才看到等在门口的恩师，吃惊之余，听完同学道来事情的原委，对金先生更是敬重有加。尊重他人，没有身份、地位、年龄、职务的关系，才是真正的尊重。

每个人都有自己的原则，当我们的原则与他人的原则发生冲突的时候，要记得尊重他人的原则。尊重他人彰显个人的道德修养和宽宏大度的情怀。

立德，才会让学生仰止；树人，才会让学生成长。立德树人是教育的天职，校长如果能多观照立德树人的途径、方法与功效，其"示范教学"一定会有突破，有亮点，有创举。个别人误认为"德育是讲空话、说假话、讲套话、说废话",恰恰说明我们的教育没做到位。办学既要考虑升学效益,又要考虑社会效益。德育既是民族文化的传承,又是民族精神的铸造。如果我们忽视德育工作,就等于放弃了我们的职业信仰,抛弃了我们的精神支柱。

理解了局领导的用意,我们就会明白校长"示范教学"活动的立意。刘建学副局长一再表示,"岗位练兵""示范教学"绝不是为了"折腾人",搞"花架子",出"虚招式",而是为了锻炼队伍、锻炼人才,倡导校长队伍关注教学、关注学生、关注课改。我个人理解,这项活动本身,既是深入推进实践活动的有效形式和载体,也是致力于培养未来"教育家"的一种探索和努力,还是提升校长课程领导力的一种尝试和实践。

阅读思考:
1. 校长"示范教学"的意图是什么?以后应该怎么办?
2. 校长"示范教学"的重点放在哪里?设计一堂课尝试一下。
3. 校长"示范教学"的心得是什么?说一说自己的实践体会。

"示范教学"提升校长的课程领导力
——新乡市中小学校长"示范教学"的深度解析

2014年秋，新乡市教育局正式发文，要求在局业务科室中开展"岗位练兵"，全体教研员都要深入学校、深入课堂、深入学生，都要亲自讲公开课、研讨课。同时开展的"示范教学"活动，要求学校领导要学讲课、会评课、能上课。具体讲就是校长要评课，副校长和中层领导要讲课。"岗位练兵""示范教学"，旨在通过有效教学的实践，提升校长的课程领导力。

长期以来，由于基础教育的欠账和社会大环境使然，一些校长们的精力投放在教学上的不多，多忙于抓创建，抓安全，抓项目，抓特色，至于教学工作，那是"说起来重要，做起来次要，忙起来不要"。起初，许多校长都是教学的行家里手，现在要让他们重拾教鞭，披甲上阵，还真的是一种挑战。对习惯于做报告、讲文件、提要求、做指示的校长们来讲，重上讲台，意味着不仅要做出样子，放下架子，要接受大伙的评头论足，还要体现自己一贯倡导的课改理念，践行自己一贯提倡的教学主张。

任何一件事情，不想做，你可以有许多借口；想做，你只有一个理由。校长讲课，定位于"示范教学"而非优质课，其活动指向是要通过实践环节来验证我们的课改理念、教学模式是否符合我们学校的实际情况；其价值取向是要通过校长讲课来提升校长队伍的课程领导力；其引领方向是要把校长的工作精力引导到关注教学、关注课改、关注教育均衡发展上来。

校长讲课、评课首先要搞清楚一个问题：好课的标准是什么？搞清楚标准，我们才好对照标准设计教学、评价教学、改进教学。长期以来，对好课的标准众说纷纭，难有定论。我认为对有效教学来说"只有更好，没有最好""适应学生的教育，是最好的教育"。教师们在设计教学、评价教学时，大多习惯从教学法的层面，从自身的体验、经验和感受出发来观察课堂、比较差异。对于优秀教师的观摩大多停滞在单纯复制、机械粘贴的层次上，缺少对优秀教师教学个性的剖析、教学主张的认同、教学理念的提炼。所以，有些人想学习优秀教师却总也学不像、学不准、学不到位。

"示范教学"，"示范"什么？这应该是校长要考虑的重点问题。单纯比讲课，校长们可能怎么也比不过教师，那为什么还要让校长讲课？我认为校长要在课程论的层面有所突破、有所建树，真正给教师们起到"示范"作用、"引领"作用。校长讲课，精力不必过多地放在制作课件上，而应该把精力放在分析学情、引导学趣、指导学法、提升学旨上。

校长是推行课程改革的第一责任人，校长要有"教育家"的情怀与担当。所以，校长要明白"示范教学"的意义在于引领教师对课程改革、有效教学的实践探索，要从感性认知的层面过渡到理性思考的层面，从学习经验的层面提升到规律探究的层面，从有效教学的层面过渡到有效学习的层面。

基础教育有三大基本理论——教学论、课程论和现代信息教学综合论。对教师们来讲，最熟悉教学论，尤其是教学模式的具体运用。一般来说，设计有效教学，要有创设情境、设计活动、展示交流、学法指导、课堂小结、主题拓展几个主要环节。课程论倡导"用教材教"，反对"崇拜"教材。怎么"用教材"而不是机械地"教教材"，一直是教师们普遍感到棘手的问题。我认为，"用教材"应该是校长"示范"的重点所在。现代信息教学论是我个人根据现代信息技术的发展趋势、网络教学的发展现状和"慕课""微课"的现实影响而提出的教学主张。过去，我们没有现代教育的技术装备，现在，许多学校都配备了电子白板，但是真正利用、有效使用的比率不高，效果欠佳，教育投资与教学效率不成比例。正所谓"没有装备红了眼，来了装备傻了眼，使用装备急了眼，整合装备瞪了眼"。有效使用现代教育的技术装备，让信息技术真正融入课堂、融入生活，也应该是校长"示范"的重点所在。

教师讲课主要讲究方法论，落实有效教学；校长讲课重点突出课程论，引领课改方向。从课程论的角度讲教学，我主要论述三个问题：教什么？怎么教？持什么样的理念去引导有效学习？

一、教什么

1. 课标研读，决定教学选择

"教教材"是一般教师最常见的选择，课标定什么、教材写什么，我就讲什么，我就教什么。校长讲课要引导教师思考以下问题：课标为什么这样定？教材为什么这样写？教材是反映学者的个人观点还是代表国家意志，是学术上的一家之言还是科学上的基本规律？2015年1月27日，我到红旗区小店镇中心校调研，听老师讲八年级语文《纪念白求恩》，课程标准已明确取消了"国际主义"的内容，因为"国际主义"从理论体系到实践应用都被证明是不成功的。我们的老师再去给学生解释"国际主义"概念显然是不合适的，是缺乏对课标研读的表现。

2. 整合教材，优化教学设计

优秀教师的共同特征是拥有自己的学识见解和教学主张，不迷信教材，不盲从权威，而是把编书与教书放在一个平等的位置，根据学生的状况去设计教学。"教教材"与"用教材教"，一字之差，不仅反映出教师对教材的态度，更体现出教师用教材的水平。"教教材"，一般来说只要依据教参、套用模式、针对考试、强化训练，基本不用太费力，甚至个别教师照本宣科背教材。"用教材教"，则强调依据学情、整合课程、设计教学、指导学法，把教材视为一个抓手。课改过程中，有人提出破除教材崇拜，反对教师"跪着"教书，倡导课程的二次开发、重新设计。用教材教的简便方法，就是删减、增加、调换、整合。用教材教的教学程序，我曾归纳有八句话：破题发现意义，构题提升立意，话题引起关注，问题比较思考，习题归纳规律，主题拓展深度，解题点拨思路，答题规范要求。

3. 课程目标，提升学习意义

从课程论的角度来引领有效教学，我们必须关注课程目标、课程内容、课程实施和课程评价。

课程目标不同于学习目标，前者关注的是本课程开设的价值和意义，而后者关注的是本单元、本课时要学习的知识和要求。课程目标是宏观上的决策，课时目标是微观上的体现。观察我们的课堂，教师们常常容易忽略课程目标，正是因为缺少课程目标的引导，我们的课堂才会缺失人文情怀与价值追求。好课的重点在体验，好课的关键是感动，好课的灵魂在思考，好课的追求在向往。2015年1月25日，我到新乡市第四中学参与"高效课堂"研讨会，郑亚文和赵崇宇两位老师分别讲了一堂课。课都是好课，注重引导学趣，指导学法，但似乎欠缺课程整合意识与课程开发意识。从知识点到命题点、考试点，他们做得很到位，但知识与考试之间，似乎缺少生活联系和情感投入。尊重他人，这个"他人"包括我们的父母长辈、老师同学、朋友同事、街坊邻居甚至还应该包括我们的对手与敌人。"成功，要靠朋友的帮助；更大的成功，要靠敌人的挑战"，所以，尊重是高尚的通行证。尊重的内容包括尊重知识、尊重人才、尊重劳动成果、尊重创新尝试。教师发作业时，用双手递给学生，眼睛看着学生，脸上写满笑意。当学生单手取作业时，老师不撒手，用这个无言的举动提醒学生，要学会尊重。明白道理是一回事，理解道理是另一回事，把知识应用于生活则又是一回事，真正把知识内化为一种文明素养、文明习惯才是有意义的事。学以致用，不仅是生活技能的应用，更是人生道理的应用。

三维目标是指知识的综合体现，而非学习要求的三个指标。尤其是情感、态度与价值观，它要渗透在知识的理解中，应用在生活的体验中，表现在价值判断的取舍上。

4. 立德树人，践行社会主义核心价值观

教育的根本使命是立德树人，怎样让社会主义核心价值观"进教材，进课堂，进头脑"，达成一种政治认同和情感认同，并形成一种使命自觉和文化自觉，是校长"示范教学"应重点考虑的内容。

立德树人的教育方式，应该是启发而不是灌输，是熏陶而不是训斥，是引导而不是"宣教"，是浸润而不是强制。立德树人的教育途径，应该是参与而不是旁听，是体验而不是背诵，是践行而不是"应试"，是自律而不是"戒律"。立德树人的教育价值是主动而不是"被动"，是需求而不是"要求"，是"应然"而不是"必然"，是引导而不是"训导"。

北京师范大学教授石中英先生在2014年第19期的《人民教育》期刊上发表的文章中阐述中小学发展社会主义核心价值观教育的主要方法就很有借鉴作用。榜样示范、活动体验、价值澄清、案例讨论、角色扮演、情境再现六种教学方法，必有一种适合你，也适合你的学生。

社会主义核心价值观以"三进"为途径，以"三同"为归宿，"进教材"贵在政治认同，"进课堂"难在情感认同，"进头脑"巧在思想认同。认同指的是对某种学说理论和主张的接受和赞同，并自觉地付诸实践的行为。唯有认同，才有践行。认同是立德树人的本质，实践是立德树人的核心，自觉是立德树人的灵魂，体验是立德树人的途径。

教师上课时是从实践的视角来评价、反思常规教学，校长上课时则是从理论的视角来比较验证课改方向。方法论可以成就名师，课程论、现代信息综合教学则造就未来的"教育家"。我们说课程目标的定位决定教学选择的差异，课程目标的定位也决定教学分工的差别。"大视野、高境界、大手笔、低重心、大气魄、巧设计"应该是校长"示范教学"的引领方向。

二、怎么教

1. 讲学，让课堂更精彩

听讲与阅读一样是最基本的学习方法，可以说自从有了教育就有听讲的学习方式。由于个别教师照本宣科讲教材，使得讲课背上了"满堂灌"的名，成为众人批评的对象。其实，讲本身并没有错，否则何来"听君一席话，胜读十年书"的感慨。关键是教师怎样才能讲得生动、具体、鲜活、深刻。

我把讲课分为八种类型：照本宣科讲教材，联系生活讲故事，对比概念讲案例，主题探究讲过程，生活联系讲经历，能力指向讲学法，师生互动讲体会，教学反思讲感悟。我曾写过一篇文章《课堂精讲艺术的十种表现》，收录在《有效教学行动研究》一书中，可作参考。讲授最简单、有效的讲课方式有三个招式：抠字眼激活探究欲，做题眼启发认知度，觅课眼呼应主体论。

学习过程中，我们常常会遇到一些字词、概念、定义、原理，字面上好像知道其大概意思，但深究起来，学生们往往说不清、说不全、说不准、说不对其含义。

抠字眼激活探究欲。抠字眼就要在学生似懂非懂的地方入手，落实有效学习，引导比较学习，引领探究学习。我在报上看到张雨先生的《名人书斋》小短文，"刘禹锡的书斋叫陋室，布置朴素简陋，但诗人却写出了脍炙人口的千古绝唱《陋室铭》，居陋室而乐道，表现出高洁傲岸的情操"。南宋爱国诗人陆游的书斋题名"老学庵"，取典于春秋师旷"老而学者，如秉烛夜行"，以激励自己要活到老学到老。"七录斋"是明代文学家张薄的书房。他自幼好学且勤于抄录，所读之书必定亲手抄写，抄了再读，读了烧毁，接着再抄，如此反复达六七次之多，以达到"胸有成竹"的程度。抠字眼、查出处、明典故、知情操，这是激活求知欲、渗透情感、矫正态度、理解价值的有效方法。

做题眼启发认知度。启发式教学的关键是创设情境、设计问题、比较差异、提升见识。启发，关键是用具体的事物去说明抽象的道理，再用学生熟悉的事物去比喻不熟悉的事物，由此及彼，由表入里，达到促进思考、明白道理的教学目的。启发学生深度思考，要善于做题眼。做眼，本是围棋术语。下围棋者，往往预先做眼，伏在那里不动，待到用着时，启动预伏棋眼，达到出奇制胜的目的。善于引导启发学生思考者，题眼往往设在标题与问题处。标题是文章内容精要的提炼、概括与浓缩，好的标题往往是点睛之笔，往往能折射文章的主旨。我们常常有这样的体会：站在讲台上面向全体学生，与站在台下单独对一位学生做解答，学习效果会完全不一样。因为当面对一位学生时，我们会考虑他的学业程度，选择他熟悉的生活经历，这些都是有效导学的"棋眼"，我把它称为"题眼"。

觅课眼呼应主体论。学生是学习的主体，教材是学习的客体，教师是学习的媒体。如果教师不顾学情、不讲方法、不考虑学趣，只是一讲到底"满堂灌"，一练到底"满堂问"，一演到底"满堂电"，一活到底"满堂跑"，那就是把自己变成了"教"与"学"的绝缘体。好文章一定有"文眼"，好棋局一定有棋眼，同样道理，好课一定有"课眼"。"课眼"是教学设计的重点所在，起到牵一发而动全身、提一问而思全局的中枢作用。以《红军不怕远征难》一课为例，将"难"字做眼。抠字眼讲其意：红军长征有多难？难到艰苦卓绝的程度。做题眼设问题：红军为何不怕难？因为有革命英雄主义和革命乐观主义。觅课眼讲传承：长征精神万代传。长征精神就是不惧艰难、坚信胜利的革命乐观主义；勇于战斗、无坚不摧的革命英雄主义；善于团结、顾全大局的集体主义；重于求实、独立自主的创新胆略。长征精神是中华民族百折不挠、自强不息的民族精神的最高表现，是保证我们革命和建设从曲折走向胜利的强大精神力量。

讲学不仅仅是讲教材、讲观点、讲问题，更重要的是通过教师的讲，引导学生的参与、比较与思考，最终达到知识认同、情感认同和价值认同，把知识学习、技能学习提升到素养学习、智慧学习的境界。

2. 立德，让学习更增值

如何提高思想品德教育的实效性和针对性，解决理论认知与实践选择相脱节的问题，把立德树人真正落到实处，把社会主义核心价值观融入心灵？这是"示范教学"重点考虑的课题。我用"课题"这个词，说明这是一个需要认真研讨、努力探索的大问题。

怎样实现立德树人？首先知识是基础，要让学生明理；其次情感是重点，要让学生体验；再次实践是关键，要让学生选择；最后认同是归宿，要让学生形成自觉，一种道德自觉、文化自觉和使命自觉。

能力比知识更重要，品德比能力更重要。过去有人说："智育不好是次品，体育不好是废品，德育不好是危险品。"话虽说有点偏激，但也不无道理。但让思想品德教师郁闷的是让学生知道教材上讲的道理是一回事，可实际行动往往是另一回事。

立德树人重在"四化"教学。我在观摩课堂、调研学情的基础上，尝试总结出思想品德有效教学的"四化"策略：趣化、活化、转化和内化。趣化要求创设情境、联系生活、扮演角色、参与活动；活化要求由此及彼、由表及里、层层推理、形象解读；转化要求实践体验、理论认同、反思感悟、效能共鸣；内化要求自主选择、导学匹配、学识积淀、素养提升。

3. 引导，让学习更自主

自主学习是课程改革倡导的最基本的学习方式。放任不是自主，做题不等于学习。从接受学习到自主学习，教师与学生都需要一个适应过程，也需要一个方法指导。自主意识是自主学习的心理基础，学习是学生自己的事，未来的人生也是学生自己的事。方法意识是自主学习的能力基础，方法保障有效学习。有目标、有策略、有检测、有矫正，这是自主学习的基本环节。有目标才会有方向、有动力、有志向、有追求。引导意识是自主学习的思想基础，有别于学生自己的生活经历和知识储备，有时候他们难免会望文生义、机械理解，对所学知识缺乏全面、系统、具体、深刻的了解。于是引导学生深度参与学习过程、深度理解学习意义、深度探究学习主题、深度把握学习价值，就显得十分重要，十分迫切。

以标导向、以趣导学、以问导思、以例导法、以情导诵、以练导能、以疑导研、以点导线、以理导行、以评导悟。这是我概括的有效导学的十种途径与指向，请诸位校长在"示范教学"中加以运用并验证。至于有效导学的策略和方法，收录在拙著《导学的创意与智慧》一书中。

4. 放手，让自主更有效

一般教师的潜意识里总有一种想法：我在课堂上讲过了，不会，是因为学生没用心听；我在课上示范过了，不会，是因为学生没用心做。总之，我说过了、示范过了，听不听是学生的事，会不会也是学生的事。正是这种思想，一方面导致教师习惯"满堂灌"，另一方面导致许多教师对学生的自主学习不放心、自由讨论不放手、自我矫正不放胆。

教师在学习过程中的作用，要经历一个从把手、扶手、抓手到放手的过程，把手是在关键处发力，扶手是在需求处给力，抓手是在重点处用力。只有在了解学情的基础上，教师才可能做出正确的学习分工和有效的学法指导。学习分工是指学生通过自主学习可以掌握的知识，教师可一笔带过不用讲；学生通过合作学习可以理解的知识，教师可稍作点拨让学生讲；学生通过探究学习仍不太明白的内容，教师应该作为重点内容认真讲。总之，学习分工要明确师生的定位与职责，基于学生的认知起点，协调教学设计的坡度、主题探究的厚度、学识见解的宽度和导学目标的高度。

放手，基于对学生学习能力的自信；放心，基于对学生自主意识的自信；放胆，基于对学生责任意识的自信。没有教师的放手，难有自主学习的权利；没有教师的放心，难有合作学习的自由；没有教师的放胆，难有探究学习的机会。

杜郎口教学经验的要诀，我解读为"解放"。解放了学生，给予自主学习的权利；解放了课堂，打通了生活与学习的通道；解放了教师，给予教学选择的权利。解放学生，难在思想，需要我们放手；解放自我，重在自觉，需要我们放心。只要我们依靠学生、相信学生、尊重学生的选择与努力，我们就一定能让自主学习更有效。

三、持什么样的理念去引导有效学习

课堂教学最大的变化就是由关注教师怎样教转变为关注学生怎样学，有效学习的评价标准不再是对具体知识点的记忆与理解，而是能掌握科学的思维方法或掌握某种操作技能。能力比知识更重要，思维比能力更宝贵。关注学法指导才是真正的授之以渔。

传统观念习惯于把学生划分为优等生、中等生和学困生，因此，抢尖子、争尖子、抓尖子、保尖子成为办学捷径。教学实践中"抓尖子，促两头""抓两头，促中间"，都是常见做法。洋思学校"从最后一名抓起"，相信"没有教不好的学生"，这需要胆识和勇气。只要我们能响应学生的需求，适应学生的基础，呼应学生的潜质，解答学生的质疑，把因材施教落到实处，"没有教不好的学生"就不再是一个口号、一个神话。

理念决定行为，信念产生效能。相信我们的学生是什么样的学生，他们最终就会成为什么样的学生。前提是我们要付出足够的耐心和爱心。

有效导学四要素：学情、学趣、学法、学旨。基于学情分析，做好导学设计；创设学习情境，唤醒学习兴趣；搭建交流平台，突出学法指导；优化思维方法，提升学旨内涵。

有效导学不仅是课改理念的集中体现，也是教学技能的整合创新，更是教育主张的萌发成长。作为理念，有效导学要坚持以人为本，以学生的发展为本进行设计教学；作为技能，有效导学划分为主题引导、思维制导、灵感超导、资料辅导等多种形式；作为教育主张，有效导学要践行先学后教、以学定教、师生互动、教学相长、教为不教、学为创造的教育策略。

课改尤其重视生成性教学。预设与生成，我们常常关注前者而忽略了后者。没有生成的课堂是缺少精彩的课堂，没有生成的课堂是缺少自主的课堂，没有生成的课堂是缺少灵动的课堂，没有生成的课堂是缺少智慧的课

堂。评课、磨课都是教学生成、创意生成的有效途径。有效教学需要辅之以同行的评课与磨课。

体现教学水平的一个重要特征是课堂要有学科味。科学课程的"味"是严谨、规范、系统；人文课程的"味"是联系、主题、关爱；体育课程的"味"是参与、运动、快乐。所有课程的共同特点是科学的思维方法。人类认知世界的基本方法主要有三种：一是宗教的方法，二是科学的方法，三是艺术的方法。宗教强调信仰，科学倡导实验，艺术讲究灵动，科学和艺术结合在一起，常常会产生创新的灵感。所以，我们要格外重视科学的思维方式，同时，也要强调基于课程内容的思想性。学科思想是构成学科味的核心要素。一般教师习惯于关注知识传授，而忽视了对知识理解的追问与反问，忽略了对知识探究的比较与反思，这大概就是课堂教学缺乏思想性、缺失学科味的主要原因。思想性充盈学科味，没有思想性的学习是缺失学科味的学习，也是缺失灵魂的学习。所以，校长讲课应该提出自己的教学主张，形成自己的教学个性和教学风格，才能引导教师讲出各自的学科味。我认为学科味包括两种要素：一是主题叙事，联系生活；二是哲理辨析，深度拓展。仅有叙事，学生只会听热闹；没有辨析，学生只会记要点。我们要借助叙事，让学生学会深度参与、深度思考。

校长讲课的"示范"作用，不仅仅是要讲出一节优质课，而且是向全体教师发出关注课堂、关注教学、关注课程改革的一个信号。校长讲课是体验教学的一种方式，是进行教育实践的一个渠道。要讲好一节课，需要付出许多额外的努力。校长讲课更是创建学习型学校的一个契机。过去校长讲课改，许多教师会认为是纸上谈兵；现在校长讲课，教师会心悦诚服。学习型学校，把学习视为第一要务，把学习视为第一需求，把学习放在第一位置。只要校长带头讲课，教育的春天还会远吗？

阅读思考：

1. 社会主义核心价值观的六种教学方法是什么？请你据此设计一节教案来。

2. 有效教学的"四化"策略是趣化、活化、转化和内化。请谈谈你对"四化"策略的看法。

给学习注入情感的色彩

——教学常规检查中的评课议课

2015年3月9日开学第一天，局领导分组带队下学校，检查开学后的基本情况，包括卫生、安全、学校文化、学生寝室、阳光大课间、开学典礼、课程改革和老师上课等情况。刘建学副局长带领师训科科长谢克钰、体艺科科长宋彤和教研室副主任王新年一行四人，用一天时间，先后走访了师大附中、师大实验中学、第二实验学校、新誉佳学校和铁路第一小学。在第二实验学校，共同听了张杰老师讲小学三年级语文《礼物》一课，受刘建学副局长的指示，课后进行了议课交流。

张杰老师的课，概括起来主要有三大优点：一是注重学习习惯的养成，首先询问同学们的问题是"大家预习了没有"，接着说明预习的具体要求就是读、写、批。要求读课文，写字词，做批注。二是注重学习方法，指导学生填写知识结构图，列出人物、礼物与寓意的对应关系表。爷爷送"我"种子，让"我"懂得自然；奶奶送"我"小鸡，让"我"懂得生命；妈妈送"我"手表，让"我"懂得时间；爸爸送"我"百科全书，让"我"懂得了世界的广博与精彩。这样的学习条理清楚、层次分明，便于学生掌握、记忆。三是注重师生互动。我注意到了一个细节，全班同学几乎每个人都有发言的机会，尤其到最后，老师问谁愿意当众朗读课文时，全班学生都举起了小手，甚至有的学生还迫不及待地站起来，真是"小手直举、小脸发光"，把课堂气氛推向了高潮。

感谢张杰老师给我们提供了一个观摩学习、比较研讨的机会。下面我用比较学习的方式，谈谈我对这节课教学构想和教学设计的看法，说一说假如我来讲这节课，我会怎样讲，我会怎么做。

一、选择话题，引起有意关注

首先导入新课，我会选择从压岁钱说起："春节期间，同学们肯定都收到了代表长辈祝福的礼物——压岁钱。礼物代表了亲人的关爱和祝福，每一种礼物都有其特定的内涵。我们只有搞清楚长辈给予礼物的寓意，明白长辈给予礼物的含义，才会更加健康地成长。今天我们共同学习《礼物》一课。"

把生活经历与课堂学习相联系，会引起学生的有意关注，提高学习注意力；同时也会提升学生的学习期待心理，产生一种求知渴望。这是有效学习的心理基础。

二、学法指导，养成良好习惯

关于学法指导，我提出读书的三项基本要求，那就是画书、批注、列提纲。与张老师的预习三原则有异曲同工之妙。画书是指对文本阅读过程中遇到的疑点、重点、难点与考点，要标记出来并尝试自己查词典、找出处、明释义。批注是指文本阅读时产生的感受、感触和感悟。列提纲则是呈现文本结构的基本要求，张老师的结构表就是列提纲的表现。为了引导学生深入阅读，产生个性化的理解，我会要求同学们在主题词"自然""生命""时间""世界"前面加上一个更贴切的行为动词，如尊重自然、热爱生命、珍惜时间、了解世界。这样一来，读书注入了个性化的理解，从而引导学生把读书与自己的经历结合起来，把读书与自己的思考结合起来。

三、教学设计，加注情感色彩

讲好一节课，关键在于教学设计和教学创意。教学设计要把握三条线，即知识拓展线、情感联系线和逻辑推导线。从知识点到练习点、命题点，各位教师做得都非常好。只是个别教师习惯盯着知识点，而忽视了情感联系线。所谓情感联系就是把文本知识与同学们的生活经历和情感世界相联系，为学习注入情感的色彩，帮助同学们更好地理解作品，理解作者，理解世界。礼物不在贵重而在于所包含的意义，本课的礼物都是什么物品，将是我们关注的第一个问题。礼物代表亲人的关爱和期盼，一定带有情感的色彩。教师可以这样提问学生："送礼物给我们的都有哪些人呀？""爷爷奶奶，妈妈和爸爸。""都是我们的长辈。这些礼物都有什么意义呀？""种子教会我要尊重自然，小鸡教会我要热爱生命，手表教会我要珍惜时间，书籍教会我理解世界。""春节期间，长辈送的压岁钱有什么意义呀？""压岁钱是我们的民族风俗，寓意辟邪驱鬼，保佑平安。因为'岁'与'祟'谐音，晚辈得到压岁钱就可以压住邪祟，平平安安、顺顺利利地健康成长。我们得到压岁钱要明白长辈的祝福意思：一是要有一种感恩心态，而不要互相攀比谁得到的钱多。二是拿到压岁钱，自己还要有理财意识，把钱花到正当的地方，或交给父母保管。"这条情感联系线，给学习增添了现实意义和教育意义。

教学设计还要关注逻辑推导线。种子只有甘愿被泥土埋没，才会获得萌芽的机会。种子、泥土、萌芽、成长，构成一种自然的逻辑关系。诸如此类，以此类推，同学们就会明白礼物的用途与寓意之间的逻辑关系，而不是单纯地背课文，机械地记要点。

四、有效引导，提升学习品质

张老师的课有一点小的不足，就是当一位学生回答问题时认为礼物代表长辈热爱这个孩子，张老师只是简单地讲到"热爱"这个词不能用，却没有进一步引导学生深入探究为什么长辈对孩子不能用热爱。热爱是指一种非常热烈、持久和庄重的情感，一般用于伟大、崇高的事物和事业，如热爱祖国、热爱社会主义、热爱人民。学生失误之处常常是需要教师点拨的，捕捉住这样的机会，就会给课堂增添一份不曾预约的精彩。送压岁钱，代表长辈对后辈的心意，我们一般会用"喜爱"，更准确的表达是"祝福"。

我知道学校规定的课时只有三十分钟，不可能完成所有的教学任务。但是既然张老师的范读那么富有感染力，我想续写或改写一首小诗，可能是更具挑战性的任务，更能展示张老师的才华与灵气，更能调动学生深入学习的热情，况且它本来就是课后安排的作业。

幼小的生命只有得到精心的呵护，才会有健康成长的机会。时间只有被用来学习，才会富有意义。对教师来讲，每节课都要提炼出一些富有哲理的警句，成为学生批注的学习内容。这种有意识的引导和无意识的积累，可能会成为学生一生的精神财富。

教师要有将抠字眼、做题眼、觅课眼相统一的意识和技能，把课文与生活相联系，把学习与情感相贯通，把主题与素养相融合。

五、主题拓展，丰富学习意义

完善知识拓展线，我们可以尝试让学生说一说与"礼"有关的词语：礼节、礼仪、礼貌、礼炮、礼品、礼让、礼数、礼尚往来、礼让三先、礼贤下士、礼义廉耻。这样既可以拓展知识面，又可以强化关联度，更重要的是提示同学们有效学习的方法是：在生活中学习，在观察中积累，在联系中转化，在比较中选择。继承传统文化就要明白民俗民风中的情感色彩和情感因素。与礼物相联系的一定是礼貌；与礼物相对应的一定是礼遇；与礼物相匹配的一定是礼数。讲礼貌，懂礼数，你才会得到礼遇。

六、发现学习，鼓励创新思维

张老师的教学创意非常好，引导同学们共同填写知识结构图表，可惜的是教学创意没有得到充分利用，只是局限于知识学习的范围，而忽略了能力培养。

时间	赠礼者	礼物	寓意
去年春天	爷爷	种子	尊重自然
今年春天	奶奶	小鸡	热爱生命
去年春天	妈妈	手表	珍惜时间
今年春天	爸爸	百科全书	了解世界

注：加曲线的词为学生理解后增加的。

如果是我讲这节课，我会引导学生感悟诗歌构成的简单规律：重复中有变化，变化中有新意。重复的地方有几处？——春天。变化的地方是什么？——去年与今年。赠礼物的是什么人？能否用一个词来概括？虽说都是长辈赠礼，不一样的礼物各自有什么寓意？我们理解了吗？

在掌握结构、发现规律的基础上，要求同学们模仿课文写出自己的作品。去年春天，爷爷送我一盒铅笔；今年春天，奶奶送我一个书包；去年春天，妈妈送我一块电子表；今年春天，爸爸送我一个点读机。简单的内容先做，复杂的事情后做，简单的事大家都会做，复杂的事让优等生领着做。如此，合作学习就有了新内容、新形式。

作诗最难的部分是诗理。"种子只有情愿被泥土埋没，才会获得萌芽的机会""时间只有被用来学习，才会富有意义"。这类富有哲理的语言，对三年级的小学生无疑是个挑战。我们先易后难，先铺摊子，再搭架子。铺摊子就是仿照结构图，写出大致轮廓；搭架子就是推敲字词，斟酌诗理。这为合作学习预留了足够的空间，又为创新思维提供了展示的平台。导学最关键的步骤是破题。破题就是引导学生发现标题字面背后的意义。就本课而言，最好的礼物不一定是最贵重的，却是别人急需却一时无法获得的；最真诚的礼物不一定是最稀有的，却是代表长辈、亲人、朋友心意的；最宝贵的礼物不一定是最罕见的，却是朋友舍得拿出与你一道分享的。最普通的礼物，也要懂得感恩；只有懂得感恩的人，才会收获更多的快乐。教师要把做人的道理与做人的准则和知识学习结合在一起启发引导学生，从而提升学习的意义。

我们的教师倘若只盯住文字和文章，就缺失了文化的内涵；只注重文本的训练与解读，就会忽略生活的联系与情感的色彩。给学习注入情感的色彩，学生才会有主动学习的热情；给学习加上情感的联系，学生才会有比较思考的乐趣；给学习加上情感的纽带，学生才会有深入探究的欲望。课程改革提出强调情感、态度与价值观的目标，其理由就在于此。

阅读思考：
情感、态度与价值观的课程目标，应该怎样在课堂上得到充分体现？

给学习加上生活的联系

——新乡市校长"示范教学"（卫滨站）活动纪实

2015年3月18日星期三，新乡市"示范教学"（卫滨站）在化工路小学举行。卫滨区教育局高度重视这次活动，王静局长亲自过问，贺芳副书记亲自听课，殷玉梅副主任周密安排。整个活动热烈而简朴，周到而细致。最让我感动的有三个细节：一是化工路小学的孩子们，不同年级均表现出良好的文明素养。下课以后，所有的孩子都会把方凳整整齐齐地摆放在桌子下面。其中有一位男孩没把方凳放整齐，又专门跑过来加以整理。二是卫滨区的校长们，都很认真地讲课，很认真地听课，讲完课也没有离开，而是坚持把所有的课都听完。三是卫滨区所有的教研员都来听课，一整天时间，没有人随意走动、打电话，几位副主任都坚持到最后。

应卫滨区的要求，我作了一个微讲座："示范教学的意义"。结合具体课例，进行议课评课。

一、给学习加上生活的联系

人民路小学谢广平校长讲加法运算定律时的教学流程大致为："寻找信息""列算式""找规律""练一练"四个环节，他用生活化的情境导入新课，很有名师范儿，颇有名师相。

我的教学建议和思路是：提问聚焦主题，追问拓展思路，反问验证理解，疑问生成智慧。整个学习过程用四个"问"串联的同时注意加上生活的联系。用"朝三暮四"这个成语引导学生比较思考，去发现数学交换律的特征，这是成语中的数学。

学习的乐趣在于发现。就本节课而言，发现交换律的秘密将是学习体验的第一个高潮。谢校长说："同学们静下心来，想想新办法。"这属于教学指令不清楚，不如在黑板上演示算式引导学生，比较异同点，从而发现交换律的特征：相同点是加数一样，和一样；不同点是加数的位置。由此引申推导两位数、三位数乃至多位数的加法，交换律一样管用。化繁为简是交换律的核心，化零为整是结合律的精髓。

学习的热情在于激励。有一位学生说出了"加法交换律"的术语，谢校长及时予以表扬。表扬即是给予肯定，让大家都能照着样子去做。"你怎么知道加法交换律这个词的？""提前预习。""预习是个好的学习习惯。""我们要学会用专业术语来表达数学概念。"

　　学习的意义在于应用。谢校长创设的情境富有生活气息：一位叔叔骑自行车，用记录仪记录下每天的行程。给同学们的问题是计算总行程，即多位数相加，怎样能计算得既准又快。而后同学们指出"寻找相关数，合并整位数，以降低计算难度，提高计算速度"，这既是计算中的技巧，又是生活中的智慧。

　　学习的引导在于理解。谢校长非常重视引导学生的深度理解，注意既让同学们用自己的言语来表达，又要用专业的术语来规范。学生对于真正理解的知识，会用自己的语言来表达，反之就只能是背定义、背答案。学生在理解的基础上，还要学会用学科术语、专业术语来表达。从而让学生们理解体会数学是一门最简洁的语言，数学定律就是一种最严谨的法则。

　　深度理解有"四化"要求，即消化知识概念，转化学习能力，优化认知结构，内化数学素养。"数学王子"高斯的故事，是数学交换律和结合律应用最精彩的例子。老师问："$1+2+3+4+5+6+7+8+9+10+\cdots$，一直加到100，等于几？"当同学们还在低头演算时，高斯略加思考立即找到了正确答案。老师请高斯向同学们说一说他的解题思路，高斯说思路很简单，就是运用交换律和结合律。现在，请同学们尝试解答这道题，看看我们是否与"数学王子"一样聪明。在例题的创新应用中，体现深度理解的"四化"要求。

　　李村小学李慧校长讲"圆的认知"。我讲这节课的话，将这样进行导学设计。首先介绍美国哈佛大学招生考试的经典试题：下水道的井盖为什么是圆的？开放性试题考查同学们的开放性思维，使每个孩子都有话可说，有话能说。教学流程为：说圆、画圆、认知圆、感悟圆。围绕圆的认识，讲我们生活中的圆、学习中的圆、研究中的圆和发现中的圆。李校长把生活中的圆用多媒体的形式，呈现得非常生活化。学习中的圆，只强调定义稍有欠缺，古人云"圆，一中周长也"（一个圆心，半径周长）。

　　其中一个很有价值的习题，可作为一次很有意义的探究，可惜李校长没有抓住教学生成的机会，失去了一份不曾预约的精彩。当李校长提问"一个圆，可以画100条直径，对不对？"时，只有一位学生怯生生地答"对"。同学们只记住了可以画无数条，却忽略了无数之中就包括100条。

此时，教师通过逻辑推导，向同学们指出还可以画200条、300条、360条，等等，只要有具体数，都可以。因为圆的直径可以画无数条。

圆，给自然增添美丽；圆，给生活提供便利；圆，给学习注入乐趣；圆，给人生若干启示。"圆心决定位置，半径决定大小。"这句话不仅是数学概念，还可理解为："圆心是选择，决定生活的位置；半径是努力，决定成功的大小。"

二、给学习注入情感的色彩

新荷小学陈丽校长讲《小虾》。陈校长的讲课特点是：眉飞色舞、娓娓道来，图文并茂、循循善诱。陈校长的教学流程是读书、画词、表达、品读。她让学生登台表演小虾的生气、冲突、打斗，形式热闹。但我用有效学习的标准来衡量，感觉有参与的形式，但无探究的神韵。

语文教师应该具备的基本功是抠字眼、做题眼、觅课眼、启天眼。就本节课而言，一口缸，是串联文本的字眼。缸，最常见的种类有水缸、鱼缸、米缸，材质有陶、瓷、搪瓷、玻璃等，其形状一般底小口大。关于缸，最著名的故事是司马光砸缸救人。请同学们猜想，课文中的缸，应该是什么缸？对，鱼缸。古代中国北方的民居习俗，讲究"天棚鱼缸石榴树"。搭天棚避暑气，置鱼缸聚财气，种石榴求多子（多籽）多福。鱼缸闲置，小朋友正好用来养虾。缸，成为串联养虾、赏虾、戏虾、品虾的前提。

《小虾》表现的主题是作者的童心、童真和童趣，《小虾》的描写对象是小虾的本性、本能与本真。从阅读教学的要求来看，宏观上要讲清楚一件事情的来龙去脉，微观上讲清楚作者的情感经历。学会观察、学会表达应该是本课的学习目标。

陈校长注意"做题眼"，让学生讨论"这不正好用来养小虾吗"与"这正好用来养小虾"的细微区别。前者是经过思考、判断后作出的决定；而后者是直截了当的决定。陈校长还注意到了"觅课眼"。就本节课而言，三维目标联系点在哪儿？三维目标的交汇点在哪里儿？三维目标的融合点在哪儿？标题就是课眼所在。最后，教师以导言开启学习的天眼去发现学习中的生活意义与人文情怀：你喜欢小虾吗？爱它，就给它提供合适的环境；爱它，就尊重它的天性；爱它，就把它视作我们的朋友。

情感倾注学习的热情。化工路小学杨桂琴校长讲普罗米修斯的故事——这是关于一位英雄的故事。英雄是这节课学习的主题。"盗火""播火"，是英雄的事迹；同情、慈善，是英雄的本色；坚定、坚强，是英雄的品质；奉献、牺牲，是英雄的选择；尊敬、爱戴，是英雄的荣耀；学习、向往，是英雄的归宿。一个没有英雄的民族是可怜的民族。我们中华民族是一个英雄辈出的民族。同样，古希腊神话传说中，也有希腊人民所崇拜的英雄。神话的特点是想象丰富、情节曲折，反映了古代人们对世界的理解与向往，对英雄人物的崇拜与颂扬。

情感丰富学习的意义。一位外国神话中的英雄，与我们的生活、学习有什么关系？英雄的事迹感动我们，英雄的品质教育我们。有了英雄，我们就有了学习的榜样，就明确了人生目标，为我们的生活注入正能量。本节课的教学设计为：①阅读故事，复述其主要情节与细节；②知识建构，把握文本的主题与问题；③主题探究，理解英雄的悲剧与意义；④素养提升，感悟英雄的价值与启示。

情感强化学习的思考。"人类为什么常常要靠英雄拯救？"神话反映人类幼年时的情景。严酷的自然环境中、恶劣的自然条件下，当依靠人类自身力量难以征服自然之时，就只能幻想能够拥有超自然的力量，或者有一位超级英雄来拯救人类。

情感生成学习的共鸣。学习共鸣有四种形式：认知共鸣、情感共鸣、思想共鸣和效能共鸣：共鸣是一种放大效应，共鸣还是一种增值效应。人类的悲剧让人同情，英雄的悲剧更让人格外痛心。普罗米修斯被囚禁在高加索山顶，每天要忍受风吹日晒，猛禽撕啄……请同学们想一想，就因为偷盗天庭的火种给人类，普罗米修斯便要遭受宙斯如此严酷的惩罚，这是成为英雄的代价吗？扪心自问，你认为这样做值得吗？假如是你，你会像普罗米修斯那样做吗？"有了英雄而不知道珍惜的民族，是可悲的民族。"人类没有忘记普罗米修斯，天庭的神仙也没有忘记普罗米修斯。故事还有续篇，那就是"解放了的普罗米修斯"。

三、给学习插上科学的翅膀

教育是科学，科学一定讲究方法。卫滨区的校长们都很重视学法指导，很注意多媒体课件的制作，很注重教学创意的应用。稍稍有欠缺的是，对学法指导缺乏明确性的、有操作性的教学指令，导致课堂上有些学生茫然不知所措。

科学一定是简洁的方法。英才学校赵静校长的艺术欣赏课《春天来了》是一节整合课。作为校本课程很有新意，但作为课程来评价，我认为缺少学习主题。假如我来讲这节课，我会设计"寻找春天、欣赏春天、赞美春天、描述春天、感悟春天"五个环节。赵静校长以经典诵读导入新课，说明一是了解学情，二是善于调动学生。配乐诗朗诵，充分展示了赵校长的教学功底与才艺特长。无疑，这都属于优秀教师的特征，但距卓越教师尚有一点儿差距。卓越教师的特征是善于激励学生主动学习。表扬是赞赏勤奋，激励是肯定用功；主动学习是发现学习，被动学习是接受学习。

寻找春天：最早预告春天到来的是迎春花，最先报告春天到来的是桃花，最能体现早春特色的是油菜花，最能引起轰动的是牡丹花，最能装扮祖国山河的是山茶花……既然是欣赏课，选择讲解太行山的迎春花，卫辉唐庄的万亩桃园，江西婺源美丽的油菜，秀甲天下的洛阳牡丹等最合适不过。

欣赏春天：摄影、绘画、诗歌、散文，综合运用。

赞美春天：经典诵读放在这个环节，有了知识积累和情感积淀，才会有表现欲望，参与其中应该是水到渠成。

描述春天：用学生自己的眼睛去发现春天，用学生自己的言语去描述春天。赵校长提供了模仿的句型：当门德尔松的《春之歌》在我耳边响起的时候，仿佛看到了……听到了……感到了……这就是可学、可用的方法。作文都是先从短句训练开始的。

感悟春天：春天是万物生长的季节，是充满生机的季节，是充满希望的季节，是百花开放的季节。人们赞美春天，是因为春天给大地以生命；人们喜爱春天，是因为春天给人类以希望。

科学一定富有人文气息。艺术欣赏的价值在于提升学生品质，提升学生气质。"热爱自然的人，才会热爱生活；热爱生活的人，才会热爱生命。"赵校长与学生对话的一个细节，说明她善于激励学生。"刚才这位同学发言用了两个非常好的词：漫山遍野，五颜六色。"当然，赵校长也有小小的疏漏。一位学生说春天的果，老师说春天只有花没有果。一般来说，只有春天的百花盛开，才会有秋季的硕果飘香。但我真怕学生说："草莓就是果，就是春天的果。"

科学一定能重复验证。就像对圆的认知：圆心定位置，半径定大小。用最简洁的语言概括思想认知，用重复试验的方法验证认识的正确性，这是有效教学的秘诀之一。

四、给学习触入快乐的基因

关于快乐学习，我曾经概括为八句口诀：生活注入快乐的基因，情感增加快乐的联系，情境创设快乐的氛围，参与提供快乐的分享，发现带来快乐的体验，思辨引导快乐的拓展，探究延续快乐的感受，反思感悟快乐的真谛。

铁西实验学校张新艳校长的《瑶族舞曲》，很多地方都契合了快乐学习的要求。张校长给我的总体印象是踏踏实实做学问，认认真真搞课改。没有花架子，不来虚招式，围绕音乐要素展开教学，紧紧抓住旋律、节奏、力度、和声、配器，为学生创设参与的机会、提供表现的舞台。

音乐是想象的艺术。为弥补形象思维的不足，张校长把音乐演奏与背景画面不断交换，加上自己的解说，为同学们理解音乐作品提供便利条件。用感受—感知—感动—感悟，串联起教学活动的情感联系线与知识拓展线。"热爱音乐，生活就多姿多彩；热爱生活，音乐就终生相伴。"

音乐是分享的艺术，音乐是交流的艺术。张校长始终与同学们共同分享优美的旋律、欢快的节奏。音乐情绪的渲染与交流，音乐情感的共鸣与交流，一直是张校长强调的内容。

"清晨的瑶族山寨，清风朗日，薄雾渐渐散开去，人们开始了新一天的生活……姑娘们三三两两来到寨子中心的广场上，听到这欢快的舞曲，有人忍不住走进广场，跳起了民族舞，不一会儿，小伙子们也进来了……"领会是一种分享，意会也是一种分享；讨论是一种交流，氛围也是一种交流。

音乐是综合的艺术。通过一部作品，我们可以了解一位作曲家，如门德尔松的《春之歌》；通过一部作品，我们还可以了解一个民族，如今天的《瑶族舞曲》。当最后大屏幕呈现瑶族盛装歌舞时，音乐形象一下子丰富起来，音乐感情一下子调动起来。瑶族的服饰、民俗、民风，都形象地展现在我们面前，这是一种无意识的学习体验，也是一种快乐的心理体验。

听了六位校长的课，结识了六位校长朋友，结下了共同的教研友谊。"教而不研则浅，研而不教则空"，只有深入课堂，深入学生，深入教师，才能触摸课改的脉搏，体会课改的精髓，感悟课改的指向，把握课改的进程。这就是开展"示范教学"，倡导校长讲课的意义之所在。

阅读思考：
1. 快乐学习的八句口诀是什么？你有兴趣做一下尝试吗？
2. 开展"示范教学"的意义是什么？你准备怎样讲好自己的课？

会学比学会更重要
——新乡市校长"示范教学"(牧野站)活动纪实

按语：广大中小学的领导与老师们，我区校长"示范教学"活动与参加市"示范教学"活动均告结束。为了提高学校领导和教师的教学水平，市教研室王新年副主任全程听了我区的市级参赛课，并在每天听课后，对作课人员与教研室相关人员进行现场评课。活动结束后，王新年副主任又汇总本次听课情况，结合当今教学理念，写出了教学指导性文章——《会学比学会更重要》。希望全区中小学领导与教师将其作为学校业务学习的内容，认真学习，领会精神，改进方法，提高教学质量。此外，王新年副主任这种一丝不苟的工作精神，更值得我们称赞和学习！

区教研室
2015 年 11 月 9 日

2015 年 11 月 1 日至 2 日，新乡市校长"示范教学"(牧野站)在陵园小学举行。牧野区教育局高度重视此次活动，共有 21 位校长报名，经过初赛选拔，有 7 位校长胜出。牧野区"示范教学"活动呈现出热情高、干劲大、特色明、质量好的特点。王玉芳局长亲自指示，此次活动要展示牧野区校长的水平，要引领牧野课改上台阶、晋名次。赵政统副局长全程参与并亲自评课，李贵纯主任周密安排并率区教研室班子成员坚持听评课。陵园小学投资 30 多万元建成的录播室为此次活动提供了有力的技术保障。

此次活动我有四个没想到：一是赵副局长全程陪同、全程参与；二是赵副局长亲自评课；三是陵园小学的录播室有五个摄像头，技术装备堪称一流；四是陵园小学学生朗读水平之高，反映了牧野区坚持"经典诵读"的教学水平。

应赵副局长和李主任的要求，我对 7 位校长的现场课做了一番简略的点评。随后，我整理了思路，对此次"示范教学"活动进行深度思考，想以此文对后续活动起到启示作用。

一、乐学：创设生活的情境

牧野区校长们的示范课一节比一节精彩。这种说法可能会引起误解，是不是先讲、早讲的课就不精彩了？我的最终结论是每位校长都讲出了自己的个性，都体现了自己的特长，也都讲出了自己的学识见解。看得出来，都是经过精心准备的课，足以代表牧野区的教学水平，也足以反映牧野区的课改现状。

解放大道小学张振海校长讲"倍的认知"。使用教材上的案例：小兔子拔萝卜，红萝卜、胡萝卜、白萝卜，在比较萝卜数量的多少中引入"倍"的概念；数一数、画一画、比一比、说一说，在活动中使同学们深化对"倍"的理解。张校长大气沉稳，注重面向全体学生，注重学法指导，注重学以致用，注重反馈矫正，颇有目标教学模式的影子。

对此，我只提出三点建议：首先，教材上胡萝卜与红萝卜的外形不好分辨，建议改成"心里美"圆形胡萝卜。其次，可创设生活情境，使用拟人化的对话：

秋天到了，到处是一派丰收的景象。小兔子一家也趁双休日到郊外农场拔萝卜。兔子爸爸、妈妈拔白萝卜，兔子姐姐拔红萝卜，兔子弟弟拔胡萝卜。中午时分，大家在一起汇报劳动成果。爸爸妈妈拔了十根白萝卜，兔子姐姐拔了六根红萝卜，兔子弟弟拔了两根胡萝卜，请同学们用列表的方式表示兔子一家的劳动成果。

再次，破解认知障碍，引入"倍"的概念。比较拔萝卜的数量关系，可以比单纯的数量关系，重点是比更简洁的"倍"数关系。"倍"要有一个固定的比较对象。我们把兔子弟弟拔的萝卜作为一个基本单位，兔子姐姐、兔子爸爸和妈妈拔的萝卜与兔子弟弟拔的萝卜的基数相比较，有几个基数就是几倍。兔子姐姐是弟弟的三倍，爸、妈是弟弟的五倍。

"倍"的概念是这节课的认知难点，教师引导要关注三个点：其一，"倍"是一种比较关系；其二，"倍"要把原来的数抽象理解为一个基本单位；其三，按这个基本单位再去比较其他的数，有几个基本单位就是它的几倍。

抽象化思维是数学的特征，生活化教学是课改的艺术。对于抽象化的枯燥数字，如果我们加入生活化的情境，就有了乐于学习的情感色彩，学生的学习过程就有了乐学的因子。卡通形象、生活场境、拟人对话、学科思维、问题设置、活动设计，这是引导学生乐学的基本要素。对它们的选择、搭配、组合、呈现，是一种需要我们在课改实践中去不断探索、丰富、完善、提高的教学艺术。

二、向学：增添人文的内涵

向学，唤醒学生对学习的兴趣与热爱，引导学生对真理的追求与信仰。向学是学习的动力之源、能力之基。

牧野区教研室石淑杰副主任讲"认识几分之一"的知识点时，以动漫形象熊大、熊二去野餐引入"平均分"的概念，很能调动学生的兴趣，但似乎缺失了情感、态度与价值观的课程目标。我建议增加一个小故事：

当分到最后一块月饼时，熊大拿起刀切成两半，自己抢先拿走了一大块，熊二说道："不行，不行。"大家伙说说该怎么分呀？（由此引入"平均分"的概念）为了保证平均分，熊妈妈在出门前曾吩咐道："熊大拿刀负责切开月饼，但要由熊二先挑。"这样从行为上引导了平均分的实施，制度上保障了平均分的贯彻。现在，请同学们替熊大想想办法：怎样做到"平均分"，既让熊二满意，又不让自己吃亏？

有学生说应该按食量的大小来分配。石老师可能考虑到课堂时间，对此说法不予评价，错失了一次师生互动、情感教育的好机会。我认为按食量分配，首先需要高度的道德标准要求熊大、熊二不多占、不多贪，实事求是报食量；其次，要有充足的物质供应做保障；再次，也是难以控制的一点，只有一块月饼的时候，两只熊都说自己食量大，这种矛盾怎么解决？因此，按食量分配最理想，却难以实行；按平均分配最现实，便于操作。

实验小学韩胜茂校长讲《钓鱼的启示》，其教学设计为"钓鱼、放鱼、启示"三个板块，主题突出，但似乎偏重于教语文而稍稍缺失了人文的内涵。我建议备课要有立足高远的意识、高效学法的引导。我的教学设计为"钓鱼的得意与抗议，放鱼的矛盾与冲突，讲鱼的得道与骄傲，思鱼的感受与感悟"。我对启示作了一个小结：小事件，大拷问；小人物，大榜样；小教诲，大受益；小文章，大道德。教师要抓住"骄傲"一词，进行深度解析。骄傲一词有三种含义：一是自以为了不起，看不起别人；二是自豪；三是作为名词，指值得自豪的人或事物。结合课文内容，主人公为"放鱼"之事而骄傲的理由有三：一是父亲自觉遵守规则，是个高尚的人、有道德的人，儿子为父亲而自豪；二是"我"也能克制自己，在父亲的教导下做一个守规矩的好孩子，"我"为自己的善行、品行而自豪；三是正因为有了父亲的教导、自己的善行占据道德高地，拥有了道德资本，既可以讲自己守规则的故事，又可以为子孙树榜样，要求子孙做守规矩的人，值得自豪。道德是什么？"是人们共同生活及其行为的准则和规范。道德通过人们的自律或通过一定的舆论对社会生活起约束作用。"（《现代汉语词典》）韩校长出示的句子："道德就是在无人监督、没有人看见、独自活动的时候，自己依然能够遵守规则和规范，而不是做任何有违道德信念和做人原则之事。"遵守道德的最高境界是自律、自觉与自动；有道德的人可以说是君子。一般人常常要借助别人的提醒、舆论的监督、环境的制约和文化的熏陶来遵守道德，这也算是好人。钻规则的空子，利用别人的善良为自己谋私利，只能算是小人。公然践踏道德和法律，挑战道德底线和法律尊严，必是坏人无疑。守德、修德分四个层次，由此，可引导学生思考：君子、好人、小人与坏人，我们应该做哪一种人？怎样做到君子的层次？

做人、做事与做学问，其实就是课程目标在生活中的体现。增添人文的内容，也就明白了课程的价值取向，学习就有了生活的意义。

三、学会：明确时代的要求

杨岗小学陈光武校长讲"前掷实心球"，寺庄顶小学路莉莉和花园小学刘勇洲两位校长，选择讲"平行四边形的面积"，小里小学韩来叶校长讲"认识周长"，都围绕着课标要求，设计学生活动和问题呈现，可谓是异彩纷呈。韩来叶校长让学生"猜一猜""指一指""描一描""数一数""量一量""拉一拉"，用六种教学活动让学生感知、感受、感觉及至感悟周长的概念、特征与规律。我建议将教学设计改为："十项活动学周长"，把"拉一拉"换为"变一变"，再增加"比一比""说一说""想一想""练一练"四个环节，教学过程可能会更流畅一些。

人类对世界的认识大约分为见识、知识、学识、卓识四个层次。基于生活经历、生活经验而来的是见识，它是学习的认知基础。基于教材内容、学习要求的是知识，它有自己的结构体系和表达方式。基于个性见解，提出独到看法的是学识。基于深度学习、深度理解思想主张的是卓识。韩校长讲人们认识周长的基本方法是测量，但若想知道地球的长度怎么办？一位古希腊数学家用测算的方式推导出地球的周长。现在中国的"神舟"飞船要完成绕月飞行，需要知道月球的周长。请你帮助他们想想办法。这个故事的插入，既是对学生学习兴趣的调动，又唤醒了学生对学习的向往与热爱。

学会，传统的办法是"看不会听会，听不会背会，背不会练会，练不会考会"。考量是否真正学会的标准就是能否用自己的眼光发现问题，用自己的见解比较概念，用自己的思维概括要点，用自己的语言叙述过程，用自己的方式总结原理，用自己的经历验证结论。没有真正理解知识的学生，大多会选择背教材、背答案；真正理解知识并融会贯通的学生，一定会用自己的语言来复述。尽管语言可能不够标准，缺少学术规范，但会很生动、富有生活气息。"封闭图形一周的长度就是它的周长。"为什么增加"封闭"一词？这叫条件限定，当学生说出"封闭图形"时，韩校长当即予以表扬，说其具备数学思维和数学表达的意识和能力。为什么用"图形"而不用"物体"一词呢？这是数学的本质所决定的。抽象性而非具体性。从具体到抽象，从个别到一般，恰恰是数学思维的价值所在。

学会，绝不是简单地做习题、背答案，而是学会学习、学会合作、学会做人、学会健体、学会审美。具体地讲，教师要引导学生在阅读中学会积累，在困惑中学会提问，在比较中学会发现，在倾听中学会汲取，在展示中学会表达，在合作中学会分享，在小结中学会概括，在反思中学会感悟。总之，学无止境，关键在教师的引导。

四、会学：夯实发展的根基

会学，要求我们的学生掌握自主、合作、探究的学习方式，从而夯实终身发展的根基。怎样引导学生掌握学习方式，完成由学会到会学的转变呢？我在拙著《导学的创意与智慧》一书中概括了四个途径：活动中体会方法，比较中领会概念，探究中意会内涵，反思中悟会规律。请老师们予以验证。

以"前掷实心球"一课为例，只有通过练习、反复练习，同学们才能体会出用力顺序和出手角度。理论上大家都知道，影响掷球距离的要素是力度、角度与协调性。用力同样的话，角度是关键，45°角最佳。力度、角度都相同的情况下，人体的协调性将起主要作用。知易行难，陈光武校长明白"光说不练假把式"的道理，随即便组织学生进行分组练习。在学生练习中我注意到一个细节：前排同学掷球时，前方必须无人，以确保安全。

诸位校长都注重创设情境，韩来叶校长组织学生测量图形的周长时，有一个半圆形图形，许多学生不知如何测量，选择了放弃。有一个学生想出了测量的方法，韩校长当即把他请到讲台前，让他向同学们说明自己的思路：使毛线与圆的弦线重叠，然后用直尺测量毛线的长度。化曲为直的策略为我们提供了解题思路。碰到难题想一想，办法总比困难多。这既是对学习方法的指导，又是对学习兴趣的激励，也是对学习态度的鼓励，还是对学习思路的点拨。

体会贵在参与，领会重在思考，探究难在融通，反思巧在感悟。

我总结出引导学生会学的十大策略：①把兴趣转化为动力；②把知识转化为能力；③把问题转化为机会；④把比较转化为发现；⑤把规则转化为习惯；⑥把合作转化为意识；⑦把要求转化为需求；⑧把作业转化为作品；⑨把互动转化为灵动；⑩把感悟转化为智慧。

教学是艺术，艺术的源泉在生活，艺术的内涵在创新，艺术的价值在教化，艺术的品质在个性。形成自己的教学特色和风格，提出自己的教学主张和思想，是每一位校长提升专业发展和课程领导力的努力方向。让我们大家共同努力。

阅读思考：
1. 引导学生会学的十大策略是什么？
2. 评价会学的标准是什么？你是否可以用自己的语言来表述？
3. 会学的途径是什么？请列举一则自己成功运用的例子。

学先进重在有思路，抓落实贵在有方法

——长垣之行后的跟进思考

按照教育局的安排，市教研室组织了市九中、十三中、二十中和铁路初中的校长、骨干教师赴长垣一中初中部学习课改经验。在长垣，大家看得很认真，听得很仔细，讨论得很热烈，表现得很激动。如何理解抓落实、为什么要抓落实、怎样抓好落实是我主要思考的三个问题。

一、如何理解抓落实

抓落实其实是个执行力的问题。一般来讲，贯彻上级工作部署，执行领导工作安排，在具体执行上会表现出递减执行、选择执行、主动执行和创新执行四种情况。递减执行最常见，由于困难多，阻力大，导致工作损耗，执行力减弱。选择执行是如果工作对自己有名有利有好处，就干；反之，就千方百计找借口，想方设法推责任。遇事挑三拣四，斤斤计较，就是选择执行的典型表现。主动执行表现为，凡事思考在前，谋划在先，胸中有全局观、大局观，肯吃亏敢担当。"只要思想不滑坡，办法总比困难多"，想方设法去克服困难，千方百计去争取胜利，摆脱困境、打开局面、控制场面，这就是创新执行。

基础教育均衡发展是现阶段的重点工作。局党委推出了"名校＋弱校""名校＋民校"等措施，参加这次学习的四所学校规模相当、实力接近、办学困难相似、办学愿景相同，面对共同的任务要协同合作，联合攻关。教研室一要提供智力支持，二要保障跟进培训。四所学校要切实制订工作方案，规划发展蓝图，真正做到"一年打基础，两年上台阶，三年创一流，五年争第一"。

"抓而不紧，等于不抓"。抓落实，首先在于找准问题所在，判明问题症结。"抓"字怎么理解？徒手抓鱼，瞎抓一气，难有收获，"抓"首先要有眼力，看准问题；其次要有能力，解决问题；最后要有"气力"，狠抓落实，"抓铁留痕"，需要下大气力，落实才有可能。四校共同的问题在于办学特色不明，特色不明在于优势不足，优势不足在于师资水平不高，水平不高在于"法力"不足，"法力"不足在于办学进步不大，进步不大在于能力不足。"法力"原指佛法的除妖伏魔之力，后泛指神奇的力量。我借用"法力"这个词不是说借用某种超自然的神奇力量，使我们的教育一夜之间变了模样，而是讲经过考察学习、思想转变、认识提高后焕发出来的工作热情，与工作期待和职业梦想相结合，凝聚成的一种力量。这种力量使人焕然一新，拥有脱胎换骨的新生命。若能把学习动力、教研能力、工作精力、研究张力和思维定力整合在一起，就拥有了有效教研、有效发展的神奇"法力"。

通过此次长垣之行，我们比较先进找差距，对照先进查问题，目的是为学校的个性化发展寻找突围之路，为特色化办学寻找可行方法。促进基础教育的均衡发展，办人民满意的教育，这是我们义不容辞的责任、责无旁贷的义务。

二、为什么要抓落实

考察学习的常见情景是，"看看挺感动，想想挺激动，回到家里不想动，工作照就靠推动"。外出学习，挂职锻炼，跟岗实习，专题调研，都是改进工作的常规方法，但能取得多大成效，关键要看抓落实的态度和抓落实的力度。

抓落实要强调提高执行力。目前我们的现状是一部分人忽视学习，本领不足，不会抓落实；一部分人缺乏底气，丧失魄力，不敢抓落实；还有少部分人责任懈怠，丧失自信，不愿抓落实；也有个别人志大才疏，心性浮躁，不屑抓落实。"空谈误国，实干兴邦"，实干就是抓落实。

议而不决，欠拖不决，推诿扯皮，不负责任，这是懒、散、庸的表现。改进工作作风，提高工作效能，就要从抓落实入手，把压力变动力，变浮力为潜力，改学历为能力，引实力为张力，注动力为精力。抓落实要有只争朝夕的"精气神"，力争上游的"比赶超"。

真抓实干促进均衡发展，求真务实提升教研品质。

三、怎样抓好落实

抓落实要以"四个跟进"为策略，"四个满意"为标准，"十项措施"为抓手。四个跟进，即跟进学习、跟进实践、跟进培训、跟进提高。四个满意，即让学校满意、让教师满意、让学生满意、让自己满意。

按顶层设计的工作原理，抓落实要从十个方面入手：

1. 提高认识抓落实

认识是求变的源头，求变是行动的开始。安于现状，不思进取，首先是一种思想懒惰，根本上是一种意志薄弱。抓落实，首先要抓思想，提高认知。

均衡发展是党和政府办人民满意的教育的重大战略举措，是事关教育战略布局和战略布置的大事。如果我们不思进取图轻松，得过且过混日子，很可能被时代发展的步伐所淘汰。怎么跟上形势不掉队，赶上发展不落伍？联合办学是个好方法，但联合并不意味着你可以躺下身子不干活，就等别人来抬轿子；也不代表所有的学校都会被吸纳进来。背靠大树好乘凉、借力借势图轻松的想法要打消。

均衡发展，均衡是目的，关键在发展。每所学校，每位教师都要明白均衡发展的宗旨：那就是办好每一所学校，开好每一门课程，成就每一位学生，提升每一位教师。对教研室来讲，学校不分大小，学历不分高低，关系不论远近，都要一视同仁、平等相待。

均衡发展是追求一种平衡，但这是一种动态的平衡，更应该是优质基础上的均衡。综观新乡教育，有的学校最初也并非名校，也是经过几十年打拼、几十年积淀，才有了今天的成就；有的学校也有过辉煌，有过荣耀，但在激烈的办学竞争中，偃旗息鼓败下阵来。发展本身就是一种竞争，就意味一定有慢有快，有多有少，不一定是整齐划一的"齐步走"。我们学先进，就要发现差距，缩小差距，而不是坐视距离越来越大。

2. 转变观念抓落实

转变观念首先强调责任。办好一所学校，校长是第一责任人。守土有责，守土尽责，就要不断进取，力争上游，而不是强调客观理由，推卸应有责任。想干，你只有一个理由；不想干，你会有许多种借口。

转变观念难在解放思想。观念是一种思想，但人们的思想却总是被自己的思维方式和价值取向束缚着、禁锢着。解放思想就是要打破这无形的枷锁，剪断这无形的绳索，让我们的心灵自由放飞。我们四所学校，要寻找自己的特点、特长，形成办学特色，在全市教育战略布局中，抢占一席之地，为教育事业贡献应有之力。

转变观念贵在拓展优势。成功一定是在自己的优势领域。一般学校之所以一般，不是没有做工作，而是工作同样做了，只是没有做到精致而已，或者说没有选择好适合做什么事。当所有校长都去拼分数、拼升学的时候，有谁提出搞"绿色评价""多元评价""增值评价"？以学生人生发展规划和三年学习规划来引导学生，辅之以学生综合评价方案，那么学校在立德树人、教育评价方面就能做出特色、做出实效来。

3. 增强能力抓落实

能力比知识更重要。能力从何而来？听老师讲能听出能力吗？看教科书能看出能力吗？显然，都不能。能力只有在学习、实践、研究和反思中，才能得到逐步提高。

能力源于不断的学习、改革的实践、深入的研究和持续的反思。我们说改革要摸着石头过河，石头是什么？石头又在哪里呢？石头就是问题，石头就在改革实践中；而摸石头就是发现问题的能力，过河就是解决问题的能力。

具体到学校均衡发展，当务之急是提升"三力"，即校长的课程领导力、教师的课程执行力和学校的课程建设力。均衡发展的工作重点是现代学校的创建。教育现代化是我们追逐的梦想，但对于现代化，我们既缺乏系列的评价标准，又缺少相关的理论研究。于是有人提出以信息技术促进教育现代化，用翻转课堂、慕课、微课的形式来取代传统课堂。其实，现代化的关键是人的现代化，现代化的核心是人思想的现代化，现代化的精髓是与时俱进、不断创新。

学校发展一定要有独立思考、科学探究的理性思维和批判思维能力。当下教育界的某些地方或个别地区，流行着一种"浮躁病"，表现为追星、造星的风气。重复说着别人说过的话，实践着别人提出的方法，每当媒体推出一个课改新星，教育界立马刮起一阵"旋风"，面对蜂拥而至的来访者，"明星学校"要收门票、卖资料。课程改革看似热火朝天，但一直在所谓的"有效教学""高效课堂"的层面上打转转，教育的内涵并没有太大的改变。理性思维和批判性思维，应该是一种勇于批判、善于反思、着眼比较、发现规律的能力。我们要放弃"看客"的心态，立足自信走出去，着眼比较请进来，以创新精神去克服均衡发展中遇到的各种问题。如果我们的思想不能突破既有的思维定式，还想着上项目、加投资、增人手、添设备，不能打破传统的路径依赖，办学靠扶持，发展靠外援，如何才能增强自身造血机制，实现自身的发展和良性循环？何时才能驶入均衡发展的快车道？我们要在均衡发展的过程中充当攻擂手，加注正能量。

能力源于动力。只要我们有了不甘落后的精神，就会有奋发进取的动力，也就会有随之而来的能力。虽说参加专项培训、跟进培训、挂职培训等是提高能力的有效途径，但它只是问题的"症状解"，而不是"根本解"。提高个人和团队工作能力的"根本解"，还得依靠唤醒职业自觉，提升文化自觉。

4. 锤炼作风抓落实

作风是指一个人、一个团队、一个政党乃至一个社会在思想、工作和生活等方面表现出来的较为稳定的态度或行为风格。锤炼作风应该首先从学风上入手寻找突破口，然后促进作风的转变。学风是传承文明之轴、人生成长之梯。学风正进步快，学风正觉悟高，学风正人品亦正，这是无数经验证明过的道理。学风不正表现为，一是不重视学习，不关注学习，热衷于交际；凭经验办事，凭感觉做事，凭好恶行事。二是表面上讲学习，但是学习、实践"两张皮"，说的是一套，做的是另一套。三是以实用主义的态度对待学习，经验照搬照用、追求立竿见影，不愿自己去动脑子思考，正所谓"宁愿费力，不愿费脑"。四是以功利主义为目的对待学习，不是完整、系统、全面、深入地学习，而是蜻蜓点水、浅尝辄止、断章取义、各取所需。摘几句名人名言，抄几行经典著作，"贴标签""穷显摆"。

学校实力不足虽说有诸多原因，但有一个共同的不容回避的问题：这些学校缺少学习的风气，缺乏进取的勇气。改变一所学校，要从转变作风、改变精神面貌入手。锤炼学风，关键要解决好三个问题，即为什么学、怎么学、怎么学有效。锤炼学风，关键在于引领思想作风、工作作风和生活作风。

以学风锤炼工作作风。作风是世界观、人生观、价值观的外在反映，是文化修养、政治品质和道德境界的具体体现。树立正确的发展观和均衡观，把工作着力点放在改善学校软环境上，放在提升广大教师的专业技能上，放在铸就共同的教育梦想上。把工作创新点放在解决制约均衡发展的瓶颈问题、特色发展的师资问题和创新发展的思路问题上，努力做到学以致用、用以促学、学用结合、用学相长。

以学风锤炼思想作风。知之为知之，不知为不知，教育者要在思想上不唯书、不唯上，只唯实、只唯真，一切从实际从发，一切为学生着想，一切为学校发展，尽可能学多一点，想深一点，做实一点，说透一点。以学风锤炼生活作风。生活作风反映一个人的精神追求和道德境界。以学习树正气，防止心理懈怠、职业懈怠，警惕拜金主义的侵蚀，始终保持良好的师德品行和高尚的师德情操。以学习养才气，把业余时间用于学习，不断拓展自己的学术视野，提升自己的学识见解，形成自己的教学风格和教育主张。以学习垫底气。面对信息化大潮的冲击，数字化教学的趋势，移动课堂的挑战，微课、慕课的围攻，只有熟练地掌握现代信息技术，我们才会有足够的底气去应对。以学习润朝气——要以阳光的心态去学习，朝气勃勃地去奋斗。以学习化灵气——灵气是善于学习的外在表现，有灵气遇到问题一看就懂、一点就透，甚至无师自通。一个人通过学习有了正气、才气、底气、朝气和灵气，就一定会秉持严肃的生活态度，自觉抵制低俗、庸俗的生活方式，提高人文素养，强化人格修养。

5. 把握机遇抓落实

历史的经验告诉我们，在战略机遇面前只有两种命运：一种是抓住机遇，奋起直追，成为历史的缔造者；一种是丧失机遇，被边缘化，沦为历史的旁观者。

随着后现代社会的转型，我们面临着从传统教育向现代教育转型的重大机遇。人民群众要求获得更多的优质教育，政府也要求基础教育实现均衡发展，全面推进义务教育改薄工程，这就意味着发展机遇。

机遇总是产生于社会转型期，而社会转型又总是孕育在重大科技变革之中。全面建成小康社会，是我们党"两个一百年"的奋斗目标之一，与之相适应的是基础教育的均衡发展，是优质教育资源的均衡发展。信息时代、数字时代对教育事业提出新的挑战，迫使我们要抓紧时间主动学习，终身学习，抓住机遇，加快发展，组建学习型团队、学习型学校，主动适应社会的变化与转型。机遇只给有准备的人，请问：你做好准备了吗？

6. 强化引导抓落实

办好一所学校，首先取决于校长的责任意识，有想努力办好这所学校的教育期待；其次取决于全校师生共同的办学愿景。校长的办学愿景能够为全校师生所认同，思想认同有助于学校发展的道路认同和课程改革的模式认同。最后，校长对教师的工作指导和引导需要科学性和艺术性的方法。

目标引导强化导向作用。目标代表方向，体现重点，标志阶段。它使各项目标看得见、摸得着，具有形象性、可比性。以目标来考察工作进度和状况，推动各项工作顺利进行。这无疑既是一种督促，又是一种引导。

思想引导提供精神动力。校长要强化学习指导，提高思想觉悟，增强奋发向上的原动力和推动力。"工作若能成为乐趣，人生就是乐园；工作若是被迫成为义务，人生就是地狱。"歌德的名言揭示了思想引导的重要性。校长要把自己的教学经验、管理经验，经过深思熟虑筛选提炼形成自己的教育主张。同时，还要吸纳学校教职员工萌发和创造出来的新思想、新观点，对其总结、概括、提炼和宣传，再使之回到教师中去，成为学校的精神财富。事实证明，哪位校长能够提出符合教育规律、体现办学特色的新观点、新主张，并为学校教师所接受，哪里的工作就会产生新的变化和质的飞跃。洋思中学是这样，杜郎口中学也是这样。领导，首先是思想上的领导和思路上的向导。

信息引导掌控发展趋势。收集、整理、分析信息是当今重要的能力。有效学习的基本功就是筛选有价值的信息。信息时代，信息就是资源，信息就是力量，信息就是财富。信息化促进教育现代化，我们需要关注信息技术的发展趋势，预先评估对教育可能产生的影响。方法指导提高工作效能。有些教师做不好班主任，讲不好优质课，既不是不用心，也不是怕费力，既不是思想不重视，也不是主观上不努力，而是缺少正确的工作方法。方法指导首先是技能培训、专业培训和跟进培训、校本培训；其次是思维方式的培训，掌握教研工作的规律性，形成自己的教研个性和教学主张；再次，依据优秀教师的教学经验和教研心得，进行有效的案例培训。

7．激励先进抓落实

为政之要，首在用人；用人之本，重在激励。心理学原理告诉我们，人性中最本质的愿望就是得到社会的肯定和赞誉。一位校长要想带好一支队伍，必须及时恰当地树立先进典型，进行有效激励。否则，可能会导致人心涣散，缺少精神动力。

树典型抓先进，进行有效激励，这是管理学的核心内容。有效激励主要有三种类型：精神激励、物质激励和岗位激励。有效激励关键在于引入竞争机制，激励工作热情，同时还要满足广大教师的心理需求，激发工作荣誉感。

由于缺乏有效的激励机制，一部分有能力、有水平，也为教育事业发展做出很大贡献的人和一些得过且过的人却享有相同的待遇，只要不犯大错，绩效工资一样拿，考评优秀轮流当，这种管理方式表面上稳定了局面，实际上损害了学校的后续发展和长远发展。

个别校长习惯靠行政命令的手段来管理学校。行政的方式只能使学校做到规范，很难办出特色，遑论达到优质学校的水平。他们潜意识里认为，我让你去干，你就得去干，干得好是应该的，干不好就要挨批评。个别校长把企业管理的方法引进到学校管理中，还要学什么西点军校的军事管理方式，要求做领导交代的事，要"没有任何借口"。课程改革是一项浩大的系统工程，改革过程中会碰到很多以前从未遇到过的新情况、新问题，大家都在"摸着石头过河"，一部分教师一时抓不住重点，无所适从，这是一种正常现象。校长要积极引导这部分教师度过课改的适应期，就要树典型抓先进，尤其是自己身边看得见、用得上、摸得着、信得过的典型，进行有效激励。优质课是教师专业成长的一个有效途径，也是教师职称评审的重要条件，可有个别校长认为，参加比赛拿名次获荣誉，是教师个人要晋级，与学校无关，所以产生的费用一律不予报销。就几百元的事，却让学校教师心怀不满，如此，怎么会不打击教师的工作热情？

职以能给，功以勋授。激励先进不仅是年度总结时予以表彰，更重要的是把合适的人放在合适的岗位上，让能人做他擅长的事，让好人做他喜欢的事。

激励先进要注重学习，调动教师的文化自觉。当广大教师把教研素养视为职业需求时，他就拥有了一种职业自觉；把师德修养视为一种发展需求时，他就有了一种发展自觉；把文化教养视为一种文化需求时，他就有了一种文化自觉。拥有职业自觉的人，才会"不用扬鞭自奋蹄"；拥有发展自觉的人，才会"只争朝夕"干工作；拥有文化自觉的人，才会精益求精求创新。

8. 规划目标抓落实

局党委推出"一年打基础，两年上台阶，三年创一流，五年争第一"的奋斗目标，与此同时，也勾画了学校发展的规划目标。

一年打基础。首先要制订学校近期发展规划，明确目前办学的水平与状况，规划三五年后的办学愿景，研判与愿景目标的差距；其次要做好发展的基础性工作。校长的办学愿景，要取得广大教师的认同，产生一种凝聚力；校长的工作团队要取得广大教师的爱戴，产生一种战斗力；校长的课改项目要取得广大教师的认可，产生一种领导力。围绕均衡发展的总体目标，有规划、有措施、有机制保障、有跟进培训、有教师拥护、有领导支持，彻底夯实了发展基础。

两年上台阶。简单地说就是初步形成办学特色、打造办学亮点，把各项工作转入正轨，驶入快车道。台阶是前进中的障碍，又是发展中的机遇。上台阶肯定要费力气，反过来想，上台阶也是一种竞争，也是一种荣耀。登上一个台阶，你会高出同伴半头；登上一座高峰，你会超出同伴许多。高出半头，你会被视为竞争的对手；高出许多，你会被视为崇拜的对象。

争第一不仅是要拿第一，更要保第一、超第一。我们要正确理解局党委的意图。我个人认为，争第一是一种力争上游的心态，是一种只争朝夕的气势。第一，我们怎么理解它？第一，既是一个硬指标，也是一个软概念，还是一个自定义。把自己的工作做到极致，就是第一。我认为完成规划目标即是第一。第一的参照物，首先是与过去的自己比，其次是与现在的同行比，最后是与发展的目标比。把自己的工作做得精细、精美乃至做到精致、极致的程度，你就是第一，就是一流。

9. 突出亮点抓落实

抓落实，既要有顶层设计、通盘考虑，又要有局部突破、细节雕琢。有人说"成功在于细节"，正是无数个细节汇总，才构成工作亮点。亮点一定是与别的学校、别的地区、别的部门进行对比的结果。

要形成工作亮点，首先是关注领导重视的事关全局的工作，我们要责任到位、工作到位；其次是强调组织得力，活动给力；最后，落实到位、机制到位。出人才，抓亮点，关键是形成工作中的局部优势，集中精力抓好阶段性的重点工作，推出阶段性的工作成果。抓亮点，讲究策略，要集中优势兵力打歼灭战。问题一个个解决，困难一个个克服，忌全面铺开，顾此失彼，造成半拉子工程。抓亮点重在有新意，贵在有创意。亮点，肯定是对比的结果，人无我有即亮点，人有我精即亮点。选准的目标，坚持做下去，认真做下去，就可能出亮点，亮点一定要出成果。

10. 形成自觉抓落实

以什么态度干工作最有成效？总是按领导布置，听领导安排，靠领导推动，这是一种常态。结合所在学校、所在部门的工作特点，积极想办法出主意，靠职业自觉、文化自觉去从事教育工作，这应该是课改进入攻坚期的一种新常态。

自觉，即不靠制度的束缚，不用别人的提醒，不靠金钱的刺激，不用领导的安排，积极主动地工作，做到全力以赴、精益求精。对于教师来说，自觉分为职业自觉、道德自觉和文化自觉三个层次。文化自觉是费孝通先生提出的概念，指生活在一定文化历史圈子的人对其文化有自知之明，并对其发展历程和未来前景有充分的认知。我借用费老的概念，在教育圈指老师对其教育使命有自知之明，并对教育规律和未来发展有充分的认知。文化自觉提供教师专业发展的正能量，是教师师德修养、文明素养和文化教养的"核燃料"。

唤醒教师的三种自觉，使之认识到专业发展是教师自己的事，师德修养也是教师自己的事，课程改革还是教师自己的事，均衡发展就有了思想基础、人才保障、智力支撑和精神凝聚。

均衡发展，目标已经明确，任务已经下达，对学校来讲，抓落实是重点，怎样抓是难点，怎样抓出成效、抓出亮点则是创新之点。希望本文能够给学校提供有益的思路。

阅读思考：

1. 抓落实的十种方法是什么？你认为最有借鉴作用的地方是什么？说一说自己的认识。
2. 抓落实抓什么？抓落实靠什么？请你谈谈自己的工作体会。

小课题促进大发展

——小课题研究的有效培训

课程改革在实践中的最大障碍是教师的专业化水平不适应课程改革的时代要求。具体说就是"四个不":课改理念理解不透,有效教学能力不够,专业发展动力不足,教学研究引导不力。

新乡教研室提出"有效教学、有效教研、有效教师"三位一体、协同发展的基本思路,积极倡导小课题研究,明确提出小切口、大纵深,小课题、大作为,小积累、大发展,小进步、大提高的"四小四大"教研策略,致力于提炼教学经验、凝练教学特色、打造教学风格、塑造教育品牌,以促进教师的专业发展、学校的优质发展和教育的均衡发展。

小课题研究是教师针对课改实践中的具体问题,进行持久关注,追问反思,拓展探究,系统归纳,进而感悟教育规律,掌握教育规律,实施有效教学的行动研究。

小课题研究的案例:①教师怎样体现主导作用,学生如何表现主体地位?②深入了解学情的途径、方法与策略。③学习兴趣的调动、转化与提升。

小课题研究的意义:①提高教学能力;②改善教学行为;③优化教学品质;④提升教育智慧。

小课题研究的价值,不在于提出学术上的新观点,拥有学术上的新发现,得出学术上的新主张,发展学术上的新理论,而在于基于自己的课堂,观察自己的学生,提出自己的困惑,解决自己的问题,形成自己的特色。具体讲就是通过研究,让自己树立一种信心,拓展一种见识,积累一种财富,体验一种幸福。

小课题研究的条件,要求教师要有"四心":一是用心观察,发现身边案例,思考因果联系;二是热心实践,掌握科学方法,解决类似问题;三是虚心学习,比较同行优势,形成教学特色;四是潜心研究,反思课改实践,捕捉教育智慧。

小课题研究有四项要求：一是四个贴近：贴近教师、贴近课堂、贴近学生、贴近生活。二是四个跟进：跟进学习、跟进实践、跟进培训、跟进提高。三是四个维度：研究信度解决真问题、研究效度提供真方法、研究梯度提升真见解、研究高度提高真水平。四是四个自觉：学习自觉的自我积累、职业自觉的自我提高、事业自觉的自我发展、文化自觉的自我反思。

小课题研究具有周期短、见效快、针对性强、认可度高、操作简便、传播广泛等特点。小课题研究时要注意突出问题导向，落实行动研究，倡导团队合作，注重系统归纳。单个的、孤立的研究成果可能并不起眼，但如果把相关联的课题串联起来形成一个成果链，并不断拓展主题，深化层次，提升档次，就会为小课题的研究成果增值增效，增加美誉。

小课题研究案例一：教师主导作用的体现

〔教学现象〕有些学校积极倡导"课本让学生自己读，见解让学生自己讲，疑难让学生自己议，规律让学生自己找，总结让学生自己说"的"五让"策略。使得教师感到困惑：我在课堂上干什么？主导作用怎样得到充分表现？

〔问题探究〕学生的主体作用表现在课堂展示上，教师的主导作用体现在教学设计上。"五让"策略充分保障了展示机制，但教师困惑的是，主导作用从何体现？

〔解决策略〕主导作用的体现：以标导向、以趣导学、以问导思、以例导法、以题导读、以疑导研、以变导悟、以评导志。

〔课题命名〕教师主导作用的体现与辨析，有效导学的组织与设计。

〔研究感悟〕教师应该是学生学习过程中的参加者、指导者、组织者和激励者。教师应当做的事情是教材指导学生读，读出味道；见解鼓励学生讲，讲出条理；疑难点拨学生议，议出思路；规律引导学生找，找出本源；总结教导学生说，说出学识；探究放手学生做，做到开心；反思引领学生悟，悟出道理。

自主学习的课堂，对教师的要求更高了。

小课题研究案例二：学情的分析判断及学法的有效引导

〔教学现象〕我们的学生处于××学段、××年级，初步具备了生活阅历、知识储备和分析问题的能力，但观察问题的角度窄，分析问题的思路少，解决问题的方法少。这种空泛的学情分析，只能得出空洞的结论。

〔问题探究〕怎样有效地对学情进行分析判断、对学法进行有效引导？

背景知识的分析，起始能力的诊断；

学习兴趣的调动，思维习惯的了解；

学习态度的预期，学习方式的引领；

学习问题的引导，学习活动的参与。

〔解决策略〕了解学情要做到"十个知道"。

①姓名的含义；②家庭状况；③上学路径；④社区环境；⑤生活习惯；⑥兴趣爱好；⑦个性特长；⑧性格特征；⑨自我志向；⑩家长期望。

〔课题命名〕了解学情，教师要有"基本功"，了解学情要做到"十个知道"，基于学情进行教学设计。

〔研究感悟〕了解学情是我们常说的话题，但在教育实践中往往是泛泛而论的多，扎实研究的少；一般了解的多，深入了解的少；视为负担的多，视为职责的少；作为口号的多，作为课题的少。只要平常工作做细致，烦琐工作做精致，教研工作做极致，我们人人都可以成为教学专家。

小课题研究案例三：学习兴趣的认识与调动，学习兴趣的激活、维持与转化。

〔教学现象〕都知道兴趣是最好的老师，也是最好的朋友与伙伴，但在兴趣对学习的作用以及兴趣的调动、转化与提升方面，却缺乏相应的观察与研究。

〔问题探究〕1. 兴趣的认识：指个体或群体力求认识某种事物或从事某种活动的心理倾向与情绪状态。

兴趣以需要为基础，在实践活动中有重要意义；兴趣以快乐为动力，在活动中乐此不疲；兴趣以专注为特征，在活动中集中精力、全神贯注。

2. 兴趣的种类：①物质兴趣和精神兴趣。学生需要师长积极的引导，防止物质兴趣方向的畸形发展和过度追求，在精神兴趣方面的消极发展和消极追求。②直接兴趣和间接兴趣。前者指对活动过程感兴趣，后者指对活动结果感兴趣。像体育活动，有些人重在参与，有些人则志在夺标。③个人兴趣和社会兴趣，前者是个体以特定的事物、活动为对象；后者指社会成员对某一领域的普遍兴趣。

3. 兴趣的现状：赶进度漠视兴趣，抓分数丢掉兴趣，管纪律不要兴趣，保安全牺牲兴趣。

4. 兴趣的作用：调动学习热情，拓展潜能爱好；调节课堂气氛，唤起有意关注；发展知己挚友，塑造团队精神。

〔解决策略〕1. 兴趣的培养：①明确目的意义，培养间接兴趣；②开展竞赛活动，培养直接兴趣；③增加知识储备，培养精神兴趣；④关注个体爱好，培养个人兴趣；⑤关注时事热点，培养社会兴趣；⑥提高审美情趣，调控物质兴趣。

2. 兴趣的转化：表现为一种学习定力，转化为一种学习能力，内化为一种学习活力，升华为一种学习张力。

3. 兴趣的界定：兴趣如果没有边界，学习就会沦为玩耍。兴趣如果没有目标，学习就会丧失专注。兴趣有界定，才会转化为学习动力；兴趣有目标，才会提升为学习专注。

〔课题命名〕学习兴趣的认识、培养与转化。

〔研究感悟〕怎样培养学习兴趣，提高学习效能？大家一般泛泛而论的多，深入研究的少；感性认知的多，理性分析的少。学习兴趣的小课题研究，初步尝试了行动研究的一般方法，让一般教师对教学研究有了比较深刻的体会。

小课题研究作为"草根"式校本教研的新模式，把广大教师带进了教育研究的神秘殿堂。小课题研究作为一种"本土化行动，低重心运转，小步子发展，普适性需求，专业化进步"的有效引领，深受一线教师的欢迎。它让"问题即课题"这句话落地生根，让"课题即成果"这句话开花结果。

学校发展的第一生产力是什么？是教研。教研成果转化为教学生产力的关键是什么？是实用。针对性、可行性、简捷性、新颖性、实用性是小课题研究的优点和特点。抓住特点，就能解决真问题；突出优点，就能促进教师专业化的大发展。

阅读思考：

1. 小课题研究的策略、要求、意义是什么？
2. 结合自己的实践，请你规划自己的小课题研究方案。

听课要听出门道

——教学常规检查的评课思考

一、基本情况：2016 年春季督学情况汇报

①2 月 24 日，由一中东校区九年级语文教师王春晓讲授《沁园春·雪》。

②2 月 25 日，由幼师附小语文教师刘琳琳讲授《岩石书》。

二、听课评价

1. 评课的参考系数

①学习目标达成度。②学生活动参与度。③课堂展示充分度。④概念解读精准度。⑤批判思维深刻度。⑥主题探究拓展度。⑦心理体验愉悦度。⑧师生情感融洽度。⑨有效评价激励度。⑩学生需求满意度。

2. 听课的总体感觉

课改理念、有效教学、信息技术都得到一定体现。两位老师都有明确的目标意识，注重调动学生、师生互动、学法指导，都是达标课、合格课，可以看出经过了认真备课，说明学校管理到位。

3. 听课的四点建议

从两节课中折射出的问题：

①信息技术设备如何用好的问题。没设备，用不了；有设备，用不好。

②社会主义核心价值观如何有效"进头脑"？教师不仅要有思想意识，还要有方法意识，这样才能实现创意渗透、问题引领。"数风流人物，还看今朝"体现了共产党人的历史担当、责任担当。后来的解放战争就是谋求建立自由、独立、民主、统一、富强的新中国，致力于为劳苦大众谋幸福。

③有效教学与减负意识。讲解概念多，联系生活少；做题训练多，点拨思路少；关注知识多，主题拓展少；单纯提问多，学法指导少。

④组织教学与效能意识：老师选出三位学生朗读课文，要求其他同学"保持安静，注意听，一会儿做评价"。这是很常见的组织教学，但忽略的问题是一些学生可能会走神，评价时也是挑毛病的多、欣赏的少，基本上

置身事外。因此，我建议将全班学生分成三部分，每大组推选一人做领读，进行朗读比赛，既看领读的水平，又看跟读的水平，让每一位学生都参与其中。评价要有明确要求，首先欣赏对方的优点，其次指出对方的不足，然后示范自己的改进。

4. 解决问题的对策

①明确立德树人的根本使命，继续开展"课改擂台赛——社会主义核心价值观进头脑"活动。在初中政治、历史、地理、语文四科的基础上，总结经验，逐步扩大参赛的学科与学校。拙文《核心价值观怎样有效进头脑》已做初步总结。

②信息技术与课堂教学的深度融合。在初步解决"不会用"的基础上，致力于解决"用不好、用不巧"的问题。市教研室积极推动实验中学、市第九中、市第十三中、铁路初中与开发区第二十一中学、开发区中学、牧野区第三十八中学、牧野区第二十三中学、卫滨区第三十四中学等九所中学成立教研协作体，开展联合攻关。2016年3月2日下午，在开发区第二十一中学召开首次集中活动，我作了《六微循环，促进教师三次成长》的报告。

③教学立意与教学创意的相互促进。知识立意、能力立意到素养立意，是课改逐步深入的路线图。我们的课堂还滞留在能力立意的层次上，与课改要求存在差距。取消全市的统一考试，解放教师分数评价的枷锁，给课程改革向纵深发展创设宽松环境，给特色办学向内涵发展提供便利条件。学校可以开展有个性、有特色、有创意的多种形式的评价，既可以单独命题，也可以联合校之间合作命题，还可以进行有批判性思维、有探究性挑战、有学科性综合的考试评价改革。给绿色评价让路，为综合评价叫好。

④深度学习的有序推进。针对当下"浅学习"的现状，教育界有识之士提出"深度学习"的主张。我个人认为很有研究意义和推广价值。

⑤我们缺少有教学特色、有教学主张的优秀教师。教研室继续开展"课改大讲堂——讲述自己的教学主张"系列活动，致力于发现、总结、推介一批有个性特长、有学识见解的名师苗子。

阅读思考：

1. 什么样的课是好课？谈一谈你的认识。
2. 评课的十个参考系数是什么？谈谈你的看法。

跟进学习，实现新乡教育跨越式发展

——上海教育考察学习心得

2014年新年伊始，教育局组织市教研室一行九人赴上海考察学习。此次学习进程紧、内容多、收获大、感触深。我概括出上海教育的六个特点：信息灵、方向明、决策准、出手快、水平高、影响大。上海教育最完整、最准确地体现了"教育要面向现代化，面向世界，面向未来"的教育思想，同时引领着全国基础教育的发展方向。

新乡教研室在长期的课改实践中，树立"跟进学习、跟进实践、跟进培训、跟进提高"的教研策略，其宗旨就是瞄准先进，同步前移。此次上海之行，再次验证了我们的"四跟"策略是有效的策略、正确的策略。

此次考察学习，我感触最深的地方有三处：

一、做好顶层设计

上海教育局组织专门班子，编辑出版"上海教育丛书"，二十年间出版图书103本。"上海教育丛书"由教育部门出资，成为教师立德、立业、立言的载体。这是上海教育中的鲜活经验和宝贵财富。"上海教育丛书"是上海教育的一号工程、光彩工程，由局长亲自挂帅，通过"上海教育丛书"的编写、编纂，推出真正有影响、有学识、有号召力的名教师、名校长。

我们新乡教育不缺经验，缺乏提炼；不缺名师，缺少提升；不缺名校，缺失提高。怎样促进新乡教育的均衡发展、优质发展和跨越式发展？我个人认为，规划"新乡教育丛书"系列，争取十年间推出有影响的系列专著，应该是教育局领导优先考虑的大事。

二、强化课程建设

一般学校与优质学校的差距，不在升学率的高低，而在课程建设的能力。

一般学校与特色学校的差距，不在办学规模的大小，而在课程的设置。

地方课程，尤其是校本课程的建设与开发，是我们的短板。怎样补上这两块短板？借力、借脑是不错的选择。与上海教育局搞合作，双方合作共赢，应该是不错的选择。

具体讲就是参考上海教育局已经开发成熟的"综合实践活动"教材，保留其基本框架与结构，增加调换一些河南新乡特色的东西，以反映我们的课改理念，体现我们的课程意识。这样一来，可以使我们的教材开发周期短、见效快、成本低。

我们的经典诵读、校本课程，可以考虑类似合作的方式，借力开发，借力上市。

三、优化项目引领

"绿色评价"是我市课改的重点项目，与此相匹配的项目，我个人建议应增加"新优质学校"评比活动，让学校与教师纵向看进步、横向看特色，从起点看变化、从个性看发展。通过"新优质学校"项目，引领学校实现特色发展、个性发展。

教研室的工作职责是"研究、指导、服务"。我认为研究要有前瞻性，工作才有主动性；指导要有针对性，工作才有实效性；服务满足需求性，工作才有和谐性。把教研职责具体化，就是研究要做好的顶层设计，推出新乡的系列学术成果；指导要围绕课程建设，做好校本课程的开发；服务要优化项目引领，以"绿色评价"促进"新优质学校"的健康发展。

阅读思考：

1. 校本课程的开发、设置是办学特色的举措，我们有校本课程的项目吗？如果没有的话，是否考虑开设合适的校本课程？

2. 校长应该有自己的教育主张和教育追求。请你把自己的构想、构思、实践、困惑、感悟、体验用文字记录下来，这就是行动研究的基本方式。请你试试这样做，一定有收获。

课改大讲堂——打造新乡教育的课改名片
——新乡教研室课改大讲堂活动小结

2014年4月29日,新乡市教研室主办的第三届"课改大讲堂——讲述自己的教学主张"系列活动,在河南师范大学附中圆满结束。

新乡教研室坚持跟进学习、跟进实践、跟进培训、跟进提高的教研策略,提出有效教学、有效教研、有效教师、有效成长四位一体的教研主张,以"课改大讲堂""课改巡礼""课改沙龙""课改擂台赛"为平台,致力于推介新乡的名师、名校、名校长,同时借助典型的力量,引领广大教师积极投身课改,以促进自身的专业发展。

课改大讲堂作为新乡教研室推进课程改革、培养课改名师、打造高效课堂、形成自己的教学主张的重大举措,坚持以有效导学为核心,突出有效教学的针对性和实效性,强调有效教师的模范性和典型性,彰显有效教师的先进性和示范性,致力于把课改大讲堂打造成新乡教育的课改名片。

作为课程改革的实践者,一线教师体会最深,应该最有发言权;收获最多,理应最有发言权。但现实是我们的教师、校长习惯听别人讲,不习惯自己讲,尤其是不习惯讲出自己的学识见解和教学主张。课改大讲堂围绕课程改革的时代主题,讲述我们自己的教学主张,形成我们自己的教学风格和教研品牌。

2014年3月22日,我在市一中艺华厅开坛首讲,题目是《有效导学的设计原理与价值取向》。根据新乡市课改的实际,结合自己的教研心得,我提出有效导学的六个注意事项:导学贵在"会学"而不在"学会",导学重在"学问"而不在"学答",导学妙在"提示"而不在"提问",导学指向"思考"而不在"应考",导学难在"感悟"而不在"告诉",导学巧在"变式"而不在"模式"。我一贯坚持"学以致用,用即有效;研以解惑,明确目标"的教学主张,为听课教师提供一种导学思路和课例。

2014年4月19日,市一中人文学科教研室主任侯立庆老师主讲,题目是《课堂观察——参与与反思》,介绍了新的评课方法,即以具体课例为抓手，十几位教师依照事先安排，进行责任分工，对作课教师提出数据分析后的教学建议。课程原理—课堂观察—数据分析—教学建议，这种基于观察、基于分析的评课，超越了传统的经验评课模式，让大家眼前一亮。

2014年4月29日，第三届课改大讲堂由来自卫滨区的朱静老师和河南师范大学附中的周风琳老师联合主讲。朱静老师的题目是《追随真语文的梦》，她以自己的教研感悟为案例，讲述自己的课改经历与感悟。"真语文"要求教师真学、真懂、真付出，做到会读书、会教书、会有效教书。周风琳老师作为省特级教师、省级名师，讲述了自己专业成长的经历，尤其是学校的教师团队建设对青年教师的促进作用。

"课改大讲堂——讲述自己的教学主张"，与"课改巡礼——推介自己的课改名校""课改沙龙——交流自己的读书心得""课改擂台赛——打造自己的教学特色"一道成为新乡教育的课改名片。

阅读思考：

1. 如果请你来到"课改大讲堂"，你要讲什么内容？
2. 如果你真的有自己的见解、自己的学识，请与市教研室联系，我们将为你提供展示、交流的平台。

课改,改到深处是理念

——长垣一中初中部课改小结

2013年年初,我接到蔡瑞昌校长的电话,说是长垣一中初中部总结课改经验,请我给该校的课改做一个小结。蔡校长坚持道:"课改一路走来,你是我校课改的见证人,你对长垣一中初中部的课改最有发言权。"盛情难却,勉为其难,本文算是我为长垣一中初中部课改做的一个小结吧。

长垣一中初中部是新乡基础教育课程改革的先进典型,市教研室于2011年曾召开现场会推广长垣经验。《中国教师报》《河南教研》等多家媒体曾做过专题报道,全国目标教学专委会会刊《有效教学》也出过专辑。新乡2市6县5区的许多校长,尤其是农村中学的校长,多批次地组织教研组长、骨干教师甚至是学生代表,来长垣考察观摩,跟班学习。

推进课程改革最大的难题是什么?许多人会说是教师的专业素养与专业水平,我说是校长对课改的深度理解与顶层设计。课改为谁改,决定课改怎么改。"以人为本"的理念反映在学校,一些校长会说"教学以学生为本",我说此话对,但不全面,应该完整地表述为"办学以教师为本,教学以学生为本,兴学以研究为本,研学以问题为本"。本,指事物的根本,与末相对。有些校长机械地认为"课改就是改课",单纯地改课,课改难有好的结果。课改是一项综合性工作,需要从根本上认识课改为了谁、课改依靠谁、课改造福谁的问题。

推进课程改革最大的阻力在哪里?有些人说是对课改意义的理解力,教学模式的执行力,教学研究的穿透力,研究成果的影响力。我说有形的阻力在于评价方式、评价标准的束缚,无形的阻力在于自己习惯性的思维与行为。和所有的学校一样,蔡校长也面临着师资水平不高、执行力偏低的问题。长垣一中初中部"以起点看进步,以变化看发展",提出改革"不怕慢,就怕站;不怕走弯路,就怕不走路"的口号,鼓励广大教师积极投身课改,大胆实践,以破解阻力。教务主任、年级组长带头上公开课，教研组各科组长跟进上研讨课，全体教师全部上模式课。抓住中层领导，蔡校长就抓住了"教师之本，办学之本"。洋思中学前任校长蔡林森曾指出，"只要学校天天有赛课，就不愁课改没有好效果"。

推进课程改革的抓手是什么？是教学模式。模式与模式化是两个不同的概念。对教学模式的应用，我曾概括有三句话：一般教师套模式，骨干教师变模式，优秀教师创模式。我对借鉴模式、引进模式，曾提出过一个有效公式：引进—消化—转化—内化。为什么别人的经验不保守、不保密，但就是学不来、学不像、学不出成效呢？这需要破解模式背后的理论支撑，发现模式构成的核心要素，体会模式运用的快捷方式，发现模式传递的基因密码。蔡校长和他的课改团队提出"双层四环节"教学模式，解决了抓手问题。"双层"可以理解为教与学的两个层次，也可以理解为教师与学生的两个方面，又可以理解为专业发展与学业进步的两个标准，还可以理解为研教与研学的两个层面。模式不仅仅是使用上的执行力，更重要的是运用上的整合力和选用上的适应力。正是抓住了课堂的"牛鼻子"，长垣一中初中部也就抓住了课程改革的主动权。

评价课程改革成功与否的标准是什么？用北师大肖川先生的话讲就是，学生的学习方式是否发生"革命性"的变化，学生的学习态度是否发生"根本性"的转折。所谓"革命性"的变化，我理解为由传统学习转变为现代学习；"根本性"的转折，是从苦学、厌学转变为乐学、向学。观察长垣一中初中部的课堂，参照肖川先生的标准，我们可以实事求是地说，长垣课改正在走向快车道。

创建卓越学校的关键是什么？我认为：规范学校靠制度管理，特色学校靠校本课程，优质学校靠文化支撑，卓越学校靠品牌引领。目前，长垣一中初中部处于优质学校向卓越学校的转型期。作为优质学校，在学校文化建设方面，蔡校长和他的课改团队下了很大的功夫，收到了相当好的效果。早教研、小课题、班研会、学情本、精品库五位一体，成为长垣一中初中部课改的特色与品牌；早自习、课间操、寝管制、就餐制成为学生自主管理的最大亮点。通过教学模式、专业发展、职业规划，蔡校长把课程改革变成了广大教师自己分内的事，唤醒了教师的职业自觉，这样课改才会有不竭的动力。

成为卓越学校，一定要靠品牌引领。美誉度、忠诚度是品牌的特征；文化自觉、文化自信是卓越的特征。故《走进新课改》《享受新课改》《感悟新课改》《成长有你》的结集出版,是长垣一中初中部精心铸造的第一张教研品牌名片。

课改,改到深处是理念,改到深处是品牌。

阅读思考:

1. 课改是否就是改课?应该怎样全面、系统、完整、科学地理解课程改革的深远意义?

2. 为什么别人的模式既不保守,又不保密,但就是学不来、学不像、学不出成效呢?

3. 评价课改成功与否的标准是什么?

课堂研究:
教研随笔系列

开展联合教研，落实有效导学
——从一道习题的解答看教师导学的功力

应十中副校长、十中东校区校长孙玉美的邀请，市教研室策划了四校联合教研，活动的主题是"有效学习与学法指导"。2015年10月13日，刘建学副局长、郭义林主任亲临会场，红旗区李兴良副局长、吉俊普主任也率区教研员一道参加联合教研，一时间，十中东校区高朋满座，热闹非凡。

此次活动由十中东校区承办，数学、语文、英语、物理、历史五个学科同时开讲。活动采取先分散听课、再集中听讲、后分散评课的方式。听课后，全体集中听取了刘建学副局长的重要讲话。我借各位领导送别刘局长的机会，做了一个简短的发言，题目是《开展联合教研，落实有效教学》。首先，解答了联合教研的四个缘由：十中东校区与铁二中、九中、十三中地位相当、处境相同、问题相似、目标一致，为了一个共同的前进目标，走到了一起。其次，概括了应对课改的四种心态与方式：①消极的心态与做法。用自己的旧知识、旧经验来应对课改，你改你的，我教我的，课改留在原点。②应付的心态与做法。当意识到旧知识、旧经验不足以应对课改的时候，开始去学习新知识、新做法、新经验、新模式，课改依旧在路上。③反思的心态与做法。在实践中发现别人的经验、做法与模式不适合、不适用时，开始深入研究、潜心思考自己的特长是什么、优势在哪里。课改呈现新效应。④创新的心态与做法。把教学经历、教学技巧转化为自己的教学特色，提炼自己的教学主张。课改成就你、我、他。我请各位老师做一个比对，看看自己是用什么方法应对课程改革的。这四种做法实际上是区别一般教师、骨干教师、优秀教师和卓越教师的关键所在。再次，联合教研要做到四个"发"：观摩时发现课堂上的问题，研讨时发表自己的见解，点评时发挥最佳的水平，实践时发展研究的能力。而后，联合教研要争取四个"出"：听出门道，看出奥妙，评出新意，悟出创意。最后，联合教研追求四个"化"：把课改理念转化为有效导学，把目标达成优化为活动设计，把能力要求强化为学法指导，把文化素养内化为价值追求。

联合教研的主题是"有效学习与学法指导"。我主要从这两个方面评价姚智凤老师的课堂教学。姚老师原是红旗区高中的历史教师，多年送高三毕业班，教学经验、教学经历丰富。姚老师选择的是八年级上册第九课《新文化运动》。受技术条件的限制，尚未配电子白板，姚老师在课间就写好了板书：

第九课　新文化运动

一、背景

1. 民主、自由、平等、博爱
2. 尊孔复古

二、开始标志、阵地、旗帜、代表人物

1. 标志：1915年，陈独秀，上海，《青年杂志》
2. 阵地：《新青年》
3. 旗帜：民主、科学
4. 代表人物：陈独秀

三、内容

1. 前期：提倡民主，反对专制；提倡科学，反对迷信盲从
2. 后期：提倡新道德，反对旧道德；提倡新文学，反对旧文学

四、评价

1. 性质：思想解放
2. 意义：启发民主，探索真理
3. 局限：绝对化倾向

五、活动探究

1. 为什么反对旧道德？
2. 怎样对待传统文化？

一看板书就知道这是一节很常规的课，没有刻意的装饰与矫情的伪饰。姚老师注意突出学生的主体地位，注重凸显教师的主导作用。教学过程扎实，每个知识点都提到、看到、讲到、练到。教学过程流畅，每个环节都做到上下衔接，前后呼应。教学设计依据文本，突出要点，强调阅读，提倡合作。教学评价注意学情分析，突出学法指导。总之，这是一节朴实的课、扎实的课、充实的课，也是一节老实的课、平实的课、踏实的课。

姚老师评价自己应对课改的方式属于第三种方式，开始深入研究、潜心思考自己的特长是什么，优势在哪里。考虑到姚老师的经历和资历，我按高标准的要求来评价这节课。就这节课来讲，有效学习还算不错，学法指导尚有差距。

其中，活动探究的两个题目合并为一个，更能突出学习主题，也便于深入探究。针对问题，姚老师的答案"取其精华，去其糟粕"，有点简单化、程式化。我建议探究题改为"我们今天应该怎样看待孔子（传统文化）？"下面是我的解题思路。

1. 了解孔子：包括他的生平经历、政治理论、教育思想、文化典籍、历史影响、文化地位。

2. 研究孔子思想：生前受尊重但不被重用，去世后其观点受冷落；儒学经董仲舒改造后，汉武帝"独尊儒术"；历代加封，无以复加；近代东西文化碰撞中的比较与选择；对旧文化、旧道德的批判与反思；当代文化传承、文化自信、文化自觉的坚守与传承、弘扬与传播。政治理论中"仁"的普世价值与核心价值；"礼"的历史价值与社会价值；教育思想的当代价值与历史意义。

3. 还原孔子：真实的孔子、历史的孔子、被塑造的孔子、被利用的孔子。

4. 评价孔子：①用历史的观点看孔子，我们不能拿今天的标准去要求两千多年前的古人，必须考虑春秋时期的社会状况，考虑孔子当时的社会环境、认知水平。脱离历史背景下结论，就是武断；不考虑历史背景，就是盲目。②用发展的眼光看孔子，两千多年来，孔子的思想主张不断被后人丰富着、诠释着、实践着、争议着。"仁者爱人"是孔子思想的精髓，"以人为本"是社会主义核心价值观的重要内容，"仁爱"与"人本"的理论与实践，需要我们用发展的眼光来看待、评论孔子。③用辩证的方法看孔子，春秋时期百家争鸣，孔子的主张不仅在当时充满了时代气息和思想活力，而且其思想的影响力可谓光耀千古，其教育的穿透力仍被奉为经典。"礼仪""礼节""礼数"经过宋明理学，发展演变成"礼制""礼教"，以至于到束缚人、"吃人"的程度，一则与孔子本人无关，二则要理性分析、理性对待。礼数要周到，礼仪要讲究，礼节有必要，但礼不能成为区分贵贱的"章"、束缚人的"制"、扼杀人的"法"。④用全面的主张看孔子：从其生平看，他是一位行者、学者、智者；从其政治实践看，他是位落魄者、失意者；从其学术见解和学术影响看，他是位总结者、探索者；从其教育主张和教育实践看，他是一位启蒙者、引导者……总之，以孔子为代表的传统文化，需要我们理性分析，批判继承。"取其精华，去其糟粕"是宗旨；"古为今用，洋为中用"是策略；融会贯通、与时俱进是要求；文化自信、文化自觉是追求。

设计出有层次、有内涵、有韵味的习题，是优秀教师的基本功；把一道习题的解答点拨得有思路、有联系、有内容、有方法，是优秀教师的内功。教学设计的优劣，表面看是经验和能力的差距，实质上是创意与创新的差距，根本上是理念与素养的差距。从学法指导的角度，姚老师在以下几个方面还可以精心构想，大有作为：

一、课堂小结

一个主题（近代化），四次探索；

一份杂志，两个名称；

一场运动，两个阶段；

一个阵地，四个领袖；

一个文化，四项内容。

二、扣题反问

新文化相对于旧文化，新在何处？运动的概念是什么？

三、比较学习

新文化运动学习的感悟：思想是社会的先导，青年是时代的先锋；刊物是宣传的阵地，旗帜是变革的号角。

四、深化认识

新文化运动的意义：社会动荡引发变革探索，文化传播导致道德碰撞；思想洗礼接受先进理论，道路选择期待马列主义。

有效学习不是简单地画书、做题、背提纲，我提炼总结出有效学习的十种方法：①明确学习目标；②创设学习情境；③添加生活联系；④注入情感色彩；⑤插上理想翅膀；⑥指导学习方法；⑦保持思维张力；⑧生成个性见解；⑨坚持批判思维；⑩追求创新精神。

学法指导不是简单地分组、讨论、做小结，我概括归纳出学法指导的十项要求：①有学习期待与求知渴望；②有学情分析与学习分工；③有教学设计与教学匹配；④有问题引领与主题拓展；⑤有思维同步与认知共鸣；⑥有课堂展示与学识见解；⑦有潜能认知与优势发挥；⑧有情感投入与价值取向；⑨有学习感动与思维灵动；⑩有能力指向与创新品质。

学无止境，贵在定向，难在探索；教亦无止境，贵在引导，重在指导。关于怎样落实有效学习和学法指导，我们教研室愿意和大家一道探索，共同进步。

阅读思考：

1. 教教材的特点是四平八稳、按部就班、面面俱到、一点不落。用教材教的要求是创设情境、设计问题、提供范例、深度解析。列举一则你自己用教材教的案例。

2. 导学的价值不只在于得到问题的答案，更在于对问题的思考。问题的设计至关重要，问题的导向体现水平。研讨一下本义的问题引导。

3. 有效学习的十种方法是什么？尝试一下这些方法，看看有什么发现。

教师敬业贵在修"四书"

——市十中读书展示活动有感

2014年12月21日星期五，应新乡市第十中学周祥龙副校长的邀请，我参加了十中外语组、理化生组共同主办的"书香校园，读书展示"活动，受到了马玉芬校长和庄少松书记的欢迎。北校区和东校区的相关老师，作为联合校的成员也一道参与了读书活动。

与别的学校不同，十中的读书展示活动像一台晚会，又像一次精神聚餐。说是晚会，是因为它有歌曲合唱，有诗歌朗诵；说是精神聚餐，是因为它有名言分享，有读书论道。四位主持人程纪利、董卫丽、崔青衫、李艳敏惊艳出场，用亲切、朴实的语言，把我们带进书的世界："书，让我们快乐；阅读，让我们幸福。书，让我们充实；阅读，让我们睿智。书，让我们谦和；阅读，让我们淡泊。书，让我们开阔；阅读，让我们博大。"

在"名言分享"与"读书论道"两个环节，主持人与台下教师充分互动，不用复述别人的精彩，只需畅谈自己的见解。尹蕾老师谈自己的育儿心得，讲出一句颇有哲理的话："妈妈的高度决定孩子（未来发展）的高度。"黄芳老师则把自己的职业特点融入读书心得，尽显书生本色。她说："书与我们发生化合反应，生成智慧：生活的智慧，学习的智慧，工作的智慧！书是分解反应的催化剂，加速困难的分解，将困难由大变小，由多变少，最后消散！书与忧伤发生置换反应，带走阴霾，换来阳光！书与我们发生氧化还原反应，'氧化'饥渴的心灵，'还原'人性的本真。"真是读书用心方有得，读书尽心方有思，读书开心方有乐，读书潜心方有悟。十中的教师读书活动，真是读出了心得，读出了水平，读出了层次，读出了境界。

作为来宾，我说参与只是一种分享，马校长说参与更是一种指导；我说参与只是一种聆听，庄书记说参与更是一种评价；我说参与只是一种旁观，周祥龙副校长说参与更是一种碰撞。应十中领导的盛情邀请，我把自己的参与心得与感悟写下来，与大家共勉。

对于教师来讲，大家有一个共同的愿望，即都想成为一名优秀教师。但怎样才能由一般教师、普通教师成长为优秀教师呢？我说，只有敬业的教师，才可能成为优秀教师。敬业，就是专心致力于本职工作，热心致力于课程改革，尽心致力于专业发展，潜心致力于课题研究。可以说敬业是优秀的基础。敬业最典型的表现是修"四书"。"修"在此的意思是指教师在治学和师德方面的深造进修、磨砺锻炼、潜心研究与风格塑造。"四书"非指儒家经典"四书"，而是特指教师专业发展的四种模式：教书、读书、研书与著书。这四种模式以一个关键字来串联，那就是"修"字。

一、教书，恪尽教师职责

教书是教师的本职工作，把书教好是每位教师应尽的职责。教师，首先应处理好教书与教学的关系。教书的传统误区是知识至上、分数至上，导致"目中无人"，忘记了教育的本质是什么。"以人为本"的教育理念时刻提醒我们基础教育的出发点是学情，关注点是学趣，着力点是学法，升华点是学旨。对教育教学规律的错误理解表现为管理至上、效率第一，导致个别教师信奉教学模式、考试秘籍，忘记了教育的基本规律是什么。

单纯教书很容易，只要依据教参，套用模式，针对考试，强化训练，基本不用太费力。把书教好，教出个性见解，形成教学风格，就要研究教材，研究教法，研究考试，更要研究学生。这需要教师整合教材，设计活动，拓展主题，总结规律。

论教书，十中是我们新乡市最优秀的窗口学校之一。十中最重要的经验，我认为是拥有一支勤于学习、善于思考、肯于研究、乐于奉献的教师队伍。十中在积极探索"阳光启智、多元育人"的教育思想的过程中，做到了"以学论教，适应学情；以学导教，激励学趣；以学促教，指导学法；以学研教，提升学旨"。在探索有效教学的课改实践中，"一四三"教学模式得到完善和优化，学教相辅，教学相长，在课改实践中学会有效教学。

二、读书，丰富人生意义

想读书是事业发展的基础。"书到用时方恨少"说的是只有平时多积累，教书才会少障碍。摆脱平庸的方法是读书。读书奠定人生底色，丰富职业色彩，尽显书生本色。学生读书，务求理解，故强调联系生活，趣化教材，比较思维，厘清概念。教师读书，务求透彻，故强调由表入里，深入浅出，二度消化，设计教学。这样，我们的教学才会富有个性和灵气，才会形成自己的教学个性和教学风格。

多读书是走向成功的捷径。古人云,学习途径有三条,即向书学、向人学、向事学。今天,我最有感触的是尹蕾老师的那句话,我把它推而广之:"校长的高度决定教师(未来发展)的高度,教师的高度决定学生(未来发展)的高度。"这是我从尹老师那儿学过来,又转化为我自己的语言表述。这就是向人学的例子。

会读书是丰富学识的保障。教师不读书,一辈子会很苍白;教师不思考,一辈子会很呆板。我认为教师读书要经历"四化"过程,即消化知识,形成个性见解;转化能力,勇于实践尝试;优化学识,善于辩证思考;内化素养,提升文明指数。黄芳老师的心得之所以引起大家的强烈共鸣,就在于讲得真诚,比得巧妙,既融入了化学老师的职业特征,又加入了自己的实践体验。

乐读书是名师群体的共同特征。今天,十中读书展示交流的意义就在于以个人见解引领大家的见解,以大家的见解引领共同的阅读。今天的活动无疑起到了这个作用。

三、研书,提升文化素养

读书,读到深处是研书。一般教师与优秀教师的区别就在于读书与研书。读书重在积累,研书重在探讨;读书贵在思考,研书贵在批判;读书难在变通,研书难在生成;读书巧在创意,研书巧在学识。读书可以拓展视野,深化理解;研书可以提升见解,优化学识。所以,从教书到研书是一个转折,从读书到研书是一个飞跃。优秀教师之所以优秀,很大程度上在于善于研书。

教师读书是一种职业要求,教师研书是一种职业追求。读书提升专业水平,研书提升文化素养。研书是教师专业发展的核心能力,它主要包括小结、反思、探索、发现四项具体要求。

我把自己的研书体会概括为四点:比较思维抠字眼,学法指导抓题眼,主题拓展寻文眼,导学设计觅课眼。

肖川先生讲,教师要成为研究者,应该具备四种意识,即问题意识、文献意识、对话意识和反思意识。只有敏锐地发现高质量的问题,才能创造性地进行高水平的研究。文献研究是最基本的研究方法,我们必须搞清楚相同或类似的命题,搞清楚我们的前辈和同行都做过哪些研究,得出过什么结论,其中哪些是共识、哪些有冲突。对话是要教师与作者,与大师，与圣贤进行心灵沟通，经过二次消化，再与学生对话。这样，教学才能深入浅出、沁人心脾。

教书传授知识，读书丰富常识，研书提升见识，著书表达学识。当研究成果积累到一定程度时，教师专业发展就进入到最高层次：著书立说。

四、著书，表达教学主张

古人讲人生三件大事，即立德、立功、立言。对教师来讲，立德贵在修行，立功难在高（中）考，立言重在学识。对教师写作而言，著书不见得一定要出版大部头、多卷本的学术专著，只要是自己的真实体验即可。我们可以选择的写作方式有教育叙事、教学创意、教学案例、教学反思等。十中今年推出了一套三册的学术专著《阳光育人，多元发展》，很有水平，很有见地。我相信，今年我们有集体作品，几年后一定会有名师的个人专著，我更期待十中名师群体的著作。

个人的论文随笔、读书心得和学识见解，结集出版就是个人专著。我认为著书有四大好处：一是宣传教研成果，扩大个人（学校、地域）影响；二是引领课改进程，推进教研兴校；三是凝聚教研队伍，壮大教研力量；四是指导教研方法，提升教研水平。

一个重视学习的学校，一定是充满希望、富有活力的学校；一个善于学习的学校，一定是能够与时俱进、开拓创新的学校。新乡市第十中学，就是一所这样的学校。它的影响力正在通过联合校的渠道向外扩散，它的号召力正在通过思想成果逐步形成，它的凝聚力正在由群体阅读达成共识。我想，十中一定会带领四中、十八中的同行一起走向辉煌。

教育要实现均衡发展，离不开一大批优秀教师的智力支撑；教育要实现跨越式发展，同样也离不开一大批优秀教师的能力支撑。而优秀教师的成长离不开书的陪伴、书的帮助、书的浸润、书的引领。所以，教师敬业贵在修"四书"。

阅读思考：

1. 教书、读书、研书、著书，你所做最多的一项工作是什么？
2. 教书要教出新意，读书要读出见解，研书要研出心得，著书要写出学识。这是对教师的职业要求，你达到了哪个层次？

抓好三个课堂，创建卓越学校

——市十中高效课堂暨综合实践活动专题调研

2016年1月15日下午，市教研室一行八个学科（数学、语文、外语、物理、化学、政治、综合实践、历史）代表到新乡市第十中学进行专题调研，受到孙玉美校长、庄少松书记、周祥龙副校长的热情接待。我们分头听课，与老师交流沟通，接着又参观了综合实践活动，最后，集体向十中领导班子通报了调研心得与调研建议。

孙玉美校长陪同我一起聆听了陈灏老师的历史课——《世界政治格局的多极化趋势》。对陈老师的教学特点，我概括为四句话：语言简练，条理清楚，前后贯通，突出主题。总之，陈灏是一位很有潜力的青年教师。我的教学建议主要有以下四点：

一、模式应用，突出学科特点

陈老师将十中"一四三"高效课堂教学模式使用得有模有样，但似乎"套用"的痕迹稍多了一些，少了应用的自如、变通的灵活和创用的机敏。对此，可以从以下方面改进提高：自主学习有要求，画书、批注、列提纲；合作学习有问题，说明、点拨、给思路；探索学习有结论，设问、研讨、有共识。

二、破题点拨，明确学习主题

多极化的政治格局，是当今国际关系的发展趋势，是综合国力的现实状态，其背后的激烈竞争与角逐，将决定今后数十年乃至上百年的政治格局。我们需要思考的问题是：中国在激烈的国际竞争中，凭借什么站稳脚跟，体现负责任的大国形象？

三、学习分工，体现导学作用

自主学习在陈老师的课堂上表现为"看书、做题、背要点"，我主张"画书、批注、列提纲"。画书是对问题的发现，批注是对问题的思考，列提纲是对教材的归纳。评价学生是否掌握自主学习的方法，最简便的方式就是看他是否能列出知识结构图来。用思维导图的方式训练学生掌握知识结构，是个事半功倍的好方法。列提纲还是小组合作与评价的内容。教辅读物上可能有知识结构图，但学生若不亲自构想与呈现，知识呈现与知识理解可能就是"两张皮"。必须让学生自己看、自己画、自己想、自己悟，他们才可能发现知识的组织结构与内在联系。对于教师的导学作用，我曾归纳为："破题发现意义，构题提升立意，解题点拨思路，答题规范要求。"以构题为例，陈老师围绕合作探究设计了以下问题：①苏联解体后，美国有什么打算？②美国的目的达到了吗？为什么？③科索沃战争说明了什么？有何启示？④面对世界格局的演变，你认为中国应该怎么做？我认为这组问题与学习主题有些脱节，不够紧凑。我尝试设计了深度思考的一组导学问题，请同学们综合所学知识思考并回答：①多极化的前世、今生与发展趋势是什么？②政治格局的定义、概念是什么？应如何解读？③美国霸权主义的表现有哪些？④制约美国霸权的力量是什么？⑤中国应怎样提升自己的核心竞争力，并承担更多的国际责任？

四、边学边教，实现思维同步

坦率地讲，陈老师的课前半段有点平淡，甚至可以说是沉闷。只是当学生开始分组讨论、小组展示以后，陈老师的讲解才呈现出亮点。我一直在思考教学顺序的先后问题：先教后学与先学后教、边学边教与边教边学哪个更适合学生？先学后教恐怕不是唯一的选择。在学生汇报讨论结果前，老师应该明确要求：①论从史出，任何结论都要有材料支撑，不能凭空而论。材料可以在教材、教辅或网络上寻找。②记录讨论，每人发言皆记录。③意见归纳，归纳达成共识的是什么，还有什么不同意见。④观点比较，比较同学间的不同意见，尤其要与老师的解答相比较，发现理解与表述的差异、差别与差距。当学生比较了与老师的差异后，他会有什么反应？修改自己的答案，同时关注下一道问题的解答。陈老师让学生把四个问题集中作答后统一解答，从教学节奏上讲，先松后紧，时间分配不平均；从教学示范上讲，单纯听讲解，丧失了比较学识见解的机会。课堂上，陈老师提问：美国称霸世界的目的达到了吗？为什么？学生答：没有，因为有中、俄、欧、日的牵制。但陈老师对此没有做出及时的评价和有效引领。这里只需引导学生逐个分析美国同上述国家与地区的关系即可揭示背后原因。美国牵头成立北约组织，当时是作为冷战工具对抗苏联。苏联解体后，美国一方面把北约作为称霸工具，继续东扩打压俄罗斯的生存空间；另一方面达到控制欧洲，尤其是控制欧洲安全的目的。所以美国与欧洲之间，既有合作又有矛盾，既有利益又有冲突。同样，美国把日本作为在亚太地区的战略棋子，竭力利用日本牵制中国，所以在东海和南海问题上一方面给日本松绑，解禁集体自卫权，另一方面在日本谋求政治大国的道路上暗中制造麻烦。同时美国和日本在经济问题上存在着严重的矛盾冲突。中国是美国最大的债权国，双方在意识形态和社会制度上存在着很大不同，但在国际事务中又有着广泛的合作。随着中国经济的快速发展，中国的国际影响力与日俱增，美国既要防止中国挑战其霸主地位，又不得不借助中国的力量和影响，解决一些棘手的问题。所以，冲突中有合作，矛盾中有妥协，猜忌中有防范，发展中有竞争，就是中美关系的真实写照。斗争中合作，合作中斗争，牵制由此产生。

总之，陈老师教教材基本上没有问题，但在用教材方面还稍有不足，在用教材讲出自己的学识见解方面，还有一定差距。我是按优秀教师的标准来要求的，我也希望作为十中九年级历史备课组长的陈老师尽快成长起来，进入优秀教师的行列。这也应该是十中领导的心愿。

正是基于对陈灏老师的课堂教学的思考，才引出抓好三个课堂的话题。对怎样抓好第一课堂，我提出三个方面的建议：①"一四三"教学模式的运用，应该由"套用""应用""变用"过渡到创新使用的层次上，尤其是学法指导要有明确要求与操作步骤。②就名师成长来讲，十中既要抓好现有名师的推广工作，又要抓好未来名师的培训工作。两位中原名师，出自同一所学校，这是一种很大的荣誉。各位教研员对他们的课也给予了很高的评价，但怎样提炼他们的学识见解和教学主张，形成成果，并在新乡市年度教师的评比中获得好成绩，应该列入学校工作的议事日程。同时，对一些优秀教师要帮助他们把特点、特长汇合起来，形成自己的教学特色。③一所好学校一定有一批好教师，一所卓越的学校一定有一支名师团队。团队可以使发展增速、合作增值、职业增色、事业增辉。团队意识、团队精神是卓越学校的品牌。团队建设使教师在互助中进步，在合作中共赢，在竞争中提高。以教研组、备课组为单位，争创教研团队，应该是学校管理工作的一个重点。

第一课堂是优质学校的基础工程，第二课堂是创建卓越学校的重点工作。我把综合实践活动、校本课程、地方课程的开设统称为第二课堂。第二课堂的开设，既为学生的多元发展提供了舞台，也为教师的潜能拓展提供了契机。十中的综合实践活动已坚持了六年多，充分体现了十中"阳光育人，多元发展"的教育理念。我的建议有两点：一是实现综合实践活动向校本课程的转化，其中比较成熟的项目，可以组织人手，集中力量攻关。校本课程的设置与开放，是区别优质学校与卓越学校的显著标志。斯坦福大学为本科生准备的选修课程达3745门之多，其潜在的意义是不管你有什么样的兴趣爱好、特长和潜质，斯坦福大学为你准备好了你所需要的一切，斯坦福大学能够满足你的一切要求。十中的联谊校——上海建平中学的校本课程亦有上百门之多。十中现有的三十多门综合实践活动，应该重新整合编排，形成规范的课程体系，并且以此为基础，打造十中的办学特色和核心竞争力。

第三课堂是基于信息时代的网络教学，慕课、微课、翻转课堂等新事物在影响着基础教育，电子白板、电子书包等技术装备也在影响着教育发展。互联网对教育的深刻影响，不仅体现在宏观的教育形态上，而且带来教学组织形式、学生学习方式、教育资源利用、课程资源开发等方面的系列变化。有专家认为，每一次工业革命的起步，都开始了某一种生产工具的发明与应用，最后引起整个行业乃至整个社会发生革命性的变化。信息化推动教育现代化，正在从口号变为行动。对我们来说，"互联网＋教育"意味着从过去的计算机辅助教学转变为利用网络资源进行教学；意味着我们要学会利用互联网工具，形成互联网思维。

基于学生未来的第三课堂、基于学生需求的第二课堂和基于学生发展的第一课堂，共同建构了学校发展的境界、层次与目标。市十中是我市基础教育的窗口学校，在均衡发展的大背景下，要实现优质发展的高位均衡，确保优质资源不被稀释，就必须完成从优质学校到卓越学校的跨越。

卓越不是一个标准，而是一种境界；卓越不是一种评价，而是一种追求；卓越不是一种业绩，而是一种信仰；卓越不是一种规范，而是一种自觉。卓越是将自己的优势、潜能及所有可利用的资源全部整合在一起，并将其综合效能发挥到极致的一种状态。卓越不是比别人更优秀，而是做最好的自己。一位教师的卓越，就是坚持自己的优势，做自己擅长的事，做到平淡中的雅致、平凡中的极致、平常中的精致。

一所学校要变成为卓越学校，需要全体教师的共同努力。从优秀走向卓越，要奉行八项注意：①勤奋，总是比预期付出更多一点儿，你就会成长得更快一点儿；②热情，对教育事业充满热爱与激情，这是造就卓越的情感基础和心理基础；③自信，相信我们在从事一项伟大的事业并将取得成功，你会有专业发展的不竭动力；④选择，一次选择一个重点，一次解决一个问题，你就会积累资本；⑤坚持，始终如一，贯彻落实，成功贵在坚持，卓越重在落实；⑥团队，发挥自己的优势，相信同事的努力，期待同伴的成功；⑦反思，经历只有经过反思才会成为经验，知识只有经过提炼才会成为学识；⑧创新，挑战自我，提升信心，只要坚持努力，就会成就卓越。

有了目标，我们就有了前进的动力。努力办人民满意的教育，就是我们的奋斗目标。做最好的自己，尽心、尽力、尽责，才有可能超越自我，成就卓越。让我们共同努力。

阅读思考：
1. 从优秀走向卓越，需要注意的问题是什么？
2. 卓越的定义、概念、本质、特征是什么？
3. 如果你想成为卓越教师或创建卓越学校，应该怎么办？

有效教研，提升教师的职业幸福感

幸福的家庭都是一样的幸福，不幸的家庭各有各的不幸。同样的道理，幸福的教师都是一样的幸福，不幸的教师各有各的不幸。构成人生幸福的基本要素，就是健康、家庭、事业、婚姻、子女。健康是幸福的基础，没有了健康，幸福就失去了依托；事业是幸福的拓展，没有了事业，幸福就失去了意义；家庭是幸福的保障，没有了家庭，幸福就失去了色彩；婚姻是幸福的港湾，没有了婚姻，幸福就失去了牵挂；子女是幸福的希望，没有了子女，幸福就失去了支撑。

作为一名教师，要想幸福地生活，幸福地工作，就要善于经营自己的幸福要素，提升幸福指数，追求幸福意义，感悟幸福内涵。

一、关于职业幸福的深度理解

1. 幸福的定义

幸福就是使人心情舒畅的境遇和生活。"幸福是一种生活得更好的能力。感知幸福的能力和创造幸福的能力，是构建人生幸福的支柱。""幸福是一种基于他人的快乐和愉悦之上的体验，能产生跟人分享的欲望，并一直印在自我陶醉的回忆里。"从哲学意义上讲，幸福是人类追求的终极目标；从生活感受上讲，幸福就是相信今天比昨天好，明天会比今天好。幸福是内心的平和舒畅，所以要善于捕捉平时点滴幸福的感觉并及时放大扩散。幸福是面对复杂生活时露出的微笑。

为什么许多教师缺乏或没有幸福感？原因很多：期望过高，责任过重，压力过大，工作过累，追求过多，心理过劳，等等。

2. 幸福的内涵

英国《太阳报》曾经在读者中做了一项调查：谁是最幸福的人？经过统计，大家认为最幸福的人大致有四种类型：首先是完成了一件满意的作品、吹着口哨的艺术家；其次是在沙滩上完成沙雕城堡的小孩；再次是给婴儿洗澡的妈妈；最后是成功完成手术的医生。这四类幸福的核心词是奉献、劳动、爱心、成功。我们把上述情境置换成教育情境，最幸福的人应该是：上出一节精彩的课或举办一场生动的讲座以后，实现自我价值的教师;发挥自己特长、体现自己优势、拓展自己潜能、完成自己优秀作品的学生;和学生一道成长、体验真情或共鸣、教学相长的教师;指导学生考上理想学校的教师。

幸福源于自己对生活的深刻理解和深切体验。幸福在很大程度上是一种感觉,源于自我满足、自我欣赏、自我陶醉和自我追求。幸福感包括两层含义:首先是客观世界中现实境遇和客观条件的满足;其次是主观世界中价值观的认同和人生意义的契合。

3. 幸福公式

千百年来,人们渴望幸福、追求幸福,一直在努力探索提升幸福指数的方法。索尼娅·柳博米尔斯基在其专著《幸福多了40%》一书中,提出了一个幸福公式。"幸福感＝50%遗传＋10%环境＋40%个体行为"。大概意思是说,人生境遇很大程度上取决于你的遗传,父母的情况决定了子女的状况,要改变命运的安排,就要付出额外的努力。环境相同、处境类似,为什么有的人能脱颖而出,有的人却沦为平庸呢?关键取决于主观努力。抱怨无济于事,行动改变人生。幸福的奥秘取决于人的心态和心气,幸福的关键取决于人的定位和比较。你能获取多少幸福取决于你付出多少努力。如果你足够努力,你的幸福将会增多40%。

4. 幸福解码

每个人的幸福都不是一个恒数而是一个变数,至于是增加还是减少,很大程度上取决于你的心态和努力。幸福没有一个绝对的评价标准,只是一种主观感受。在积极心理学看来,心态平和是幸福的心理基础。顺其自然,争其必然,得之坦然,失之淡然,这既是人生的智慧,又是幸福的秘诀。

5. 幸福法则

要想维持、分享、拥有幸福,就必须遵守幸福法则,做到知福、惜福、享福、积福。知福指学会发现、感知幸福。人常说"身在福中不知福",指的就是盲目攀比、盲目追求、迷失自我的人。惜福要求我们学会感恩、珍重幸福。享福是学会分享、放大幸福。积福指学会创造、增添幸福。幸福即满足接受现实、悦纳自我、心存感恩、追求卓越等方面。

生命中最永恒的幸福就是平凡,生活中最长久的拥有就是珍惜。

6. 教育的幸福与幸福的教师

①教育的幸福:满足发展需求,促进专业成长,营造舒心环境,丰富

精神生活。

诗意的晨诵，美妙的午读，温馨的"卧谈"，集体的运动，快乐的分享，理想的愿景，课堂的展示，思想的碰撞，共同的追求……都饱含着教育的幸福。

以人的终身幸福为发展目标，让教师和学生在丰富多彩的学校生活中，感受学习的幸福，享受成长的幸福。具体讲要让每一位学生都享受到人格尊重、心理安全、兴趣激发、习惯养成、能力提升、个性张扬、潜能拓展、学习快乐、品质修炼、智慧涵养等十个方面的幸福。让每一位教师都享受职业尊荣，体现职业价值，感悟职业幸福，追求职业意义。一个内心没有幸福感的教师，难以从事幸福教育，也难以培育出幸福的学生。

幸福教育的要诀是把学校作为"幸福地"，教研作为"幸福源"，学习作为"幸福根"，成长作为"幸福流"，作品作为"幸福派"，师生作为"幸福人"。

②幸福的教师：幸福源于敬业，始于责任，在于作为，归于平安。

做自己喜欢做的事是第一层次的幸福；与自己喜欢的人一道做自己喜欢的事是第二层次的幸福；与自己喜欢的人、一道做自己喜欢的事，还能得到领导表扬、同事赞扬和自我肯定，这是第三层次的幸福。正如叶澜教授所言，幸福是对教育状态的一种愉悦的情感体验。

7. 幸福的追求

有一则故事讲得很生动。小狗问妈妈："什么是幸福？我的幸福在哪里？"狗妈妈说："幸福就在你尾巴上。"只见小狗围着自己的尾巴直打转，但不论怎样努力，总也抓不住自己的尾巴。于是小狗很沮丧地问妈妈："我怎么抓不住幸福啊？"妈妈回答道："只要你一直往前走，幸福就会一直跟着你。"

我们的"尾巴"应该是什么呢？我认为就是推进幸福教育，分享幸福教育，培育幸福学生，争做幸福教师。

8. 幸福的感悟

思想认识决定幸福的高度，学术视野决定幸福的宽度，学习方法决定幸福的效度，核心素养决定幸福的厚度，人文情怀决定幸福的温度，教研成果决定幸福的深度。

有人说，幸福就是一个健康的身体，一种感恩的情怀，一群信赖的朋友，一个充满希望的明天。对于教师而言，职业幸福主要存在于四个方面：一是在实践中积累学识；二是在思考中深化理解；三是在成长中分享快乐；四是在追求中收获成功。

对于学校来讲，幸福教育是和谐社会的必然要求、教育发展的终极目标、课改深化的必然结果、特色学校的自然选择。

幸福教育作为教研课题来讲，我们要把握幸福教育真谛，营造幸福教育文化，创建幸福教育机制，搭建幸福教育平台，交流幸福教育心得，拓展幸福教育途径，丰富幸福教育方法，达成幸福教育目标。

塞利格曼在《真实的幸福》一书中说，幸福的三个成分是快乐、意义和投入。幸福感总是在从事有意义的事业且获得成功后产生的成就感、认同感、存在感和荣誉感。

二、关于幸福教师的专业成长

教师的幸福就是与学生一道成长，与同事一起进步，与孩子一起提高，与学校一起发展。

1. 幸福教师的三次成长

一次成长：个人努力、经验积累，形成自己的教学特点。

二次成长：同伴互助、理论提升，形成自己的教学风格。

三次成长：专家引领、实践感悟，形成自己的教学主张。

一次成长的标志是教学方式的变化，二次成长的标志是教研方式的改进，三次成长的标志是思维方式的成熟。

2. 幸福教师的人文情怀

教师修炼自我、完善自我，一定要培养自己的人文情怀。有一项调查，问教师："你爱你的学生吗？"95％的教师选择了爱。问学生："你感觉到老师的关爱了吗？"95％的学生选择了没有。巨大的反差说明了什么？师爱如果缺失了人文情怀，就很难被学生认同。所以教师不仅要有好心，还要有好脸、好言、好眼、好行。"五好"教师才是被学生认可的好教师。

3. 幸福教师的有效教学

愧："心"中有"鬼"，所以才会暗自惭愧。骗：骗术一旦被人揭穿，"马"上就会被人看"扁"。债：欠了别人的就要偿还，这是做"人"的"责"任。道：用"头"去思考，用"足"去实践。不仅讲字的笔画结构，还要讲文化内涵，促进学生的深度理解，使其明白正确的价值取向，这是有效教学的精髓所在。

4. 幸福教师的问题引领

问题具有普遍性，答案才有规律性；问题具有情境性，参与才有主动性；问题具有层次性，推理才有逻辑性；问题具有具体性，方法才有针对性；问题具有系统性，思考才有全面性；问题具有挑战性，思维才有批判性；问题具有复杂性，反思才有深刻性；问题具有新颖性，教学才有创造性。（参见拙著《导学的创意与智慧》）

教学的幸福在于引导学生发现问题。这就要教师设计出系列问题，由浅入深、层层递进，由此及彼、内在相联，由外而内、步步深入，让学生有一种知识认同、情感共鸣，从而产生愉悦体验，进行探索发现。

5. 幸福教师的学识见解

我把知识分为六个类型。常识：生活经历、生活经验；知识：书本记载、网络传播；见识：社会阅历、人生感悟；胆识：付诸实践、敢于冒险；学识：个性表达、融会贯通；卓识：深谋远虑、灵动智慧。

以讲"西部大开发"为例，核心词是"开发"。对开发一词的深度理解："开发缘于落后，开发说明滞后；开发指向优势，开发占有资源；开发意味机遇，开发代表扶持；开发促进发展，开发改善民生；开发改变格局，开发协调布置。"按"先学后教"的原则，在学生自学研讨的基础上，教师把自己的理解作为课堂小结展示出来，让学生进行二次比较，达成深度学习的二次提高。

6. 幸福教师的批判性思维

美国学者恩尼斯把批判性思维定义为："针对相信什么或做什么的决断而进行的言之有据的反省思维。"批判性思维强调主动、持续和缜密的思维特征，尊重独立思考的质疑精神，遵循逻辑推理的严格程序，追求建设性的思维成果。批判性思维的价值在于鼓励思想解放，追求创新精神。

批判性思维的教育意义：读书不是单向追随，要有自己的深度思考；读书不是单纯接受，要有自己的学识见解；读书不是奉行遵命，要有自己的批判创见。

7. 幸福教师的N项修炼

幸福应该是教师专业发展的重要维度。心态决定命运。我们要学会为自己营造心灵的港湾，修筑生命的驿站。也许我们改变不了天气，但是可以改变心情；也许我们改变不了环境，但是可以改变自己；也许我们过去不够幸福，但是可以让幸福从今天重新开始。

幸福需要教育。幸福不能通过直接朝向它的方式来实现，更多的是在教育过程中去逐渐体会，感悟到教育的幸福。我们把写论文视为畏途，但当自己的作品在CN杂志上发表时，一定会有一种幸福；我们把教研视为畏途，但当我们的课题成果获奖时，一定会有一种幸福。

学会感恩。面对生活、工作中的不如意、不称心，要学会用积极的心态来看待，要明白知足常乐的道理。感恩是一种人生态度，感恩也是一种阳光心态。

学会感知。幸福感是人生受到一定刺激时，产生的情感体验状态。它是客观存在作用于人的意识的综合产物。对幸福敏感的人，发现幸福的视角就广，感受幸福的能力就强，分享幸福的愿望就多，创造幸福的意识就强。

幸福教师的特征：自尊，自我肯定；自律，控制欲望；乐观，知足常乐；教研，成就自我。

8. 送给教师的话

教师不读书，一辈子会很苍白；教师不研究，一辈子会没发现；教师不写作，一辈子会很遗憾。

选择求知，会有层出不穷的疑问；选择责任，会有勇往直前的动力；选择享乐，会有无穷无尽的欲望；选择教育，会有多姿多彩的人生。

阅读思考：

1. 请说一说你所理解的幸福是什么。
2. "你喜欢做的事是什么，你的幸福就在哪里；你喜欢的人是哪位，你的幸福就在哪里。"你认为这句话对吗？说一说你的判断及理由。
3. 教师的三次成长是什么？如何促进自己的专业成长？

核心价值观怎样有效进头脑

社会主义核心价值观进教材、进课堂、进头脑,是落实立德树人根本任务的硬指标,是教师的第一职责,而不是可有可无的软概念、虚指标。为了研讨核心价值观有效进头脑的策略、途径和方法,新乡市教研室举办"联合校核心价值观进头脑擂台赛",由十中北校区(原四中)、十中东校区(原十八中)、二十二中南校区(原十六中)和十一中这四所学校政、史、地三科的教师参赛,于2015年4月15日分别在十中北校区(历史)、十中东校区(地理)、二十二中南校区(政治)同时开展,以"异课同构、主题呈现"的方式,围绕核心价值观有效进头脑,开展教学竞赛。

历史学科在十中北校区进行,十中东校区侯强老师讲《改革开放》,十中北校区韩铁镜老师讲《对外友好交往》,二十二中南校区马艳霞老师讲《海峡两岸的交往》,十一中王丹丹老师讲《工业化的进步》。三中铁铮老师、十中北校区赵崇宇和我担任评委。我在评课环节讲了自己的看法。随后又进行了整理,写成教研随笔。

一、核心价值观有效进头脑的策略

1. 研究教材,寻找教学切入点

核心价值观进教材,首先要寻找教学切入点,让价值观成为学习内容的自然延伸。就本次竞赛的四节课而言,《改革开放》一课从国家层面上选择"富强""民主"是较合适的切入点。《对外友好交往》一课则适宜从优秀传统文化入手,讲玄奘、鉴真的个人品质是诚信、友善、敬业,告诉同学们价值观具有传承性。《海峡两岸的交往》这节课很有挑战性,海峡两岸分别代表了不同的社会制度、不同的意识形态、不同的经济类型,两岸的交往更应该讲"公正""法治"。《工业化的起步》一课所涉及到的历史时期,全国上下,党风正、政风清,人民群众充满了当家做主的自豪感、翻身解放的幸福感和"打败美帝野心狼"的荣誉感。尽管面临土地改革、镇压反革命和抗美援朝的三大任务,我们还是取得了国民经济迅速好转的重大进步,完成了"一五"建设规划任务。从国家、社会、公民三个层面讲核心价值观,都有话可说。

2. 研究学生，发现生活联系点

当代学生的特点是"高、大、上"与"多、弱、强"。所谓"高"是指自视程度高、开放程度高；所谓"大"，就是个人抱负大、信息数量大；所谓"上"，就是生活品质上档次、思想境界上层次。所谓"多"，就是需求多样化、选择多样性；所谓"弱"就是动手能力弱、批判性思维弱；所谓"强"，就是个性意识强、自我认同强。

把教材与学生的生活经历相联系，就会发现教材可以变得生动活泼有灵气。为什么总有学生说教材内容枯燥，是因为它没有与学生的生活相联系。教材讲的案例，对学生来讲很陌生，自然就缺少吸引力。所以我说，把生活引入教学，课堂才会生动；把联系引入教学，教材才会鲜活；把体验引入教学，情感才会共鸣；把探究引入教学，思考才会灵动。

有了生活作铺垫，学习内容的理解就有了生活基础；有了联系做纽带，学习内容的拓展就有了情感基础。核心价值观的教育效果不尽如人意，缺少针对性和实效性，就是因为它缺少生活基础，缺失生活联系。只有打通生活与教材的关系，贯通生活与教材的内容，核心价值观的针对性就有了靶标，实效性就有了抓手。

鉴真东渡和玄奘西游，其共同点都是弘扬佛法，普度众生。换句话说，只有心里拥有信仰的人，才会不怕困难，勇往直前。古代是这样，现在是这样，将来还是这样。

3. 研究教法，引导价值探究点

研究教法，首先要明确学习分工，划分导学责任。在人们的习惯意识里，学生对新知识的学习是处于一种一无所知的状态，需要教师一点点讲解、一步步引导，才能进入学习的殿堂。许多教师潜意识中认为，我讲过了，听不听是学生的事。不懂，说明你没认真听讲；不会，说明你没认真做作业。而教学分工，就是在了解学情、指导学法的基础上，教师要基本掌握学生的学习状况，并采取相应的有效策略，对已知已会的内容，少讲；对自主学习可以掌握的内容，不讲；对合作探究仍有困难的地方，点拨。把学生从题海中解放出来，也把教师从"满堂灌"的辛苦中解脱出来。

研究教法，其次要做好教学设计。教学设计的重点之一，就是打通情感联系线。文本知识如果注入了情感的色彩，学生就有了一种亲切感、认同感，对提升学习效能大有帮助。如讲七七事变单单讲二十九军，多数学生可能不会有什么感觉。换种讲法,"在卢沟桥畔,打响全民族抗战第一枪的二十九军营长金振中是咱河南人,团长吉星文也是咱河南人,二十九军的将士们多数是咱河南人。作为河南人,咱们一定要知道"。

研究教法,重点在实现思想认同。历史事物、历史故事往往蕴含着一定的历史道理,这些道理如果被学生理解并认同,就有可能在学生头脑中扎下根来。有效进头脑,就要让学生听了记得住,看了忘不掉,做了挺开心,想想有道理。

听了记得住,要求老师善于讲故事,善于讲主题,善于讲名言,善于讲警句。这些东西尽管不会考,但可能会让学生记一辈子,影响他们一生。"宁做战死鬼,不做亡国奴",这是一个生与死的选择,这是一支军队、一个民族的价值判断。敌强我弱,选择抗争,可能面临的是死亡,但奋起抗争,是军人的责任担当,是有血性的中国人的共同心声。看了忘不掉,要求文字阅读要生动,多媒体视频要鲜活,课堂小结要深刻,主题论断要厚重。做了挺开心,赠人玫瑰,手留余香,成就别人,快乐自己,我们当然也开心。想想有道理,要做到知行合一,言行一致。

4. 研究课程,寻觅效能共鸣点

共鸣,本来是一种物理现象,我把它借用到教育上,把共鸣分为认知共鸣、情感共鸣、思想共鸣和效能共鸣四种形式。只有把学习与生活相联系,给学习注入情感的色彩,核心价值观才会入耳、入心、入情、入脑。

有效导学,重在引导,贵在思考,难在共鸣,巧在认同。

讲《红军不怕远征难》,让学生认识到长征是一条多么艰辛的路,多么悲壮的路——从一个侧面说明了红军长征有多难。我们接着探究下一个问题:红军为何不怕难?那是因为心中有信念、信仰,崇高的信仰产生了巨大的精神力量。这种经历、这种磨难、这种考验最后凝聚成一种精神——长征精神。请同学们总结:长征精神的内涵是什么?长征精神的当代价值是什么?

二、核心价值观有效进头脑的途径

1. 加入——主题解说词

把社会主义核心价值观加入到课堂教学中是常见的做法。做加法,有硬加与软加的区别。所谓硬加,就是不看对象、不分场合,不论讲什么内容,都要与社会主义核心价值观硬扯上一点儿关系。硬加的内容总让人有种突兀感、强迫感,丝毫没有有效导学的流畅感和通透感。硬加只是为完成任务的应付之举。

所谓软加，是把教学内容进行梳理、整合，选择学生易于接受的学习方式，拓展具有教育价值的学习主题，点拨启发学生深度思考的社会问题，感悟核心价值观的精神力量。教师要善于追问以拓展思路，追本以探究缘由，追加以增值学习。

软加的时机选择很重要，在学生有所思之时，有所悟之际，适时地追问，适切地追本，适宜地追加，可以起到碰撞思想、点拨迷津、启迪觉悟的导学功效。

软加的关键在于对社会主义核心价值观的有效解释。教材上许多内容都与核心价值观有联系，但这种联系常常是隐性的。如果教师以直白的方式告诉学生，往往会被误解为"说教"而难以入脑入心。

软加的实质就是适合学生的认知程度、理解水平、思维方式和学习习惯，这就要对教材进行二次开发，对教法进行二次设计。

2. 植入——落实"三认同"

在学生纯洁的心田上种植善良的苗子，培植正义的气质，移植高尚的风范，让社会主义核心价值观真正植入学生的心田并生根、开花、结果，这需要用植入的方法，让学生做到"三认同"。

植入的前提是情感认同。学习内容只有让学生产生情感共鸣的感同身受，才会有情感认同的学习效果。创设情境，深度参与，营造氛围，深度思考；提供资料，深度探究，都是思维植入的好方法。

植入的重点是道路认同。社会主义道路在中国的实践，尤其是改革开放三十多年的伟大实践，在国际上形成了中国模式、中国道路、中国速度、中国奇迹。我们要把道路认同以大数据比较的方式讲透彻。近代史已经证明，没有一个政党、一个理论能够解决中国的问题，解救中国的危机，解脱中国的苦难。实践已经证明，只有社会主义能够解救中国，只有社会主义能够发展中国。

植入的难点是理论认同。科学社会主义和社会主义核心价值观有效进头脑，让学生真懂、真信、真用，难点在于理论认同。认同是信仰的基础。没有理论认同，也就没有思想信仰。一个没有思想信仰的人，也就没有了精神支撑和价值取向。

3. 嵌入——课堂增亮点

镶嵌，是一种工艺方法或术语，是指一个物体嵌入另一个物体中，使二者固定。嵌,把小物体卡在大物体的空隙里。嵌入,是指核心价值观的思想点拨,一个提示、一个点拨、一次对话、一次碰撞,都可以加深学生对核心价值观的理解与感受,都可以给课堂增加亮点。名言警句、哲理故事,都是嵌入的范例。嵌入,总让人有种增值感,这是基于责任意识的教学创意和活动创意。

4. 融入——润物细无声

核心价值观有效进头脑,要以融入的方式,做到润物细无声。

融入的关键是要把知识学习与文化素养相融合;融入的重点是要把学习体验与文化认同相融合;融入的要求是把求知渴望与学习期待相融合;融入的境界是把责任担当与文化自觉相融合。

核心价值观进教材、进课堂、进头脑,是基础教育立德树人的根本任务,是教师的第一职责。所以,对待核心价值观进头脑,我们要有一种责任担当和文化自觉,把这个问题解决好,做到落地生根,踏石留印。

核心价值观有效进头脑,需要我们强化正面引导,扩大社会认同,传递正能量,传播好声音。不可否认,我们处于改革转型期,矛盾凸现期,市场经济的冲击、外来思想的影响,都使得人们的需求多样化,选择也多样化。但我们要坚守课堂教学的主阵地,掌控思想教育的主渠道,充当立德树人的主力军。融入,总让人有种亲切感,这是基于文化自觉的实践创新和教学创新。

三、核心价值观有效进头脑的方法

1. 讲故事,让故事的情节吸引人

善于讲故事是优秀教师的第一特征。讲故事是学生最喜欢的学习方式,但有些老师讲故事却使学生仅仅记住了故事情节而忽略了故事背后的道理,使教学效果大打折扣。究其原因,是缺乏对故事背后道理的深度剖析。

讲敌后抗日根据地的建设,理论性强,可采取讲故事的方式帮助学生理解。

抗战期间,美军派出军事观察组到延安等地考察,对八路军的敌后游击战很感兴趣。一个叫卡尔逊的上校尤其用心。后来,日军挑起太平洋战争,向驻菲律宾的美军大举进攻。麦克阿瑟将军奉命撤退,这时卡尔逊上校挺身而出,要求亲率一支部队仿效八路军的战术,在日军后方打游击战,但结果是在日军重兵围剿之下,被迫撤出战场。卡尔逊上校百思不得其解，为什么八路军的敌后游击战搞得轰轰烈烈，美军的游击战却寸步难行呢？原因在于中国共产党的领导、根据地建设与武装斗争，三位一体，互相支撑。没有根据地建设，也就没有百姓与军队的鱼水之情；没有武装斗争，根据地就丧失了武力保障。中国共产党的领导是这一切的核心。

2. 讲共鸣，让共鸣的体验感动人

有些道理，老师不讲，学生可能不明白。只有当老师讲清楚其中的道理后，学生才恍然大悟，只有在学生生成强烈的认知共鸣和情感共鸣时，才会使学习效果达到最佳。

成功需要朋友的帮助，所以我们要与人为善；巨大的成功需要对手的挑战，所以我们要知己知彼。一般人讲成功，均从能力、机遇上考虑，很少想到"对手的挑战"。仔细想想也是这个道理，战胜强大的对手，才会有荣誉感和自豪感。向人学，是有效学习的捷径之一，这个"人"，不仅包括师长、朋友、同事，也应该包括竞争对手。朋友教会我们友善，对手教会我们坚强。

我曾提出一个概念叫教学感动。教学感动是指教师依据学情，整合三维目标，突出情感要素，明晰人生信念，形成价值取向的教学活动。教学感动是情感教学的表现形式，教学感动是有效导学的入门基础。感动—主动—互动—灵动，是有效导学的生态链。抓住了这根生态链，就抓住了有效学习的关键点。教学感动分为主题感动、情境感动、人物感动、思想感动、事迹感动、材料感动、细节感动和气节感动。苏武牧羊，被流放至北海（今贝加尔湖），史称"极寒之地"，冬季气温常在零下40多摄氏度，但苏武心向大汉，不放弃自己的职责与坚守，这就是一种气节、一种精神，因此他一直受到后人的景仰。

3. 讲英雄，让英雄的事迹感召人

上下五千年，英雄万万千。今年清明节，央视推出的专题节目《烈士遗书》，就是核心价值观有效进头脑的范例。

没有英雄的民族，是可怜的民族；有了英雄而不知珍惜的民族，是可悲的民族。从古希腊的神话英雄普罗米修斯到中国古代的治水英雄大禹，从圣女"贞德"到抗联英烈的"八女投江"，古往今来，无数个英雄鼓舞着人们与灾难抗争，与侵略者抗争，他们在历史上树立的一座座丰碑，是今天我们进行核心价值观教育的极好的素材。

八女投江的故事，有一个小小的细节最让我感动。清晨，东北抗日联军领导安排女战士先去洗漱，就在这时，日军发动了进攻，大部队边打边撤，日军紧追不舍。一时间，竟没人注意到江边的草丛中还有八位女战士。面对敌众我寡的局面，她们应该怎么办？是保持隐蔽，趁日军大部队人马追击抗联主力之时，安全撤离战场，还是趁敌不备，向敌人侧翼开火，牵制敌人部分兵力，掩护主力突围？没有丝毫的犹豫，她们将生死置之度外，选择了投入战斗……最后，她们打光了所有的子弹，面对敌人的劝降，她们手挽手走向了滚滚的乌斯浑河。八位女战士，最大的指导员冷云23岁，最小的战士王惠民年仅13岁。13岁的少女，本应该在学校念书，在母亲身边撒娇，可她和其他战友一道，毅然选择了战斗，选择了牺牲。

4. 讲认同，让认同的思想凝聚人

文化认同是美国学者埃里克松于20世纪50年代提出的一个文化理论，它是指一个群体中的成员在民族共同体中长期共同生活所形成的对本民族最有意义的事物的肯定性体认。文化认同主要通过民族本身的特征、习俗及生活方式，以"集体无意识"的方式流传至今，融合了人们的各种认同，从而阻止文化冲突。在经济全球化时代，跨文化交流日益增多，不同文化的理解与认同，常常会导致文化交流的障碍。更重要的是，民族成员间的文化认同，是民族凝聚力的强大引擎。

对祖国的认同，是爱国主义的心理基础；对民族的认同，是热爱家乡的心理基础；对社会主义道路的认同，是热爱共产党的心理基础；对中华文化的认同，是对中华文化热爱的心理基础。

只有通过学习比较，正确认识社会主义的优越性，充分认识社会主义的必然性，全面认识社会主义道路的曲折性，深刻认识社会主义道路的艰巨性，才会坚定对社会主义的道路认同和理论认同。

清明、端午、中秋、春节等传统节日，承载着我们民族太多的文化印记，太多的民族情感。节日是我们民族共同的文化记忆。共同的节日，使我们有了共同的文化基因，也决定了我们的文化认同。民族节日是民族文化生动的观照，我们在节日礼仪、风俗的传承上看到共同的生活方式、相近的生活情趣和共同的价值观念。

民族文化认同，唤醒文化记忆，传承民族文化，坚定文化自信，这是核心价值观有效进头脑的方式。

5. 讲内化，让内化的效能提升人

有效学习有一个五化公式，即有效学习＝知识消化＋结构优化＋认知强化＋能力转化＋素养内化。简单地说,"五化"就是要解决从知识学习、能力学习到素养学习、智慧学习的层次递进问题。核心价值观要关注学生真学、真懂、真信、真会、真的付诸实践,从而成为社会主义建设者和接班人的问题。

有效教学,对老师来说,要习惯于关注知识点、命题点与得分点,只要学生考试得分高就可以。很少去关心学生认知结构与知识结构的优化,教学缺少创意与激情。尽管一再强调训练是主线,但习惯抓考试、盯分数、比成绩,而忽略了认知习惯与认知能力的强化,教学缺少点拨与碰撞。大家都知道,能力比知识更重要,但能力从何而来,能力有啥凭据,却很少有人去深入探究。不错,能力从训练中来,但我们习惯于解题训练而忽略了思维训练,尤其是批判性思维的训练。能力,简单地说就是方法。能力强表现为方法多。把知识转化为能力,要给学生提供更多发言的机会、参与的机会、探究的机会和展示的机会。内化素养是每个学生都应该具备的适应终身发展和社会发展需要的品格和关键能力。让核心价值观成为学生核心素养的最好办法,就是要让学生看得懂、记得住、做得到、守得住。这就需要教师把核心价值观的内容逐层分析,逐个分类,逐点分解,变成学生的日常行为准则、学习守则。

内化是一个漫长的潜移默化的过程,需要适合的教学氛围与教育环境;内化也是一个自我认知、自我完善、自我提升的自我教育过程,它必须要有自我反思的勇气和策略;内化还是一个知行合一、勇于实践的文化教育环节,以最终达到"内化于心,外化于行"的学习目标。缺少了内化的环节,教育就只是停留在口头宣传的阶段,无法解决真懂、真信的问题。

6. 讲信仰,让信仰的力量激励人

信仰,指对某人或某种主张、主义、宗教极度相信和尊敬,并把它奉为自己的行为准则。信仰,就是你的信任所在,同时也是你的价值观所在。信仰是人们的精神支柱和道德选择的坐标。信仰不但可以提升人们的道德境界,而且可以塑造人们的道德品格;信仰不但是道德行为的动力,而且是人生道路上的"灯塔"。

信仰是人生的盼望,是人格的完善,是心灵的寄托,是生命不朽的见证。信仰像一座山,人生似一条河。在山的面前应有攀登的勇气和毅力,在河的波涛中始终认准一个方向。

理想的价值在于塑造人的高尚品格，信仰的作用在于提高人的思想境界。有句格言说，练习射箭，向着天空瞄准的人，总比向着树梢瞄准的人射得远些。所以，一个人有无信仰及有什么样的信仰，制约着他的成长和提高的过程。选择坚定的信仰并为之奋斗，是我们人生的一门必修课。

信仰产生强大的精神力量，是人一切行为的内在动力。信仰宗教的人把灵魂交给上帝，信仰科学的人把灵魂交给真理，信仰艺术的人把灵魂交给虔诚。信仰改变命运，信仰塑造品格，信仰成就伟大。

核心价值观有效进头脑，需要我们进行长期的工作和准备，不可能通过一次活动、一次研讨就能解决所有的问题。但是只要我们用心思考、潜心探究、热心传播、尽心比较，就一定能找到有效的途径和方法。核心价值观有效进头脑，要明确核心素养体系，使核心素养的培育与养成形成有机衔接、分层递进的格局；同时强化系统设计，美化导学设计，细化活动设计，优化顶层设计，以课程改革为突破口，重点围绕责任意识、民族认同、文化自觉和核心价值来展开教学研讨。

阅读思考：

1. 核心价值观有效进头脑的方法有几种？你在教学实践中曾用过什么方法？
2. 核心价值观有效进头脑的途径有几条？说说你的教学思路和教学创意。

晒课：重在分享教育智慧

——市十中北校区晒课活动有感

2015年12月26日下午，市教研室郭义林主任一行，深入市十中北校区，就"晒课：促进教育有效发展"的课题进行调研。李剑鸣校长、宋秉玉副校长陪同观课议课，让我们感受到了十中北校区广大师生强烈的发展愿望和浓厚的课改氛围。

晒课是李剑鸣校长任职以来全力推进的一项课改举措。通过晒课让课改理念转化为课改行动，让课改行动转化为高效课堂，让高效课堂转化为教学生产力。晒课活动首先观摩两位老师的常规课——由崔峰老师讲《相似三角形》，张鲜老师讲《对不良诱惑说"不"》，然后由各观课教师依次议课，最后我和郭主任应邀分别谈了参加此次活动的心得与感受。

十中北校区印制的"观课议课反馈表"，内容很精练。我重点谈了谈观课的角度和议课的深度。"观课议课"是陈大伟先生提出的概念，意在强调同行之间教研姿态上的平等、心态上的比较、状态上的参与、形态上的研讨。观课要有重点，首先要看教学设计。教学设计的核心观念是用教材教。我认为一般教师按部就班教教材，优秀教师联系生活用教材，卓越教师因材施教编教材。教学设计的理论依据是要搞清楚教材的逻辑关系、教学的逻辑关系和学习的逻辑关系。讲逻辑关系，体现了教学设计的科学性；讲设计是为体现教学设计的艺术性。设计指向三个方面：一是教材与生活的联系，二是教学与情感的联系，三是指导与经验的联系。前几天我到三十八中听课，数学老师讲"一元一次方程"，用"双十一"购物的经历作为导课切入点：老师买了一件羽绒服，花费200元。商家进货用了150元，问：商家赔了还是赚了？赚了多少钱？其利润率是多少？对商家来说，其核心机密是进货的价格；对顾客来说，砍价的要诀是知道其进价。一旦顾客知道了商品的进价，就能接受商品在一个合理范围内的加价而不致盲目地砍价。怎样破译商品进价的秘密呢？下面我们学习……这是把数学与生活相联系的生动课例。教学设计的具体行为要围绕目标设计、问题设计、活动设计、探究设计和评价设计来展开。以张鲜老师的《对不良诱惑说"不"》为例，我主张用破题的方法引导学生明白学习目标，感悟学习意义。①认知什么是不良诱惑。知道怎样做出正确的判断。②面对不良诱惑，怎样提高抵御不良诱惑的能力？③掌握抵御不良诱惑的具体方法。张鲜老师有初步的问题意识，设计的活动环节创意不错，但拓展不够。把奥德赛的故事引入课堂，但缺了问题的铺垫与引导。奥德赛面对的挑战是既要听到海峡女巫的美妙歌声，又要保证船只航行的安全。他的对策是把自己绑在船的桅杆上，可以欣赏歌声，但失去了自由和指挥的权力，因此他又命令全部水手都塞上耳朵，让水手既听不到女巫诱惑的歌声又听不见奥德赛可能下达的错误命令。这个故事给我们的启示是什么？老师既要善于引导，又要善于"留白"。

观课要有视域，关键是看学生。课改强调以学生为主体，我们的所有教学指向都要围绕让学生学会、会学、乐学、善学来展开。观学生要有三个维度，即个体学生、群体学生、集体学生。老师提出问题是请个体学生回答，还是组织小组集体研讨？是与学生单个对话，还是组织小组有序回答？观学生要有四个指向：学情、学趣、学法、学旨。观学生要有五个标准：参与度、关注度、达标度、兴奋度与满意度。参与度不仅要看积极思考、主动回答问题的学生比例，更要看学生参与的程度。关注分有意关注和无意关注，有意关注是有效学习的心理基础。达标度是评价有效学习的基本尺度，但老师要明白一项基本原则，用升学的标准来衡量，可能多数学生都是失败者；用发展的标准来评价，每位学生都是成功者。课改不是选择适合教育的学生，而是创造适合学生的教育。达标度要善于用多把尺子评价学生，而不是简单地用成绩、分数来区别学生。兴奋度是学习过程的一种心理体验。积极的心理体验将给学生带来愉悦的兴奋感。怎样让每位学生都有机会展示自己的特长，表现自己的优势，让他有话想说，有话能说，有话会说，这需要老师设计有意义的问题，提供展示交流的平台和机会。满意度是学生评价老师教学效果的一项重要指标，主要看课讲得好不好，题问得巧不巧，难点理解得透不透，方法掌握得牢不牢。

观课要有灵魂，核心是学习效果。我在此讲学习效果有两层意思，首先是学生课堂学习的效果，其次是同行观摩的学习效果。学习效果有两个指向：一是教师在观课议课中认知了什么？提高了什么？改善了什么？领悟了什么？二是学生在学习过程中是否真正掌握了方法，提高了效率、效果和效能？我注意了到一个细节，赵崇宇老师在议课环节中提出，如果张老师放手让学生列举生活中的不良诱惑都有哪些具体体现，再请同学指出抵御不良诱惑的具体方法，可能学习效果会更好一些。张鲜老师在座位上悄悄地鼓掌，表示认同和感谢。个别老师对于学生的展示交流缺乏足够的认知，误认为老师亲自讲授的内容，学生尚且学不会，让学生讲，他们怎么可能比老师讲得好呢？学习效果的金字塔原理告诉我们，最有效的学习方法是让学生教别人。如果他真正地理解了文本，他一定会用自己的语言来表述。这是教师判断学习效果的一个很好的机会。同时学生能教会别人，说明他真正理解了文本知识，这是体现合作学习的机会。老师勤快，学生依赖。老师要善于"留白"，让学生有话能说，有话会说。高效课堂的宗旨就是要促成学生从学会到会学，从苦学到乐学，从厌学到善学的转变。

议课要有中心，主要看教学亮点。课堂出彩的地方，首先是教师教学设计精彩，其次是学生课堂展示精彩，再次是师生课堂互动精彩，最后是师生思维灵动精彩。对不良诱惑说"不"，首先要明白什么是诱惑，诱惑是指"使用手段，使人认识模糊而做坏事"（《现代汉语词典》）。张老师请同学们列举生活中的诱惑有哪些，再请同学们说一说不良诱惑的危害，同学们七嘴八舌，列举有电子游戏、毒品、抽烟、赌博等。在此，张老师的教学设计忽视了一个细节，即从现象中归纳概念。毒品、赌博是犯罪行为，触犯了法律，绝对碰不得。不良诱惑看起来像是无伤大雅的小节，无关紧要的小事。比如玩麻将、斗地主说不上绝对的对与错。节假日的时候，三五朋友偶尔小聚，玩上一会儿也是一种生活调剂和情趣，但玩上瘾了，没了节制，那就不好了。尤其是当你还有重要的事情要完成时，你要学会说"不"。抵制不良诱惑，关键是学会在正确的时间，用正确的方法，做正确的事情。张老师组织学生背诵抵御不良诱惑的七种方法，虽然目标意识突出，但欠缺方法引导。我尝试着编了一个形象思维的顺口溜："丰富联想，婉言请人，专时远离，端正快乐。"浓缩语言是提高记忆力的一种好方法，"丰富（生活）联想（后果），婉言（谢绝）请人（帮助），专时（专用）远离（诱因），端正（动机）快乐（学习）"。张老师用戒除网瘾的例子来引导学生学以致用。其实，该事例既可以单一运用，又可以组合运用，还可以综合运用。网瘾，轻则是心理依赖、心理封闭的表现；重则是心理疾病。一般来说，网瘾患者大多是因为家庭生活不幸、校园生活孤僻，才会选择在网络世界里寻找安慰。网络本身没有错，面对网络中的诱惑，我们要学会自我克制、自我选择。对待有网瘾的同学，我们要学会理解、学会宽容。张老师课堂的精彩之处，以及我们要关注的地方还有教学立意。从知识立意、能力立意到素质立意反映出一位教师教学设计的眼界与境界。尤其是素质立意的落脚点，要放在社会主义核心价值观进课堂、进头脑上。教学精彩之处，有时是师生思维碰撞的思想火花，有时是教学设计的意外生成，有时是教师教学机智的灵活反应，有时是教学创意的灵光闪现……总之，我们要善于发现、善于思考、善于转化、善于提炼，这样才能把别人的精彩演变为自己的精彩，把自己的精彩转化为学生的精彩。

议课要联系自身，关键看教学感悟。观摩别人的课，要思考自己该怎样设计这节课，用比较的方法来议课，把自己摆在作课老师的位置上。观课，你会有一种参与感，议课你会有一种发现感；观课，你会有一种幸福感，议课你会有一种成就感。

议课感悟重在四个指向：一是学习方式的变革，二是学习态度的变化，三是学习内容的变通，四是学习评价的变更。传统教育习惯接受性学习，而现代教育提倡自主、合作、探究性学习。自主学习要有目标，有策略，有方法，有监测，有反馈，有矫正。具体来讲就是，学习要用画书明确重点，批注说明心得，列提纲掌握知识结构。学习态度的变化是指把学生从苦学的状态解放出来，从厌学的状态中解脱出来。学习内容的变通是指给学习加上生活的联系，注入情感的色彩。学习评价的变更是指分数不再是区分学生的唯一指标，而潜力发展才是评价的指向所在。

选择适合教育的学生，还是创造适合学生的教育，这是课程改革所要解决的大问题。创造适合学生的教育，对教师来讲面临着四重挑战：首先要了解学情，激活学趣，指导学法，提升学旨。其次要整合教材，从学生的认知起点出发，参照学生的生活经历和知识背景，创设适合的教学情境，设计适当的问题提示。再次要提升教学立意。知识立意，能力立意和素养立意，这三重立意反映出教师的专业眼界和专业境界。最后提炼教学创意。教学有新意，课堂才会出亮点；教学有创意，课堂才会更精彩。

创造适合学生的教育，要有一大批优秀教师做支撑。优秀教师从哪儿来？既不可能从天上掉下来，也不可能一夜之间变出来。李校长通过"人人晒课"的方式，以晒课为抓手，观课议课为突破口，抓住了促进教师专业化成长的关键。只要天天晒课，必然人人进步。只要晒课不放松，十中北区一定"中"。

　　创造适合学生的教育，要有精益求精的专业精神。目前的晒课强调人人参与、全体总动员。下阶段应该转入"赛课"的阶段，分为达标课、特色课、优质课和精品课四个层次，鼓励老师讲出自己的特点，展示自己的特长，形成自己的特色，进而达到市优秀课、省优质课乃至全国竞赛优质课的水平。2016年年底，全国目标教学学术委员会将在山东泰安召开公开课观摩展示活动，我们期待着北校区的老师精彩的亮相。我建议学校建立"精品课例资料库"，一则是对优秀教师的肯定和鼓励，二则可作为本校教研的素材和课例，三则记录晒课、赛课、磨课（观课议课）到精品课的逻辑递进的结果。观课议课不应该是晒课活动的终点，还应该有悟课，进而生成精品课的自然延续。

　　晒课，让我们有了有效教学的底气和勇气，让我们有了有效教研的抓手和目标。有效教研的指向就是教学设计、教学立意和教学评价。晒课的核心理念是分享，分享课程、分享智慧。晒课的真正目的是相互学习、共同进步。晒课是一种有效教研的形式，只要我们有面对课堂、面对同行、面对自我的勇气，我们就有了研究课堂、研究同行、研究自己的机会。十中北校区是一所老校，有过曾经属于自己的辉煌。如今，合作办学又给它增添了新的活力和动力。我相信，十中北校区在全体教师的共同努力下，一定会抓住发展机遇，赢得美好的明天。

阅读思考：

　　晒课，拿出自己的课供众人评议，这需要担当与勇气；赛课，拿出自己的课与同行比较，这需要创意与胸怀。请设计一节观摩课教案，放在网上"晒"一下，或与同行"赛"一下，检验一下自己的教学水平。

做好交流规划，促进专业发展

——论教师发展的职业规划

按照教育厅的统一部署，2014年暑假开始，新乡市启动义务教育学校校长、教师交流工作，以促进区域内基础教育的均衡发展。按规定，每所义务教育学校人事编制中10%—15%的教师将交流到其他学校任教三年。

这项人事制度改革措施，无疑将影响全市所有的中小学校，直接或间接地影响广大教师。在三年交流中，要想做到社会效益最大化与个人成长最优化，就要把个人专业成长与交流经历相结合，让交流过程为教师专业成长提供正能量，为区域教育的均衡发展做出贡献。为此，我建议每一位参与的教师做好交流规划，促进专业发展。

职业规划也叫职业发展规划，是指个人比较全面的、长远的发展计划。有规划、有目标的人，在专业发展的道路上，成长得更快。做职业规划最让我感动的是余映潮先生。

我的畅想（2007—2017年）

精细研读100篇课文并积累大量的助学资料。

研读与中学语文教师业务进修有关的论著100部。

阅读中学语文专业杂志1000本并积累有关专题的索引目录。

发表教学论文100篇以上（含教学设计）。

出版个人专著两到三本。

做100场学术报告。

朗读录音100篇课文。

"语文潮"网上教学设计微型讲座100个。

"语文潮"网上"映潮评课"达到100个。

（见余映潮著《致语文教师》）

为什么规划从2007年开始？因为这一年，余映潮先生年满60岁，从荆州市语文教研员的岗位上退下来了，他认为自己有时间有精力规划好后半生的发展规划。大致计算下来，平均每个月，余先生都要研读一篇课文、一部论著、一个微课、十本杂志，发表一篇论文，准备一场报告，录制一篇课文，准备一个微课、一个微评。暂且不论出版专著的计划，我们与余先生比比学习热情、工作干劲和研究力度，我们真应该静下心来多读书，沉下心来做学问。

交流任教一定是每位参与教师职业生涯中最难忘的一段经历，如何让这段经历转变成一个课题素材，让这段经历转变成一笔职业财富，就需要教师们做好自己的交流规划。制作交流规划，可以有粗略规划，如余映潮先生那样，计划读多少部专著、多少本期刊、多少篇课文，做多少场报告，写多少篇论文，做多少个课题。市教研室计划举办"交流论文""交流课题""交流优质课"专项评选，对交流教师来说，这些都是利好消息。

制订详细的交流规划，有四个步骤：

一、认识自我，明确发展指向

每个人都有自己的特长、爱好与潜能，每个人也同样有自己的向往、追求与梦想。你想干什么？能干什么？能干好什么？这是必须认真思考、认真回答的问题。想干什么凭兴趣、能干什么靠能力。对教师这个职业来说，它最需要的可能不仅仅是知识，也不仅仅是能力，而是热情。

优秀教师大约分为十种类型：关爱学生的慈母型，素质全面的管理型，见识丰富的骨干型，学有专长的专业型，天真率性的活泼型，性格内敛的沉稳型，乐观向上的幽默型，潜心研究的学者型，善于沟通的知音型，立德树人的导师型。

在诊断自我、认识自我的基础上，选择自己的优势领域，争取在自己最擅长的领域有所作为，有所成功。

优秀教师之所以优秀，一定是在他的优势领域里有所发展。做职业发展规划的前提，就是发现自己的优势在哪里，争取在自己的优势领域里获取成功。我相信每位教师都不甘平庸，都想成为优秀教师，但优秀不是个笼统模糊的概念，而应该是一个清晰的目标。这样在专业发展的道路上，我们才能走得更快，走得更稳。

二、SWOF 分析，做出正确选择

1. Strengths（长处、优势）

认识自己的专业优势、学科优势、经验优势和人脉优势。在优质学校的师资结构中，可能本科生比比皆是，硕士生也不稀少。但在教育资源薄弱的学校，尤其是农村的学校，本科生立马成了香饽饽。以前小学科不被重视，就是大学科之中也是人才济济，难以出头。优质学校的教师一旦交流到薄弱学校，无形中就成了"专家"、成了学科带头人，不管你承认与否，你都被赋予了某种使命，注定要被委以重任。机会是给有准备的人，现在你要展示自己的知识优势、能力优势、技能优势、专业优势、学科优势、经验优势、人脉优势及信息优势。

交流其实是给教师自己搭建了展示才华的舞台。

2. Weaknesses（短处、劣势）

与兄弟学校相比，交流教师要虚心学习别人的长处，所谓"寸有所长，尺有所短"。交流教师的不足可能在于"水土不服""消化不良"。"水土不服"指来到一个新环境，要学会"入乡随俗"。"入乡随俗"不能说我以前怎么教书，现在还怎么教书，我以前怎么上课，现在还怎么上课。"消化不良"是指了解校情、熟悉学情、掌握教情，切忌指责人家生源差、环境差、条件差。要以平常心交流，平和心工作。

不习惯与学困生打交道，不习惯降低教学起点，不习惯适应学困生的进度，不习惯小班额的学习氛围，可能都是交流教师需要从头再起，重新做起的地方。

知己知彼、知趣知能、知善知性、知导知学，做到有效教学。

3. Opportunities（机会、机遇）

正因为薄弱学校人才缺失，才给教师们提供了自我提升的机会；正因为薄弱学校存在某些不足，才给教师们提供了施展才华的舞台。

交流的机会，不是让教师们去争荣誉，抢待遇，而是用这不一样的经历、不一样的体验让教师们有时间静下心来反思自己，有机会沉下心来做点课题。

整合教学资源，优化教学设计；依据学情分析，成就个性成长；融入学术团队，促进专业发展；打磨教学风格，提炼教学主张；实施有效导学，促进均衡发展等，都是有意义的研究课题。三年实践，三年交流，教师们总有自己的心得，把它用教育叙事、案例研究、校本教研、专题论文、课题研究的形式写下来，就一定会有体会，就一定会有收获。

机会有时候是在笔尖上，只有把自己的想法写成文字，你的思想才可能成为永恒。

4. Threats（风险、威胁）

影响教师专业发展的风险，一是思想僵化、墨守成规，抱着过去的经验不松手；二是职业倦怠，不思进取，以得过且过的心态混日子；三是"高原现象"，瓶颈制约，难以突破自我；四是独学无友，缺少同伴互助，缺失团队支持。

影响我们发展的敌人，不是别的，往往是我们自己的心态。把交流视为一种负担，你就会抱怨；把交流视为一种机会，你就会珍惜。把交流视为一种麻烦，你就会倦怠；把交流视为一种荣誉，你就会奋进。

教师的风险在于自己的懈怠，导致专业能力停滞不前。

三、规划执行，强调 PDCA 循环

PDCA 为 Plan，Do，Check 和 Action 的缩写，意为计划、执行、检查、行动。

三年规划既要有总体设计、长期打算，又要有具体项目、详细安排。争取每月都有小课题，每月都有小行动，每月都有小反思，每月都有小进步。"不积跬步，无以至千里"，每月都有小进步，一年就是大进步，三年就是大提高。

规划贵在设计，重在执行。以前可能有些人没有做或不会做职业发展规划，使自己处于一种自然发展的状态中。自然状态的事物，顺应大自然的成长规律，但要应时节顺气节，生长周期会缓慢一些。

规划难在自觉，巧在有序。发展规划不是领导强迫要求的，而是基于自我发展的要求制订的。规划的执行也就格外强调自觉性。我付出，我收获，我努力，我快乐。职业规划的目的，就要把个人的成长要素分轻重缓急，有序进行。"计划—执行—检查—行动"就是一个有序执行的蓝图。

四、自我调整，评估交流绩效

实践是检验真理的唯一标准。交流规划无论做得多漂亮，最终都要经过交流实践的检验。

鞋是否合适只有脚知道，规划是否科学只有自己知道。规划一方面具有约束性，另一方面也具有变通性。何时何地做出多大的调整，都要依据自己的学习进度、感悟程度来决定。

规划调整重点考虑适应性，优先考虑有效性。围绕有效教学、有效教研、有效教师、有效成长四位一体的教研目标，实施跟进学习、跟进实践、跟进培训、跟进提高的"四跟"策略，在自己有见解有感悟的地方下

功夫，最有可能出成绩、出效果。拥有一段经历，丰富人生阅历；经历一段磨难，人生不留遗憾。别让"交流"成"漂流"，别让"支教"成"支差"，要让"交流"成"支撑"，要让"支教"成"支援"。我们要做好交流规划，促进专业发展。

阅读思考：
1. 用SWOF方法分析自己专业发展的优势所在。
2. 尝试用PDCA循环的方法，规划自己的工作。

从高效课堂到卓越课堂的跨越
——美国阅读写作教学中研究性学习的启示

一篇文章，读过之后能让人掩卷深思、感叹不已，一定是能唤起读者认知共鸣，达成读者思想共识，吸引读者深入探究，引导读者价值取向的好文章。深圳市盐田区盐港小学王娟女士的文章《阅读教学中的"研究"智慧》，就是一篇这样的文章。该文发表在《中国教育报》2014年11月5日的环球专刊上，主要介绍了美国纽约一所小学阅读教学中的研究性学习实施情况。透过一则简单的案例，我们可以找到比较学习的素材，比较观察的视角，比较研究的主题，比较评价的标准，从而重新认识我们的有效教学，重新审视我们的课程改革，从中感受中美两国在基础教育中的某些差异。换个视角看自己，我们会成长得更迅速，发展得更全面。

美国纽约的小学在阅读教学中如何发展研究性学习呢？他们也有类似教学模式或教学策略的基本要求，以自创侦探故事为学习目标，整个教学分为五个步骤：

第一步，找一本经典的侦探长篇故事，指导学生阅读，分析作者的写作方法，并侧重于分析人物、场景、可疑之处和解密方法。这有点儿类似于我们常讲的记叙文的六要素，从长篇小说中探讨悬疑如何产生并得到谜底的揭晓。美国学生的阅读训练是在明确目标的基础上，带着任务深读，而不是信马由缰、蜻蜓点水式的浅读；是在教师指导下的精读，而不是不求甚解、囫囵吞枣式的粗读；是体现批判性思维、民主式讨论的研读，而不是简单背诵、机械记忆式的素读。

第二步，学生自己拟订提纲，用一个小山坡形象地表现出故事的起因、经过、高潮和结尾，用简单的词语或句子概括每一环节的主要内容。这个步骤很重要，因为教孩子做段落概括，尤其是拟订写作计划比写作本身更重要。

我们都知道，能力比知识更重要，但在实际教学中，却常常忘记了这一点，还是只盯着知识，只想着考试，只关注分数。自主学习不等于自己学习，自主学习需要学习方式来保障，让学生草拟提纲，用示意图的形式概括文章板块，这就把能力要求落到了实处。而我们习惯于讲概念，作文构思讲究"凤头、豹尾、猪肚"，相比之下，是不是缺少了可操作性的学法指导？

第三步，学生根据自己的提纲开始写作。在这个过程中，学生有充分的思考与研究时间，并可以通过各种途径随时查找自己需要的资料。在阅读中研究，在研究中写作，在写作中反思，在反思后修改。作业本设计得很有技巧，让学生写一行空一行，方便随时修订或者记录自己的疑问。

根据提纲写文章，尤其是在阅读中研究，在研究中写作，在写作中反思，在反思后修改，美国同行把自主学习与学法指导相结合，把研究过程与研究结果相结合，起点低但要求高，时间长但效果好。对此，我很钦佩。我们的学生习惯于写完作文就交差，很少有研究意识和反思意识，更谈不上比较学习、主动修改，只等着老师判分数、下评语。

第四步，作业全部完成后，学生进行整体修改和订稿，并打印出来，自己设计封面和封底，将所有资料装订成册。至此，作业只是完成了前半部分。

打印出来，装订成册，把作业变成作品，这会让学生有一种成就感，我也会写作，我也能出书，我还会设计。对待自己的作品，学生一定会精心设计、精心装帧。有效学习贵在调动学生深度参与，看来，美国同行深谙此道。

第五步，小组合作，互相阅读，完成互评表，分项写出评语或读后感。

语文教师总是强调作业多、负担重，作文难改。让学生自己评价自己，自己赞赏自己，自己提高自己，真正把相信学生、解放学生落到实处。学生作文为谁而写，恐怕不少学生会说为老师而写。一旦同学们要传阅自己的文章，要评价自己的文章，你会怎么想，怎么做？一定会把学习当作自己的事，把写作当作自己的事。只有自己的事，自己才会用心想，上心做。这是一种责任感觉醒以后的学习自觉。

我们很多老师，把合作学习视为分组讨论。似乎除了讨论，合作便无所适从了。看来，在相互交流中达成相互学习、共同提高的目的，我们还有许多工作要做。

第六步，每位学生必须在全班宣读自己的作品，接受其他学生和老师的提问，并做出解释和回答。这种情境类似于论文答辩。王娟一行观摩时恰好赶上学生展示作品的时候，一个小男孩正大声朗读自己的作业，教室里不时传出笑声。有学生提出问题，小男孩停下来，先回答再继续朗读，接着又是一阵笑声，课堂气氛融洽。王娟女士注意到一个细节，每个学生的作业都是厚厚的一叠，大约有20页。前面是打印好的成品，五号字体整整5页，后面是草稿，可以看出学生边写边改的痕迹。这既是学生的作业，也是研究性学习的成果，还记载着学生的心路历程。

每位学生都有机会宣读自己的作品，这是一种公平——机会公平。要回答同学与老师的提问，这是一种碰撞——思想碰撞。每位学生都有作品与草稿，这是一个过程——思考过程。每位学生都有一种收获——收获进步。

研究性学习，研究是手段，学习是目的；研究是过程，思考是目的；研究是习惯，品质是目标。把研究与学习相结合，学习才可能是高效学习。把动力与成长相结合，学生才会体验卓越课程。

此后，王娟一行走进另外一个教室，观摩了一堂阅读写作课，一样的研究性阅读，但这堂课的教学目标是学习演讲。学生首先选取自己认为最伟大的演说家的作品，进行阅读研究。然后分析演说家如何通过语言和声调的表达把听众吸引到自己设置的情境中，而后自创小说，再分组合作，并在小组中演讲自己作品中的某个场景。最后，小组推选一个学生在全班进行表演与点评。

王娟提出了一个很有意义的问题：用三个星期的时间，完成一个研究性学习的作业，它是"高效"的吗？王老师自己说，作业单从数量上看，这样的课堂谈不上高效，但学生在学习过程中体现出来的研究与分析能力却让我们无法忽视。纽约小学的阅读教学，作品质量已不是最重要的，最重要的是在研究性学习中学生思维方式的改变和分析能力的提升。我更欣赏美国学生表现出来的对话与民主氛围、质疑与反思习惯、交流与表达意愿、学习与研究品质。

读这一篇文章，我一直在思考一个问题，即我们的课程改革怎样由高效课堂走向卓越课堂。高效的着眼点是方法论，卓越的着眼点是价值观；高效的关注点是结果，卓越的关注点是体验；高效的价值取向是效率，卓越的价值取向是发展；高效的落脚点是分数，卓越的落脚点是成才。有效教学与高效课堂，有如一阵旋风刮遍中国教育界。风来了，传播了种子，也刮起了尘埃。于是有人顺风而上，趁势鼓噪；有人随风摇摆，迷失自我；也有人逆风而行，坚守自己的教学主张；还有人避风守舍，修炼自己的学术见解。

我借用形象化的语言来描述新教育实践者对课程的理解：请花木公司把学校种满花草树木，这是美化校园环境，但与课程无关；让学生从种子或幼苗开始，参与花木的种植培育，这会成为课程的一部分。请装潢公司把学校装扮得焕然一新，到处张贴名人画像和名言警句，这是文化点缀，但与课程无关；把一面白墙交给学生，让学生自己设计、自由表达，却可以成为一个课程的起点。让校园墙角的一丛苔藓或一株野花成为学习素材，都可能是卓越课程的契机。鲁迅先生的"百草园"曾带给他多少童年的乐趣与回忆啊，只因为先生近距离观察过它们，欣赏过它们，在它们中间打闹过、追逐过、玩耍过。朗读背诵经典诗文算不上卓越课程，只有在古诗文的情境中，遇到活生生的农夫、学者、旅人、书生，以及今天与他们心意相通、情意相投的我们，产生一种贯通古今的思想认同和情感共鸣，能让学生有如此体验的才是卓越课程。

顾明远先生将课程定义为"为了实现学校教育目标而选择的教育内容的总和"。大家知道就课程研发主题看，有国家课程、地方课程和校本课程三类。从课程研发的类型看，有学科课程、活动课程、综合课程和隐蔽课程四类。学科课程不言而喻；活动课程一般分为实际操作、文艺创作、才艺表演、调查研究和交流研讨等方式；综合课程以跨学科综合为基本特征；隐蔽课程常常为大家所忽视，它是指学生在学校情境中所获得的，在学校政策及课程计划中未明确规定的，非正式和无意识的经验。隐蔽课程具有情境性、联系性、隐含性、持久性和不确定性等特点。

卓越课程融合上述四类课程的基本要素，强调师生双方的生命体验、教学互动与思维灵动。师生共同参与、共同经历的课程，不是一堆知识的简单罗列与堆砌，而是经过他们共同选择、比较、交流、反思后的生命体验，使学习成为一种自觉行为，使课程成为一种生命体验。

卓越课程要求我们具备一种职业自觉去关注教育，去设计教学。小到一个故事，大到一个人的一生，小到一次活动，大到一个民族盛典，只要我们带着明确的目标与达标过程设计去践行它，它就能以课程称之。课程作为知识学习、情感体验、能力提升、智慧生成、正能量，以有效引导、有效激励、有效互动相作用，会经过一个由量变到质变的过程，从高效到卓越的转变。

一个卓越的创意，成就一节卓越的课堂；一种卓越的课程，成就一批卓越的学校；一位卓越的教师，成就一批卓越的学生。

什么是卓越课程？就是最好地完成了课程目的，完美地实现了人的完整幸福。卓越只是一种改革指向，一种价值取向，一种教育导向。卓越的提法，只代表了对教育未来的期待，对改革探索的承诺。卓越是精益求精的品质，是一个奋斗目标，"虽不能至，然心向往之"。

什么是卓越课堂，看看美国小学研究性学习的状况，比比我们当下盛行的所谓高效课堂，我们的差距主要表现在对学生的自主不放心，合作不放手，探索不放口。

第一，在思想认识上，卓越指非常优秀，超出一般。卓越与教育相结合，构成卓越教育。卓越的关键是让个别人非常优秀、少数人超出一般，还是让每位学生都做最好的自己？某名校提出一个口号：办"卓然独立，越而胜己"的卓越教育。联合国教科文组织在2000年提出了"全民教育行动框架"，要求"所有的学习者都有权接受卓越的基础教育"。顾明远先生指出，国际教育界对卓越教育的界定很清晰，就是使每位学生能达到他们自己所能达到的高度。简言之，做最好的自己即卓越。卓越是达到而非超越，是每位学生而非少数精英。

第二，在学习目标上，总是围绕知识点、命题点、得分点与失误点打转转、绕圈圈。明白能力比知识更重要的道理，可就是丢不下分数，放不下知识，能力培养被虚化为展示交流。

第三，在能力培养上，我最欣赏的学习状态是像纽约小学的学生那样，"在阅读中研究，在研究中写作，在写作中反思，在反思后修改"。别说常规的阅读教学，就是我们的教研写作，能否做到上述四点呢？恐怕是在网络上下载、粘贴后剪辑的居多吧。缺乏规范的能力培养模式，怎能指望有效的能力提升呢？

第四，潜能开发。每一位学生都是一座有待开发的宝藏，都有我们尚未认识的潜能。卓越课程的精髓在于发现学生、提升学生、完善学生、成就学生。每个学生都有机会在全班同学面前展示自己的作品，都有权利发表自己的见解。这展示、交流的过程就是发现潜能的最佳时机。

第五，在教学中有所期待。去学校调研，听到抱怨最多的就是生源差。教学期待的心理学原理就是皮格马利翁效应，你相信你的学生是什么样的人，你就会有什么样的教学措施和什么样的心理期待，相应地，学生就可能真的会成为那样的人。学生相信自己是什么样的人，他自己也会有一种责任意识和自我期待，最终可能成为心目中理想的人。

卓越课程，不是一门具体课程，而是一种教育理念；卓越课堂，不是一节具体的科目，而是一种教育追求；卓越教育，不是一种教育口号，而是一种教育信仰。让每位学生都达到他自己所能达到的发展高度，这是卓越教育的定义，这要求我们要有全体意识、主体意识、差异意识、适合意识。适合学生的教育就是最好的教育，引导学生发现自我、完善自我的教育，就是卓越教育。同样，让学生展示作品，交流思想，达到多维互动、思维灵动的课堂，就是卓越课堂。

阅读思考：
1. 高效课堂与卓越课堂有什么差异？
2. 请谈谈你所理解的卓越课堂是什么。

引导有效阅读，打造书香校园

——美国伟大原著教学计划的启示

《人民教育》（2014年第12期）刊登了周晓丽女士的文章《培养学生的批判性思维——美国伟大原著教学计划》，拜读以后，颇受启发。联想到我们打造书香校园、倡导教师读书的活动，我们可以结合有效教学、有效教研、有效教师、有效成长的教研策略，借鉴伟大原著教学计划的有益做法来帮助我们拓展研究视域，提高学习效能。

一、伟大原著的教学宗旨

该计划的宗旨是通过分享质疑，教学生阅读一系列读本，内容涉及人文科学、自然科学和社会科学。

伟大原著教学计划是个系统工程，贯穿幼儿园、小学、初中、高中，一直到大学。人文科学读本围绕不同主题，从原著中节选一系列诗歌、戏剧、小说等文学作品。自然科学读本则涵盖自然科学发展史中最重要的发现、原理及定理的产生过程。社会科学读本介绍西方政治制度、社会制度以及思想发展历史。

研读启示：

1. 培养学生的创新思维和创新能力，从阅读入手，着眼于批判性思维的培养。而批判性思维正是创新思维的源头。教学立意高、方法实、效果好。

2. 导读策略：分享与质疑。教师与学生共同读书，共同思考，在分享中交流思想，在质疑中碰撞观点，实现"教学相长"的目的。分享，师生平等；质疑，师生互动。自由阅读，学生关注的往往是故事，记住的是情节。分享质疑，学生关注的往往是主题，探究的是哲理。

3. 阅读视野：人文科学、自然科学和社会科学。我们的书香校园，阅读范围多限于人文科学，尤其是经典诵读，范围小，视野窄。个人感觉是缺少顶层设计、通盘考虑。

二、伟大原著的读本选材

分享质疑的阅读宗旨，要求读本必须适合拓展性讨论，即作品意义丰富，不同的读者会对作品产生不同的理解和看法。不同背景、经历的读者可以从文章中得出不同的结论，即公说公有理，婆说婆有理。读本要能引起师生足够的兴趣，从而保证进行深度阅读，从中发现和提出自己的问题和困惑。选材要符合学生的年龄特点和认知范围，还要限定阅读长度。分享质疑需要学生在阅读过程中，从相近或相关的上下文中关注细节，寻找角色之间的关系，并最终得出结论。

研读启示：

1. 选择适合拓展性讨论的内容作为阅读文本，这对教师的专业眼光和解读水平是个挑战。阅读在先，思考在前，才可有思想观点、学识见解与同学们分享。准备在先，设计在前，才可能有引导、有解惑，与同学们共同进步。有交流、有互动、有预设、有生成，读书才会有思考、有比较、有收获、有提高。

2. 选材适宜。除了要照顾到学生的年龄特点和认知范围，还要考虑城乡差别、经济差距和志趣差异，更要符合时代精神和活动主题。美国围绕批判性思维，落实创新能力的培养；而我们必须明确立德树人的根本任务，弘扬传统文化，体现社会主义核心价值观。

3. 阅读发现。在自主阅读中关注细节，寻找联系，发现意义，得出结论，然后再进行同伴间的分享质疑。阅读发现倡导学生能够独立思考，能够交流思想，能够解决问题，能够归纳原理。

三、伟大原著的教师引导

分享质疑是伟大原著教学计划最核心的教学方法，圆桌讨论是主要的教学形式，教师引导是最本质的教学要求，思维灵动是最根本的教学期待。

1. 分享质疑。每个学生都拥有平等地表达自己思想的权利，与大伙一道分享自己的观点、感受、体验。在分享过程中，参与其中的同学可能会产生认同或共鸣，也可能会提出批判与质疑，但是，这些都必须基于相同的阅读材料，不能脱离特定的教学情境来讨论。

2. 圆桌讨论。教师和学生围成一个圆圈，营造一种平等和谐的氛围，就某一学习主题，共同讨论、互相分享、提出质疑、归纳论点、形成结论。

3. 教师引导。在圆桌讨论的过程中，教师就像航行中的船长，始终把握舵把，掌控整场讨论的方向，这艘轮船航行的远近和方向都与教师的准备工作、教学水平、教学设计和教学机智密切相关。周女士介绍说，教师经过系统培训和指导，并在课堂中实践120小时以上，才能取得伟大原著的教学资质。教师引导的关键在于提出高质量、有意义的问题。

4. 思维灵动。一般的阅读讨论，重复别人观点的多，提出自己想法的少；相信专家理论的多，批判专家谬误的少；局限文本情境的多，联系自己工作的少。圆桌讨论重在思想碰撞，贵在思维灵动。

研读启示：

1. 合作学习的精髓。合作学习是课程改革倡导的学习方式，但实践中却演变成了分组讨论，等同于组长检查。合作的关键在分享，学习的精髓在质疑。

2. 圆桌讨论的技巧。教师要绘制学生位置示意图，标注清楚每位学生的名字，这便于观察学生发言，更重要的是记录学生的主要观点，追踪其在课堂上的表现。这既有利于教师认真倾听学生的声音，也有利于解答学生提出的问题，还便于课后继续进行深入讨论。把讨论提到课堂上，学生的见解一定都会有所提高。

3. 教师引导的指向。教师在研读文本的基础上，列出问题清单，将提出的问题分为四大类：一是事实性问题，二是解释性问题，三是评价性问题，四是推理性问题。事实性问题，只有一个答案，比较好回答，可以用来"暖场"，以调动学生的兴趣。解释性问题有超过两种以上的解释方法，通常作为讨论的主题，每个人都有话可说。评价性问题的答案与学生的主观感受密切联系，难以形成定论，所以要慎用。推理性问题，根据文中的描述，学生可以推测不同的结果，对培养学生的逻辑推导能力，批驳论证能力和合理想象能力都大有益处。

4. 思维灵动的关键。课堂活起来、学生动起来，这是很多地方对课改效果的生动描述。我提出"教学感动、学习主动、问题推动、师生互动、思维灵动"的五动关系。抓住学生最感兴趣、困惑最多的问题，给予学生最大的支持、最多的点拨指导，让学生生成最有感触的联想、最有感悟的发现，我们就有可能引起学生的认识共鸣、情感共鸣和效能共鸣，产生一种奇妙的思维灵动，分享学习的乐趣，体会质疑的意义。

四、伟大原著的学习意义

为把分享质疑落到实处，伟大原著教学计划有四项基本要求，一是确保每位学生认真读书，提出个性见解；二是确保每位学生平等交流，找到合理论据；三是确保所有参与者在平等、尊重的氛围中展开讨论，让学生的阅读理解能力和批判性思维能力得到提高；四是确保教师只充当引导者、合作者的角色。教师只能提出问题，是分享质疑教学最重要的原则。教师只能根据文章提出焦点问题，然后基于学生的问题和答案，继续进行追问，提出有意义、有价值的新问题，在不断的追问中把思考引向深入。

研读启示：

1. 强化学法指导，提高学习效能。我们也说让学生自主学习，但怎样确保每位学生认真读书呢？美国同行的做法是在展开讨论之前，大声为学生朗读两遍，保证所有参与讨论的学生共同关注同一篇文章。我提出有效阅读的基本要求是画书、批注、查词典、列提纲，最后形成问题链。

2. 围绕主题讨论，学会论证方法。讨论就是围绕学习主题，讲述自己的看法。你的想法、看法与说法要有感染力，要有说服力，就要学会运用科学的论证方法，要学会从阅读材料中寻找到支持观点的证据或反驳对方的证据。

3. 尊重每位学生，体现教学民主。分享，要确保每位学生都有公平发言的机会。质疑，要确保每位学生都有思想言论的自由。讨论中可能会出现沉默、冷场、临时"断电"等情况，沉默时，教师要启发诱导，耐心等待；冷场时，教师要转移话题，由远而近；临时"断电"时，教师要联系生活，点拨思路。

4. 恪守导师职责，克制"讲师"冲动。教师敬业的突出表现就是讲，重点讲、反复讲、一再强调地讲，唯恐学生听不懂，只怕学生记不住，以至于讲课变成了"满堂灌"。分享质疑最重要的原则是教师只能提出问题，让学生们去寻找答案、解决问题，这是讲学与导学最大的区别。课程改革过程中，我们要完成从讲师到导师的转变，就必须从学会提问开始，学会引导学生、鼓励学生。

有效阅读重在学法指向，贵在价值取向。美国伟大原著教学计划，从选材到引导，从立意到宗旨，从方法到策略，都为我们提供了一个鲜活的榜样。联想到课程培训的经典案例"听美国教师讲灰姑娘的故事"，我们应该明白读书怎样才能做到有效，教师怎样实现引导，对话怎样实现民主，学问怎样才能体现价值，优秀怎样走向卓越。

实施有效教学我们要把握好四种关系，首先是把握好认识与认真的关系，把学习认识当作变量，逐渐积累以期产生"质变"。学习的每一次发现，意识的每一次唤醒，认识的每一次提高，理念的每一次验证，都是一种积极的情感体验，都会让学生产生一种积极的学习期待。有了学习期待，也就有了求知渴望，学习就有了动力。其次是把握好讲师与导师的关系。"教师讲得天花乱坠，学生听得昏昏欲睡"，多少低效教学、无效教学甚至是负效教学都是因为不合时宜、不分对象、不分程度地串讲、批讲与连讲。导师的作用就是设计问题、提出问题，引导学生去解答问题、探究问题。再次，把握好问题与问效的关系。问题必须问效，问题影响问效，问效解决问题，问效深化问题。在思考问题的过程中，学会倾听，学会合作，学会表达，学会批判性思维。最后，把握好自学与导学的关系。"师傅领进门，修行在个人"，说的是学生要有进取心、上进心和责任心，才能在激烈的竞争中脱颖而出；"名师出高徒"，说的是经过名师的点拨指导，学生才能更快、更好地成长。

新乡教研室推出"课改沙龙——交流自己的读书心得"活动，与伟大原著教学计划相比较，我们最为欠缺的就是集体研读和灵动的思维。教师读书，务求透彻。美国的同行给我们树立了有效导学的榜样。

阅读思考：
1. 实施有效教学，应把握好哪四种关系？
2. 美国伟大原著教学计划对你最大的启示是什么？

创新：从做你不会做的事开始
——芝加哥大学办学特色与创新人才培养的启示

我多年养成的阅读习惯是遇到有意义的文章就随即剪下来，分门别类地放好，一则作为资料，以备不时之需；二则作为范文，认真研读，以提高自己的学识见解；三则作为案例，引入到有效教研的实践中，以丰富教研视角，提升教研立意。

岁末时分，稍得闲暇，抽空整理教研素材，重读秦春华先生的文章，颇多感慨。秦先生是北京大学考试研究院的院长，2014年8月12日在《光明日报》上发表文章，题目是"芝加哥大学的独家秘笈——做你不会做的事"。文章介绍说，也许哈佛大学培养出来的思想家最多，耶鲁大学培养出来的政治家最多，普林斯顿大学培养出来的科学家最多，但世界上培养出顶尖级教师最多的，除了芝加哥大学，再也找不出第二个。

我一贯秉承"跟进学习、跟进实践、跟进培训、跟进提高"的教研策略，致力于"有效教学、有效教研、有效教师、有效成长"的课题研究。该文引起我关注的问题：一是办学特色的最终表现形式一定是人才培养的特色；二是"顶尖级"教师是怎样培养出来的。基于对上述问题的关注，我再一次认真研读了秦先生的文章。

芝加哥大学对学生的基本要求是：做你不会做的事。

我们一直认为，让学生做他们感兴趣的事，他们才会专注；让学生做他们愿意做的事，他们才会主动；让学生做他们喜欢做的事，他们才会开心；让学生做他们擅长做的事，他们才会取得成功。一个人怎样会做自己不会做的事情呢？这难道不是一种强人所难的过分要求吗？秦先生说，就是"这种看上去有悖常理的人才选拔和培养理念，却保证了芝加哥大学出类拔萃的人才培养质量，形成了举世闻名的'芝加哥学派'，使芝大成为全世界的学术研究中心"。

秦先生在文中介绍了一则故事，说的是"芝加哥学派"的代表人物、现代产权经济学的权威阿尔钦先生，在上第一堂课时，向同学们提出了一个问题："假若你在一个有很多石头的海滩上，没有任何度量工具，而你想知道某一块石头的重量，怎么办？"整整一堂课五十分钟，学生们围绕这一问题，绞尽脑汁地提出了各种解决问题的方案，但每一种都不能令人满意。到了第二堂课，大家以为老师会告诉他们答案，讲授经济学原理。但阿尔钦先生提出的依然是这个问题，要求依然是提出自己的解决方案，结论依然是不能令人满意；第三堂课依旧。就这样，一个关于"石头"的问题，一个看上去简单到近乎幼稚的问题，在一位大师的课上竟然讨论了整整一个月。学生们对此大惑不解，其中定有玄机。直到第五个星期，学生们再也提不出任何新的方案了，阿尔钦先生开始笑眯眯地讲课了。没有任何讲义，不看任何教案，一口气讲了两个小时，完全围绕第一堂课提出的问题，但讲授的内容全都是经济学中最基本的原理，结果学生们听得如痴如醉，过瘾至极。

这种穷尽一切可能性答案的研究方法，正是要求并教会学生不断挑战自己的思维极限。导师用近乎强迫式的教学方法不断追问，促使每一个学生在课堂学习和学术研究的过程中，大脑始终处于高速运转状态，不敢有丝毫懈怠，从而有效保证了芝加哥大学的人才培养质量。

我曾写过一篇文章《用"四问法"验证有效学习》，"四问"即提问聚焦主题，追问拓展思路，反问验证理解，疑问生成智慧。就有效教学而言，我有较为系统的教学主张。但就人才培养而言，尤其是名师培养，我欠缺的是自己的教学实例。更大的差距在于，我们的教学过程，大多止步于对知识点的理解与记忆，学习过程缺少参与性、体验性；学习目标缺少挑战性、指向性；学习思考缺少启发性、深刻性；学习意义缺少联系性、哲理性。芝加哥大学的导师则会用自己广博的学识、深刻的见解来引导学生深度参与学习过程，深度理解学习主题，深度探究学习宗旨，深度感悟学习意义。关注问题情境，制造求知渴望，满足学习期待，保持思维同步，芝加哥大学的课堂教学，完全符合有效导学的基本规律。

美国大学的办学特色，不是喊出来的口号，贴在墙上的标语，而是基于办学理念而形成的教育主张，基于课程设置而形成的鲜活案例。做你不会做的事，一个看似简单的要求，甚至是不可思议的要求，实际上反映了以人为本的价值取向，体现了创新思维的基本方式，蕴含了先进的教育理念和深湛的哲学思维。这对我们转变人才培养观念，指导创新教育实践，都极具参考价值和借鉴意义。

一、做你不会做的事，要有一颗进取心

成功是在自己的优势领域，巨大的成功是在自己的潜在优势领域。一般人习惯做自己熟悉的事、自己喜欢的事和自己擅长的事。而有志向、有抱负的人，他们从不安于现状，总是对权威和现实充满怀疑精神，总是喜欢挑战自我，用批判性思维来质疑世界，用潜能优势来证明自己。进取心是优势人才最显著的特征。进取心是爱岗敬业、奋发图强的心理基础，是精益求精、追求卓越的精神动力。

进取心是指立志有所作为。安于现状、得过且过、不思进取、不求上进的人，不会冒太大的风险，也不会有犯太大错误的概率，当然，也没有取得成功的机会。创新往往是由有进取心的人来实现的。记得看过一篇文章，说正常人只运用了自身潜力的 $2\%-5\%$。也就是说，成功人士只运用了自身潜力的 5%。苏联学者曾做了一个形象的比喻，一个正常人如果发挥了自身潜力的一半，那么他可以将全苏百科全书背得滚瓜烂熟。别人能做到的事，相信自己，只要努力，也一定能做到。进取心是成功的基本要素，能有效地激励自己发挥最大的潜能。

有进取心的人，从不安于现状，也从不服从命运，更不会盲从权威。可以说，他们是这个时代和社会中真正的精英，并且非常享受"成为第一"的感觉。如果哥白尼守着托勒密的"地心说"，就不会有"日心说"的诞生。如果爱因斯坦局限在牛顿的经典力学里，就不会有相对论的问世。进取心是创新的心理基础。有野心的人，才会做他不会做的事。事实上，如果你真的做到了以前不会做的事，你就超越了自我，创造了一个全新的自己，你就成了一位强人；如果你真的做到了同时代很多人都不会做的事，那就意味着你成了一位高人；如果你真的做到了所有的人都不会做的事，那就意味着你实现了创新并引领了一个新的时代，你就成了一位超人。

如果你觉得已经取得了一些成功，那么，请你继续努力，向着更高的目标前进。如果你不够成功，请你不要灰心，永远保持一颗进取心，相信你一定会取得成功。

二、做你不会做的事，要有一种方法论

探究是有效学习的基本方法。探究的基本策略一是对未知领域的努力探索，二是对已知领域的重新发现。努力探索要有怀疑精神，重新发现要有问题意识。怀疑精神决定探索深度，问题意识决定研究方法。

探究学习是我们课程改革倡导的三大学习方法之一，但观察我们的课堂，把分组讨论等同于探究，常常还要加上时间限定。反观芝加哥大学，一个问题竟然要讨论一个月，把极限思维的训练方法体现得淋漓尽致。一个问题讲透了，一种方法也就掌握了，学习能力随之提高了，有效导学也就落实了。不计一时一地的得失，而强调学习方法的指导，学习志趣的培养和对学习内容的热爱，这对我们有效导学的研究很有借鉴意义。

　　阿尔钦先生的课堂，需要我们认真揣摩、比较、研究的地方有很多，我认为最重要的启发有四点：①学习分工。怎样在没有度量工具的情况下，知道一块石头的重量，让同学们尽情展示，直至绞尽脑汁，无话可说。此时此刻，导师才开始讲课。同学们的学识见解与导师的引领点拨形成一个巨大的认知反差，这才会有"如痴如醉"的陶醉感，"过瘾至极"的兴奋感。假如没有前面的"探讨"，同学们怎么会有强烈的求知渴望和心理期待？②求知渴望。阿尔钦先生一口气讲了两个多小时。这是一场学术报告的时间，没有时间限制，没有师生互动，此时，同学们只需静静地聆听大师的授课。经过一个月的讨论，学情已经摸透，障碍已经排除，大家都在期待着导师的讲解。在同学们求知渴望的期待下，会产生思维同步的教学节奏和理论认同的心理共鸣。③能力训练。我们讲训练，就是一味地做题、做练习、做模拟考试，相信熟能生巧。殊不知能力就体现在思维训练、思路点拨和问题解决上。④效能意识。用多长时间才能真正掌握一种学习方法并能熟练应用，恐怕很多教师没有认真考虑过这个问题。有效学习讲究学习的效率、效果，更应该讲究学习效能。我个人认为，掌握一种学习方法，并且在提升自己的同时，帮助、影响同学们共同进步、共同提高的学习现象，谓之学习效能。通过方法而不是管理、评价来提高学习成绩，是效能的精髓所在。

　　用一个月的时间来讨论"石头"问题，其学习的意义在于引导学生学会深度思考、拓展思维，其学习的价值在于引领学生掌握思维方法、探究方法。

三、做你不会做的事，要有一种自信心

　　做你不会做的事，一般人的反应是"我不会""我不行"，而具有自信心的人则是"让我试试""让我来"。勇于尝试，敢于做不会做的事的人往往有一种"知不足"的心态、"不知足"的姿态，有一种不服输的劲头、不服气的气势。

自信心是战胜困难的心理基础。相信自己,你就会有一种积极的心理暗示。不相信自己的人,自己就选择了放弃,选择了逃避,哪里还会有成功的机会?相信自己,要求具备挑战自我的勇气和能力。敢于做自己不会做的事,既不能盲动,又不能盲从,要善于发现自身潜在的优势,并把它发挥到极致,这样才可能成功。我们常说"失败是成功之母"。关键是要善于从失败中汲取成功的要素,还要有一颗渴望成功的自信心。

自信是对自我能力的评估与认可,是信心和毅力的集中表现。只有对自己充满信心的人,才能勇敢面对人生的磨难,勇于承担重任,才具有克服各种困难的胆略,迎接各种挑战的气魄。

自信心是一切成功人士的精神支撑。伟大的成功人士,都有一种使命感、责任感,驱使他们去努力攀登一座座科学高峰,去努力探究一个个科学难题。自我挑战、自我超越,不仅是一种思维方式的训练和培养,也是学习品质的磨砺和锤炼,更是一种创新品质、创新能力的培养与提高。

四、做你不会做的事,要有一种创新力

做不会做的事,意味着风险和失败,也意味着赞赏和荣誉。设想一举成功恐怕很难,它一定要经历尝试—失败—再尝试—再失败—成功的过程,在不断失败的过程中,认真总结经验教训,仔细积累点滴进步,反复比较方法改进,才会一点点接近真相,一步步接近成功。

研究是从观察开始的,创新是从比较开始的。创新能力源于创新思维,而创新思维大约 80% 源于批判性思维。围绕一个研究主题,穷尽可能想到的一切方法,然后在比较之后,选择最有可能的方法,加以改进、组合、完善,这是极限思维用于比较学习的有效方法。

唯物主义哲学认为凡事皆有规律可循,可问题在于事物发展的规律是隐性的,需要人们去研究它、发现它。教育怎样培养创新人才?要解答这个问题,首先要搞清楚创新人才的成长规律,然后遵照规律办教育,而不是违背规律办教育。

许多教师信奉的"看不会听会,听不会背会,背不会练会,练不会考会",用题海战术、"日光+灯光"的疲劳战换取高考的分数,同样的题目至少要做五遍,直到看到题目反应速度达到一秒钟,这种所谓的应考经验,使得学生完全丧失了主动思考、批判性思考的能力和欲望。如此怎么能培养出人的创新精神和创新能力呢?

一个人整天在重复做已经做过的事,另一个人每天都在尝试不同的新事物，谁的创新意识和创新能力更强？培养创新能力就要提供机会，鼓励我们的学生去做他不会做的事。

芝加哥大学是通过一批导师的教学特色来塑造办学特色，用教学特色影响办学特色。我们的学校自称有特色的不少，但真正体现在教学特色上的不多，尤其是体现在人才培养特色上的更少。芝加哥大学创新人才培养，是通过一批导师的课程设置来达成人才培养目标。进取心、方法论、自信心和创新力，这是培养创新人才的四大核心要素。培养创新人才，我们就从这四大要素入手，提供机会，从做你不会做的事开始吧。

阅读思考：

1. 做你喜欢做的事与做你不会做的事，哪一个更具有挑战性？说说你的理由。

2. 培养创新人才的四大核心要素是什么？你认为创新的要素还应该包括什么？

用"四个满意"衡量教研品质

努力办人民满意的教育，就要以努力为要求，以满意为标准，来评价我们的教育质量和教育品质。同样道理，作为教研部门也要以满意为标准，来衡量我们的教研质量，提升我们的教研品质。

在长期的教研实践中，我坚持以"四个跟进"为策略，"四个有效"为抓手，"四个提升"为目标，"四个满意"为标准，来严格要求自己，不断完善自己。四个跟进，即选择一个教研主题，跟进学习、跟进实践、跟进培训、跟进提高。以有效教学为例，2008年开始系统研究，取得了国家级课题奖、教育厅基础教育课程改革优秀成果奖、教育厅基础教育教学成果奖，还出版了《有效教学课例与反思》《有效教学行动研究》《导学的创意与智慧》三本专著。现在，课题方向由有效教学向有效导学转变，由能力学习向智慧学习转型。四个有效，即有效教学、有效教研、有效教师、有效成长；四个提升，即教研素养提升、专业水平提升、师德修养提升和文化自觉提升；四个满意，即让学校满意、让教师满意、让学生满意、让自己满意。

一、让学校满意

基于学校的办学水平和生存状况，他们对研究要求的渴望程度有很大的差异，他们自身的教研水平也有很大的差距。我们只有了解校情，判断需求，才能满足学校的需要，才能让学校满意。

1. 有效教学的跟进培训

所谓跟进培训，就是课程改革实践中的问题，用研究的方式加以解决，用培训的方式加以推广。2014年，我携教研室同事，应邀到市一中、市十中、二十二中、师大附中，以及辉县、获嘉县、卫滨区、新乡县等地做跟进培训，形式有送教下乡、同课异构、教学点评、专题讲座。2015年筹办教务主任专题培训，应邀到红旗区、卫滨区举办校长讲课专项培训，为市一中做青年教师培训，为二十中和古固寨中学做读书培训。

2. 教学模式的个性表述

联合办学政策下达之初，即敏锐地提醒相关学校，联合办学首先要有自己的经验，这种教学经验的表达形式，就是反映学校课改观念与价值追求的教学模式。十中、二十二中的"一四三自主导学模式"、问题辨析教学模式可以说从创意到命名，我是全程参与、全程指导。课改巡礼的学校，如长垣一中、延津一初中、辉县城北中学、市一中实验学校，他们的教学模式、教育理念，我都进行了详尽的现场考察、理论论证和跟进指导。

3. 学校文化的主题提炼

学校文化为学校发展提供不竭的精神动力，是学校发展的软实力，也是学校品牌的硬招牌。但有些学校缺少发现的眼睛，找不到能体现办学愿景、能反映学校历史传承、能代表学校教育梦想的主题词。

为卫滨区人民路小学草拟了"实践全人教育，创建全优学校"的学校主题文化发展方案。

为新乡市实验小学提供"三实教育"的文化创意。

为辉县太行中学提出"弘扬太行精神，培育太行赤子"的文化建议与方案策划。

为获嘉中和镇初中策划了"三和教育"的文化创意。

为十中英才学校策划了"发现教育，成就英才"的文化创意。

4. 课改经验的推介宣传

以课改巡礼、课改大讲堂、课改擂台赛三种形式为载体，推出新乡的课改名校、课改名师。我认为名师的标志是教学主张。

每年一次课改巡礼，推出一所名校；每年两次课改大讲堂，推出多个焦点问题；每年一次课改擂台赛，为名师成长搭建平台。第三期课改大讲堂吸引了商丘市教研室领导的关注，并带了四位校长前来观摩参会，长垣一中初中部被《教育时报》评为课改先锋校。

5. 课改难点的联合教研

为了适应课改要求，转变教研方式和机制，针对课改的难点问题，我们与新乡名校，如师大附中、市一中、市十中开展联合教研，重点攻关联合办学，促进区域教育均衡发展的实践研究。

6. 教学成果的重点攻关

省基础教育教学成果奖攻关项目是2015年的教研重点任务。项目旨在全程参与、全程指导，转变教研方式，提升服务水平，动员学校积极参与，争取课题研究数量、质量的双丰收。

7. 办学特色的悉心提炼

特色是学校在长期办学实践中沉淀、凝聚而形成的局部优势，特色分为个人的教学特色与教学风格、学校的办学特色与办学风格。特色源于信仰，特色贵在精致，特色难在坚守，特色精于品质。

市十三中的综合实践活动组织得风生水起。怎样发挥名师效应？我指定该校为教研基地实验校，建议深化课程开发，抓住师资培训，进行项目合作，让小学校也有大作为。

在四校学习座谈会上，我提出学校特色是均衡发展的突围之路，特色的形成需要研究六种"炼（练）"：凝练局部优势，认知自己的优势潜能；提炼办学经验，简单的工作做精致；锤炼教育质量，用发展的标准激励学生；锻炼文化自觉，最好的教育是成就学生的教育；历练团队精神，大家好才是真的好；磨炼教育智慧，点燃向往学习的热情。建议他们组建教研联合体，抱团发展。

二、让教师满意

教师的一般需求是个人成长和专业发展，特殊需求是个性化的专业指导、跟进指导。教研员需要为教师的发展需求提供平台和机会。让教师满意，一靠专业水平，二靠服务态度，三靠教研公正。

1. 教学指导与专项培训

与教师联系最畅通的渠道是课堂，听课是硬指标，评课是基本功，磨课是真功夫，推出精品课，省赛、国赛拿名次，领奖牌才体现教研指导的高水平。

每年市优质课评比活动，我都坚持写综合性评述文章，对每位参赛教师的教学设计、教学特色和教学创意进行集中点评。评委轮流逐一点评，我在最后进行集中点评，这对评委教师也是一次很好的学习机会。

教学视导的听课，只要有可能，我也会写成文章，与作课教师进行深度交流。

今年，教育局开展岗位练兵和示范教学活动，我在试听了红旗区、牧野区部分校长讲课后，专门写了三篇辅导文章，就校长讲课的用意与立意、校长讲课注意事项与教学策略进行了说明。红旗区、卫滨区的同志结合他们的工作安排，邀请我对校长讲课进行专项培训。

2. 教研指导与课题研究

教研是教师专业发展的必经之路，正所谓"教而不研则浅，研而不教则枯"。

去年，我为师大实验中学做课题申报与研究表达的专项培训，为原阳县做怎样讲好微型课的公益报告。配合师训科，为新教师做专题报告。

以学生能力为导向的教学模式研究是教育部规划的重点课题，我们与市十中、二十二中、长垣一中、市一中、卫滨区教研室、红旗区实验小学，共同申报合作研究，在共同学习中体现教研指导，实现共同进步、共同提高。

3. 教学特色与教学主张

市二十中小学部有一位教师叫宋瑶瑶，宋瑶瑶的课很有特点，以简笔画的形式表现教学主题，在语文学习中融合了美术的基因，突出形象思维和口语表达的训练。曲新红校长拿不准这种做法究竟对不对，专门请我去做教学诊断。以个性特长形成教学特点，正是教师教学特色的能力基础。宋老师表示，只是凭感觉在这样做，缺少理论支撑和教研支持。我计划以此为典型，建议做"三图教学"，即绘图阅读、绘图对话和绘图作文，帮助宋老师系统整理教育理论，形成她自己的教学主张和教学风格。

当今世界，"学习领域"的综合性学习，正逐步取代传统的分科教学。综合性学习和有效导学是我当下关注的两个重点课题。

三、让学生满意

学生是基础教育的服务对象，教育让学生满意是教育的应有之义。学生是学习活动的主体，研究学生、掌握学情、激活学趣、指导学法、提升学旨是优秀教师的基本功。从学生的角度看问题，会有思考问题的情境性；从学生的角度想问题，会有研究问题的主动性；从学生的角度来画问题，会有探究问题的需求性。我们通常习惯于从成人的角度看问题、从学科的视角想问题，恰恰忽略了学生的认知水平和思维习惯，导致德育的针对性不强、有效性不足。

1. 尊重。尊重是让学生满意的前提。尊重学生的差异、差别和差距，尊重学生的爱好、特长和潜质，尊重学生的志向、追求和梦想，尊重学生的权利、选择和隐私。尊重学生的教师，一定是让学生信赖的教师。

2. 适合。适合学生的教育是最好的教育。适合学生就要舍得自我，要从教师中心、知识中心、评价中心转变为学生中心、素养中心、发展中心。适合的本质是以教育规律办教育。适合学生有五项要求：适宜的学习进度，适当的学法指导，适时的思路点拨，适切的内容选择，适意的课堂小结。

3. 激励。有效激励是学生进步的"加油站"。有研究表明,有效激励能使学生发挥70%以上的潜能。有效激励给学生发展提供正能量,树立自信心。但总有个别教师习惯于盯着学生缺点,放大学生缺点,甚至揪着一时的失误不放,导致情绪对立,矛盾激化。

寻找学生优点,放大学生长处,夸奖学生努力,支持学生探究。当学生回忆自己成功之路时,一定会感谢激励他的恩师。

4. 潜能。中国女排主攻手朱婷的故事很好地诠释了让学生满意的教育理念。初中毕业之际,朱婷学习成绩居中等偏下,考高中、上大学基本无望,她唯一的优点是身体素质好,唯一的潜质是不怕吃苦。班主任老师说,要是不怕吃苦的话,朱婷你去上体校吧,能发挥你身高的优势,在体育发展上取得好成绩。

发现学生潜质,成就学生一生。学生不仅会感到满意,而且会充满感恩。

四、让自己满意

教研员在自身的专业发展中,要协调好能力、业绩与心态三者之间的关系。既要出成绩,也要出成果;既要出经验,也要出人才。在荣誉和名利面前,保持一种低姿态的平和心态。能力、业绩和心态,可以构成九组关系,高能力+高业绩+低姿态,是最理想的组合方式。能力、业绩与心态皆低者虽说干不成事,但不至于干坏事。能力、业绩、心态皆高者,可能会有成绩,但也会向领导要待遇,否则就可能闹情绪。能力一般,业绩一般,偏偏心态不能平和者,这种人易患红眼病,见不得别人出风头,看不惯别人有荣誉,总是抱怨自己没机会,领导不重视,同事不配合。能够从事自己喜欢的工作,并且和自己喜欢的人一起工作,这就是一种幸福。幸福源于满意,让自己满意,就找到了幸福的密码。

1. 发挥优势,落实行动研究

2014年,我推出一本专著《导学的创意与智慧》,取得两项成果:省基础教育教学成果奖和教师教育成果奖。发表了5篇论文,举办了10场讲座,策划了6个活动,还有许多篇教研随笔与读书心得。

今年三月至四月份已安排3到6场专题讲座,还策划筹备教务主任培训活动。

2. 研究心得,转化教学主张

教学设计贯穿"三条线":知识拓展线、情感联系线、逻辑推导线。课堂展示体现"四个理":表述归纳条理、比较说明道理、论证辩明法理、反思感悟哲理。教学流程规范"四个题":破题发现意义、构题提升立意、解题点拨思路、答题规范要求。教学互动设计"四个问"：提问聚焦主题、追问拓展思路、反问验证理解、疑问生成智慧。教学效果达成"四个鸣"：情感共鸣、认知共鸣、方法共鸣、效能共鸣。

3. 团体合作，表达感恩心情

一枝独秀不是春，教研员要明白职责所在，大家好才是真的好。每位教研员手下要有四支队伍：一支讲课、赛课和拿奖项、争名次的名师队伍，一支做课题、出成果的名师队伍，一支做培训、有主张的名师队伍，一支能命题、研中考的名师队伍。

教研员的成长过程中，个人努力是基础，离不开贵人相助、高人指路、个人努力和友人督促。感恩我们成长过程中的贵人、高人和友人，有了他们，我们会成长得更快更好。

4. 平和心态，品味职业幸福

顺其自然，争其必然，得之坦然，失之淡然，修炼一种平和心态，拥有一份职业幸福。

团结，凝聚同心力；实干，提升执行力；争创，激活原动力；一流，强化竞争力。有争一流的心态，干一流的能力，做一流的标准，创一流的机制，我们就能达到满意的标准。

四个满意是基于教研职责提出的教研指向、指导力度和服务标准，四个满意是基于文化自觉而提出的工作标准。做到了四个满意，我们就有了创一流、争第一的魄力与底气，也就有了职业幸福感和荣誉感。

四个满意是我们责无旁贷的选择、义不容辞的责任、持之以恒的坚守和力争上游的鞭策。做到四个满意，我们就会体会到工作虽辛苦，但有成绩，会很富足；学习虽辛苦，但有进步又很幸福；教研虽辛苦，但拥有学识见解，又很享受。我一直在努力做到四个满意，然而自知工作能力和教研业绩距四个满意尚有不少的差距，"虽不能至，然心向往之"。有梦想就会有追求，让我们共同为自己的教育梦想而努力。

阅读思考：

1. 教研室服务学校，怎样才能让学校满意？能否说一说你的得意之作？

2. 让教师满意主要凭什么？

3. 让自己满意就找到了职业幸福的密码，怎样的付出与获得才能让自己满意？

课题研究：教研论文系列

论有效教研的十个基本指向

新乡市教研室提出"有效教学、有效教研、有效教师、有效成长"四位一体、协调发展的教研策略，以有效教学为导向，有效教研为支撑，有效教师为落脚点，有效成长为归宿。有效教学之所以执行无力、指导乏力，原因就在于缺少有效教研的有力支撑、有效教师的有力拓展和有效成长的有力保障。关于有效教学的论著成果有很多，但有关有效教研的却鲜有论述。本文从教师专业成长的角度，探讨有效教研的十项基本指向。

有效教研是针对基础教育中的现状而提出的一种改进措施。教研工作的现状是领导要求讲得多，实际工作做得少；文件要求有高度，具体执行缺力度；办学理念有目标，教学评价无指标；工作要点有地位，具体执行排后位。

有效教研就是立足于课堂实际，着眼于问题解决，致力于教学效能，归根于专业发展的一种教研方法和评价指向。如同有效教学一样，有效教研不看你的立项级别有多高，获奖证书有多少，获奖牌子有多大，主持人的名气有多大，只看解决问题的实际效果、提升教学水平的实际效果和促进教师专业发展的实际效果。

"教而不研则浅，研而不教则枯。"如果没有教研做引领，教师的发展就会停滞，教师的水平就会浅薄。教研与教学，是相辅相成的两只轮子，缺一不可，甚至在某种意义上，教研是主导轮，决定教师的发展走向和教学的实际效果。落实教研工作，就要有思路、有方法、有策略、有作为，就要明白有效教研的基本指向。

一、以问题解决为目的

教研始于问题，没有问题的困惑与袭扰，就没有教研的活力与张力；没有教研的活力与张力，就没有教学的特色与风格。课堂是教师的生命舞台、职业平台与事业高台，课堂也常常是让学生产生疑惑、困惑、迷惑的地方。三尺讲台凝聚学子人生希望，一把教鞭引领学生学业成功。有鉴于此，我们必须格外重视有效教研的问题解决。

在要解决的问题中，有些是传统教学中的老问题，有些是时代发展的新问题；有些是社会变迁的观念问题，有些是专业技能的培训问题；有些是阶段特征的次生问题，有些是课程改革的深层问题。正所谓"用心观察，课堂处处有学问；潜心思考，生活时时有课题"。

"教学有法，但无定法，贵在得法。"这是广大教师耳熟能详的老话。"有法"让教师信服，"无法"让教师困惑，"得法"让教师理清思路。如何解决教学得法的问题，是许多教师一直在努力探索但始终不得要领的问题。"教学有法是铁律，但无定法求适宜。"不同的学情、不同的背景、不同的需求、不同的爱好、不同的起点、不同的经历、不同的方法、不同的效果，当然应该是"教无定法"。最好的教育是适合学生的教育，最好的教师是适合学生的教师。适合学生的立意与创意，是有效教研必须关注并加以解决的头等问题。"贵在尊法守规矩，难在得法有创意。"教学得法，表现为适合学生，实质上体现对学生主体地位的尊重。教学得法最典型的表现为"用教材教"。具体做法是对教材内容大胆地进行增加、删减、调换、更正、重组、编译。"巧在设法激学趣，妙在变法提立意；实在讲法有活力，忌在循法套模式"，这样就真正把握了"得法"的精髓，就会把课讲活了。

课程改革在实践中的难题是一线教师的执行力，有些理念，大家都知道，也都认可，但就是无法在课堂上表现出来。究其原因——低效培训。"专家培训讲得头头是道，怎样执行全不知道。"以上述教研名句为例，用心思考，潜心研究其基本内涵、本质规律和行为特征，进行深度解读，得出自己的新见解、新观点，最后归纳成教法应用的四项注意：教学有法是铁律，但无定法求适宜；贵在尊法守规矩，难在得法有创意；巧在设法激学趣，妙在变法提立意；实在讲法有活力，忌在循法套模式。

理念从认同到执行，需要有一个路线图，一种方法论。解决问题很大程度上就是研究解决问题的具体方法。

二、以总结经验为起点

经验是指"由实验得来的知识或技能"。做好经验总结是教师专业发展的基本途径，是广大教师最熟悉和易于操作的教研方式。但是，总结经验多数处于事实叠加、概念堆砌的状态，缺少理性思维的比较、批判思维的深度、战略思维的引领和创新思维的新颖，所以经验总结需要加上研究的方法，注入研究的要素，倡导研究的策略，形成研究的成果。

有效教学要以了解学情为基础，这是一条重要经验。但了解学情的途径、方法和策略是什么？靠经验总结来回答问题，难免失之于简单化、概念化、口号化和标签化。要通过研究的方式，提炼出解决问题的新思路，归纳出解决问题的新观点、新见解。以下是了解学情需要知道的十个方面：①姓名含义，②家庭状况，③上学路径，④社区环境，⑤生活习惯，⑥兴趣爱好，⑦个性特长，⑧性格特征，⑨发展志向，⑩家长期望。班主任老师如果能做到这十个"知道"，就一定会是一位优秀的班主任；学校如果能做到这十个"知道"，把经验总结提升为研究成果，把研究成果转化为教研效果，就一定会发展为有特色和优质的学校。

教师的专业成长，很大程度上依赖于教学经验的总结、提炼与升华。总结经验突出的是经历，强调的是体验，难得的是感悟，追求的是提炼。同一年毕业的教师，若干年以后，专业水平呈现出很大的差距。原因就在于一般教师缺乏用心感悟，潜心思考，更缺失热心研究，精心写作。

学习分为"向书学、向事学、向人学、向网学、向己学"，我曾经有很长一段时间不理解"向己学"的含义。后来通过教学经验的总结、交流、碰撞、比较，才悟出"向己学"的道理在于总结经验，汲取教训；总结经验，提高能力；总结经验，帮助同伴；总结经验，完善自我。这是"向己学"的意义之所在。"向己学"，要使今天的我优于昨天的我，明天的我优于今天的我。

三、以专注教研为动力

专业发展离不开我们的教育梦想。梦想是漫漫长夜里的航标灯，指引着我们驶向成功的彼岸；梦想是专业发展的动力源，推动着我们走向成功的明天。有梦想就有期许，就有了目标，就有了动力；就会风雨无阻，日夜兼程；也会笑对坎坷，笑傲人生。

1982年刚刚毕业立于讲台时我有一个梦想：什么时候发表论文，把自己的文章变成铅字？1997年调入教研室以后，我又有一个梦想：什么时候能形成自己的教研风格，把自己的学识见解变成教学主张？2005年当了副主任以后，我的教育梦想是发表个人专著，把自己的思想与大家分享。现在，我的梦想是为广大教师提供增值服务，帮助他们提炼自己的教学特色，形成自己的教学主张，表达自己的学识见解，发表自己的学术著作。

专注是专业发展的心理保障。专业发展要达到专业水准、专业境界，就需要做到专注，即集中精力，全神贯注，专心致志，精益求精。朝三暮四,见异思迁,浅尝辄止,蜻蜓点水,随风飘荡,好高骛远,都是专业发展的大忌。教师成长要有一种平和的心态、宁静的状态,经得起诱惑,耐得住寂寞,扛得起摔打,受得住磨难。专注,要求我们把平常的事做到标致,把烦琐的事做到精致,把重复的事做到极致,我们距成功就近在咫尺了。

专注是走向成功的重要因素。有记者采访霍金先生的母亲,问霍金成功的秘诀是什么。答案是专注。因为霍金身患重病,完全丧失了运动机能,他只能整天坐在轮椅上,这反倒使霍金专注于思考,专注于研究物理学方面的知识。

专注是成功人士的显著特征。兴趣产生快乐的体验,专注生成智慧的悟性。专注于事业,才能把自己的时间、精力、能力和智慧凝聚到教育事业中,投放在教研课题上。专注是深度教研的必然选择,专注是专业发展的应然之路。

专业发展是一项系统工程,要把专业发展的着眼点放在教育理论与课改实践的有机结合上,以理论指导实践,以实践验证理论;切入点放在自己的课堂上,以"六微循环"的方式,促进专业发展;纵深点放在学习方式的变革上,抓住课程改革的"牛鼻子";碰撞点放在批判性思维的训练上,把培养创新精神落在实处;生长点放在塑造自己的教学风格上,形成自己的个性特点与审美情趣;着力点放在提升自己的学识见解上,形成自己的教学主张;落脚点放在"有效教学、有效教研、有效教师、有效成长"四位一体协调发展的策略上;关键点放在深度学习的引导上,从本质上把握学习规律;突破点放在有效导学上,把"要我学"转变为"我要学";升华点放在核心素养、核心能力、核心价值观的有机融合上,促进从知识立意、能力立意到素养立意的教育转型。抓住了专业发展的十个要点,我们就掌握了跟进培训、跟进提高的主动权。

四、以行动研究为导向

通过研究解决问题,无疑是一种正确的思路和想法。从中小学教师的实际情况出发,更适合选择经验研究、个案研究、叙事研究和行动研究的方法,避免"跟风应景,重复他人"的无效教研。行动研究是在实际教学情境中,由教师和教研员共同合作,针对实际问题提出改进计划,通过在实践中实施、验证、修正而得到研究成果的一种研究方式。行动研究从实际工作需要中寻找课题,在实际工作过程中进行研究,由教师和研究员共同参与，使研究结论、研究成果为教师理解、掌握和应用，从而达到解决教学问题、改善教学行为、提升教学效果的目的。行动研究强调资料收集、合作探究、自我反思、多元总结，最后解决实际问题。

行动研究与教研室倡导的"跟进学习、跟进实践、跟进培训、跟进提高"的教研策略相吻合，充分体现了行动研究的四大特征，即情境性、合作性、参与性与激励性。"行动"的依据是教学困惑，"研究"的要求在于专家引领；"行动"的特征是真实问题，"研究"的本质是有效教学；"行动"的指向是解决问题，"研究"的价值在于发现规律。

五、以"六微循环"为策略

教师专业发展一般是一种"微循环"的状态。所谓"微循环"，本义是指微动脉与微静脉之间的血液循环，是血液与组织细胞进行物质交换的场所。如果微循环发生障碍，将会直接影响各器官的生理功能。由于这种生化反应肉眼看不到，只有在显微镜下才能看到，因此医学上称之为微循环。

生活中我们都有这样的体会，不见孩子个头长，只见衣服尺寸"短"。成长是个缓慢的过程。我把医学术语与生活现象综合在一起，结合网络"微时代"的特征，提出教师成长"微循环"的策略。

教师的专业成长有其规律性，所以我们要从小处入手，以求点滴进步；有其周期性，所以我们讲"循环"，以求逐步提高；有其综合性，所以我们讲全面发展，以求综合素养；有其阶段性，所以我们要重点突破，以求专业引领。

"六微循环"包括：①微课例，积累教学经验；②微课题，解决教学问题；③微反思，寻觅教学特色；④微创意，激发灵动课堂；⑤微讲座，表达学识见解；⑥微创作，提炼教学主张。

"六微循环"立足于小问题，着眼于小方法，致力于小改进，得益于小提高。坚持把有效教研抓实、抓细、抓小、抓精，抓出成绩，抓出效果。有了良好的微循环，一定会有健康的大循环。

专业成长是一个渐进、渐悟、渐变的过程，是一个数量的积累过程，是由量变到质变的飞跃过程。不要指望接受一次培训，拜读一本名著，参加一次活动，拜见一位名师，就能摇身一变，跻身优秀教师的行列。微循环要求我们以踏实的态度做学问，朴实的心态干工作，求实的方法写文章，扎实的数据出成果。

六、以网络交流为平台

"互联网＋"为教师专业发展提供了难得的机遇和平台,"互联网＋"的新态式已经深刻改变了整个社会。怎样适应时代的变化,应对时代的挑战,跟上时代的步伐,来促进教师的专业发展,就是一个值得研究的重大课题。

信息素养已经成为人才核心素养的重要组成部分,信息素养在现代教育中有举足轻重的地位。今天,网络的应用不仅是一种教学手段的拓展,也是一种教育理念的突破,更是一种学习方式的变革。现代教育要向网络要效率,向网络要能力,向网络要思想。网络不仅是一个信息平台,还是一个开放的大课堂,从网络检索、维基阅读、慕课系列到翻转课堂,开放的网络提供了随时、随地、随需、随意的学习选择。网络更是一个大熔炉,"教"与"学"的高频互动、创意体验与创意共享,正引领有效教学进入深度学习的新天地。放眼世界,网络学习、网络交流已成为打开信息时代教学三维空间的金钥匙。

"互联网＋"教学把学习时间由课堂的40分钟,拓展到了课前、课后、课间、课余,把课堂教学延伸到网上互动。在传统观念中,教师上完课,即意味着完成教学任务。然而,在"互联网＋"的教学模式和教学要求下,下课并不意味学习任务的结束,接下来还要进行主题拓展、深度学习的网上互动。教师要在教学交流平台上,回答学生们的提问。传统教学把学生教得没有问题,而网络学习把学生教得会提出一系列的新问题。传统教学也非常重视师生互动,但基本局限在课堂上,缺乏时间保障。网络交流解决了这一难题,从面对面交流向键盘对键盘交流延伸,从课堂交流向网络交流延伸,突破了师生交流的时空限制,打通了课前、课间、课后、课余的时间间隔。学生随时可以查询资料,与老师交换意见,征询答案,表达见解,网络教学使有效学习更加自由、更加灵活,更能体现学习的自主性。

为了保障网上互动的充分展开,体现"先学后教"的课改特点,我们倡导学校要设置同步教学预习平台,明确学习目标,优化学法指导,设计主题拓展,引导深度学习。以前学生的学习收获很大程度上取决于课堂上的吸收消化。现在,通过"先学"的预习,带着求知渴望的心理期待、有效学习的心理体验、情感态度的微妙变化,都会提高有效学习的专注度、参与度和满意度。

网络交流已成为网络学习的重要形式，提问、跟帖、"点赞"和"吐槽"，都是常用网络交流的方式；可以说过不了网络学习这一关，就过不了时代关，就面临着被时代淘汰的危险。

七、以教研协作为纽带

传统教研模式，主要聚焦于优质课、论文、课题的评比上，对学校和教师的指导和引领，大多数是单向的、片面的，就事论事多，就课评课多，缺少综合的、全面的、多层式、跟进式的指导和引领。教研员们习惯以自己为中心规划工作。我喜欢什么，就研究什么；我擅长什么，就指导什么；我对什么有研究心得，就搞什么专题讲座。现在，新乡市教研室提出"按需指导，菜单式服务；特色教学，个性化发展；有效教师，团队化建设"的工作要求，争取为学校发展提供全过程、全覆盖、多层次、多维度的教研服务。

教研协作一方面强化教研室与学校的合作，另一方面强调校际间的协作。在多元办学、均衡发展的推动下，受"学习共同体"的思想启发，新乡市教研室策划成立了教研协作共同体——九校协作体。协作体的宗旨是深度合作，优势互补，协作攻关，成果分享。

教研协作能否有效运行，关键是把教研变成学校自己的事，把教研变成教师感兴趣的事。过去可能会遇到"同伴互助"无同伴，"专家引领"无专家的尴尬。现在，协作体的同伴提供互助，教研室的课题提供引领。互助的要点放在课堂教学、课题研究、论文写作上，帮助打通教研成功的"最后一公里"；引领的重点放在打造特色学校、成就名师团队上；亮点放在学校文化和核心素养上。

从个案指导到按需发展，从有效教学到有效教研，从分散教研到网络教研，从特色教学到特色教师，从升学竞争到联合办学，从绩效提升到核心素养，从规范管理到文化建设，从专业发展到名师团队，一场悄无声息的改革，正在深刻改变着教研组织形式和教研价值取向。

八、以有效教师为标识

有效教师就是能够组织、引领、促进学生进行卓有成效的自主学习的教师。

有效教师的基本要求：了解每一位学生的发展需求，调动每一位学生的求知欲望，鼓励每一位学生的尝试探索，发挥每一位学生的特长优势。

有效教师具有"三个贴近""四个尊重"的职业特征。三个贴近就是讲解贴近学生生活，指导贴近学生实际，观察贴近学生心理。四个尊重即尊重学生的主体地位，"教"为了"学"；尊重学生的认知规律，"教"引导"学"；尊重学生的成长规律，"教"适应"学"；尊重学生的个体差异，"教"服务"学"。

有效教师的六个标识：①善于选择最贴切的例子说明道理；②善于提炼最精当的观点碰撞思想；③善于使用最生动的语言感动学生；④善于捕捉最鲜活的灵感启发学生；⑤善于整合最恰当的内容呈现教材；⑥善于反思最平凡的实践提升自我。

有效教学在实践中的困境是理解不透、能力不够、指导不力、效果不佳。究其原因，关键是缺乏有效教研的促进，缺失有效教师的保障。我们提出"有效教学、有效教研、有效教师、有效成长"四位一体、协调发展的教研策略，意义就在于此。

九、以师德师爱为内涵

没有爱就没有教育，是不是说有了爱就有了教育？显然，逻辑上是不成立的。爱有喜爱、酷爱、挚爱、热爱的程度之分，也有偏爱、溺爱、关爱、友爱的性质之别，还有父母之爱、同学之爱、教育之爱、行业之爱的本质差异。所以，对教育而言，仅有一个爱字是远远不够的。

人教版小学语文六年级有一篇课文《大自然的秘密》，作者是美国作家伯罗蒙塞尔，讲的是作者结伴到南太平洋加拉帕格斯群岛考察绿龟孵化过程。幼龟从龟巢到大海要经过一段沙滩，海鸥等食肉鸟常常在此守候。黄昏时分，作者一行正巧遇到一只嘲鹰正在追逐一只幼龟，他们好心帮忙，抱起幼龟，把它抛向大海。正当他们为自己的善行自豪时，始料不及的事发生了，让大家极为震惊。成百上千只幼龟争先恐后地结伴而出，刹那间，几十只幼龟已成了嘲鹰、海鸥、鲣鸟的口中之食……

这个故事告诉了我们一个简单但又常常被人忽略的道理，爱不能简单地从个人的意愿出发，要让爱的意愿契合事物发展的内在要求。教师、家长的失误在于以为有了爱，或是以爱的名义就可以粗暴地干涉孩子的自由。

"我都是为了学生好"，这是一部分教师常说的话。没有人怀疑你的好心，问题是好心怎样才能被学生认可、认同并承认呢？真正的师爱是为学生提供合适的教育来成全学生，成就学生，让学生的潜能优势得到最大程度的发挥。

对于教师的专业发展，我们强调专业知识、专业技能的多，强调师德修养、师爱素养的少。其实，真正在学生心中播种下爱的种子，收获爱的甘甜的，并不是教师教给了其多少知识，使其通过高考考上了什么大学，而恰恰是无意间、无意识的来自教师内心真诚的关心和关爱。

十、以教学主张为旨趣

教师要有自己的教育梦想和教育追求，要争取成为"有主张的教育者"和"有理论的实践者"，在课改实践中提出自己的见解，表达自己的主张。

教师要提出自己的教学主张，就要敢于打破两种权威：一种是所谓的理论权威，一种是所谓的经验权威。理论权威往往形成思想崇拜，经验权威常常形成模式桎梏。

洋思经验"先学后教，当堂达标"，被人称为教育史上的一场革命。其实，对某些课程来讲，似乎还应该有先教后学、边教边学、边学边教、教学相长的多种选择。如先学的前提条件，后教的跟进指导；先学的认知基础，后教的学识比较；先学的知识建构，后教的深度思考；先学的行动要求，后教的价值取向等，都是需要认真思考的问题。"洋思的课没看头"，就是因为缺失了老师的点拨，没有起到引领作用。把学习定位满足于达标，就失去了探究的发现与乐趣。一旦失去了生活的联系、情感的色彩、主题的拓展与思想的碰撞，学习就是单纯背概念、做习题，当然没看头，也不会有彩头，更不会有什么奔头。学习先进是为了超越先进，学习经验是为了完善经验。

"没有教不好的学生"，这种理论让许多教师不以为然。其实，换一种说法可能教师们更易于接受：只要用心学，没有学不好的学生。既然学生是学习的主体，学习是学生自己的事。现在把全部责任都推到教师身上，他们当然不服气，甚至会说让专家、校长来试试，看看他们能否做到。按多元智能理论的说法，既然每位学生都具备某种或几种智能的基因，教育的使命就是发现其潜能、激活其潜力、丰富其潜质，保证每位学生都有成功的可能。只有相信"没有教不好的学生"，你才可能会努力实践它、证明它，而不是一味抱怨学生水平低、能力差。

"五个深度，引领智慧学习"是我的教学主张。"五个深度"即深度参与、深度思考、深度拓展、深度引领和深度理解。学习过程不再是简单的阅读、寻找、做题，而是补充材料、主题引导、思想碰撞；学习组织不再是自学、对学、群学，而是独立思考、批判质疑、探索发现；学习指向不再是知识、习题、试卷，而是比较、选择、见解。只有超越了对知识的理解、对方法的掌握，才能把学习引领到本质把握、特征概括、灵动思维、智慧学习的层次上。

教研论文、教研课题的构思、选题、写作与表达既是一位教师专业知识、专业技能的积累、提高的过程，又是教师专业水平、专业素养的拓展、提升的过程。所以，教师的专业成长离不开有效教研的选题与协作，少不了有效教研的交流与碰撞。有效教研的十项基本指向，意在为教育同行提供一点教研思路的提示，为教育同行贡献一点教研心得的见解。不当之处，多多指正。

阅读思考：
1. 有效教研的概念、策略是什么？
2. 大致概括有效教研的基本指向，说说你的看法。
3. 你的教学实践和教学经验，能否提炼成自己的教学主张？请尝试做一下。

论有效阅读的七个要诀

阅读是最基本的学习方式，阅读的速度与效度将决定学习的质量和品质。有效阅读是指读者能够发现问题、寻找答案、破解标题、发现意义、掌握结构、提取线索，对话作者、感悟人生的灵动学习。阅读本意是从文本中吸收信息、获取知识、比较观点、碰撞思想，具体方法就是搜寻、论证、理解与表达。阅读需要以求知渴望为基础，策略方法为保障，目标任务为指向，激励评价为期待。

针对阅读教学中存在的"散""浅""俗""薄"现象，我从自己的教研实践中，归纳出有效阅读的七个要诀，请各位指正。

一、用"诵"的方式把书读顺

诵的本意有二：一是读出声音；二是读到会背，所谓熟读成诵。诵读的意义，一则可以检测识字效果，遇到不熟悉、不认识的字词，一定会"卡壳"读不下去，从而迫使学生重新补课；二则可以体验文字的韵律美和节奏美；三则可以比较作者遣词造句的文字功底；四则可以欣赏文本的文化意境和文化内涵。

熟读背诵是语言积累的童子功。在长期的熟读背诵中积累大量的名言名句、经典段落和篇章，可以促使语言材料的理解转化和素养内化。熟读背诵是语言学习的基本功。熟读背诵是语言研究的内家功。许多名师信手拈来的名言佳句，莫不体现了深厚的学术功底。所以，我们要格外重视诵读在学习中的作用。

诵读的形式有范读、领读、齐读、续读、对读、赏读等。诵读的要求是读准字音，读对重音，读好拖音，读巧颤音，同时还要读出高低快慢的节奏，读出作者的思想情感，读出读者的认知共鸣，读出言外之意的人生启示。诵读不是一味地大声朗读，也不是一板一眼的学生腔，而是有节奏地吟咏。真正的诵读表现为流畅地读，交流地读，投入地读，倾听地读，体验地读，理解地读，感悟地读，在诵读中体验语言的节奏美，欣赏语言的韵律美，感悟语言的思想美。

把书读顺，一是文从字顺，前后关联，读起来朗朗上口；二是通顺文理，合乎规范，读起来顺理成章；三是文词眼顺，字斟句酌，读起来沁人心脾；四是逻辑势顺，推导生活，读起来情感共鸣。

读顺还是检验自己文章品质的好方法。文章写好后，自己首先诵读一遍，凡是读不顺、讲不通的地方，一定要认真修改。自己读着顺口，别人才可能看着顺眼；自己写着顺畅，别人才可能读着顺当，一个"顺"字，关乎读书、研书、著书的三个层次。字顺才能口顺，理顺才能势顺，这样有效教学才会渐入顺境，师生合作才有可能完成顺导。

二、用"讲"的方式把书读通

有效阅读贵在深度理解，难在融会贯通。真正理解文本的学生，他会用自己的话来"讲"；一知半解的学生，他只会照本宣科来"背"；至于一无所知的学生，他只能回答"不知道"。所以，新课改倡导"教材让学生自己读，问题让学生自己讲"，其意义就在于此。

"讲"并非教师的专利，也是学生在课堂上展示的学习权利。对于学生的"讲"，既要有明确的要求——讲什么，又要有具体的学法指导——怎么讲。"讲"的四重意义是解释、说明、论述和论证。"讲"的四项原则是条理性、具体性、深刻性和启发性。"讲"的四个指向：一是讲问题启发思考，二是讲见解启迪思路，三是讲感悟深化理解，四是讲发现揭示规律。"讲"的四项要求：一是表述归纳条理，二是比较说明道理，三是论证辩明法理，四是反思感悟哲理。

"讲"的目的是把学习的主动权交给学生，把学习的选择权还给学生。"讲"既要充分发挥教师的组织、协调和引导作用，又要突出有效导学的适应性、针对性和启发性。通过讲，让学生自己发现问题、研究问题、解决问题、归纳问题，从而真正把文本读通。

听讲是最常见、最基本的学习方式，老师在课堂上讲得如此之多，已经出现了"填鸭式""满堂灌"的授课方式。有效教学的金字塔原理认为，学习有主动学习与被动学习之区别，听讲的学习效率只有5%，而给别人讲的学习效率则达到90%。它对我们的启示：一是教师要有舍得的胸怀，敢于把讲台让给学生；二是学生要有自主意识，敢于登台亮相，讲述自己对课程的理解。

我们总是担心学生讲错了，会误导其他学生。如果真的讲错了，恰恰为我们判断知识易错点，澄清概念混淆点，比较思想碰撞点，拓展主题纵深点，联系生活趣味点，引导哲理至高点提供了好的教学反馈。学生的讲给我们提供了一种分析性的课程资源和批判性的研讨机会。让学生讲，还是我们判断其知识背景，诊断其认识能力，了解其思维习惯，激活其思维潜能的绝好时机。所以，我们要格外重视培养学生敢讲、能讲、会讲、善讲的能力。

三、用"问"的方式把书读懂

阅读意味着一个主动学习的机会、一个比较思想的机会。有效阅读可以给我们更高远的学术视野、更广阔的研究视域。用"问"的方式读书，可以帮助我们更好地理解文本，理解作者，理解社会，理解人生。"问"的具体方式，我概括了四句话：提问聚焦主题，追问拓展思路，反问验证理解，疑问生成智慧。

"问"的思路有二：一是明确学习主题，围绕主题展开学习，这样可以保证学习目标不走偏。二是设计一个问题链，由浅入深，逐步过渡，深度思考；由此及彼，关照经历，联系生活；由外到内，注入情感，掌握方法。

课程改革倡导以我为主用教材，反对照本宣科教教材。怎样在阅读教学中做到用教材而不是教教材，教师要从四个层次解读教材。首先以"读者"的身份，发现并把握教材的"原生价值"；其次，以"教师"的身份，思考并提炼教材的"教学价值"；再次，以"学生"的身份，体验并感受教材的"学习价值"；最后，以"学者"的身份，研究并总结教材的"拓展价值"。在解读教材的四种身份转换过程中，我们会发现多种"问"的观察视角与"问"的思维导向，会思考多种"问"的切入角度与"问"的思维层次。可以说，一般教师与优秀教师的区别，很大程度上在于学习问题的设计与引导。

以《扁鹊见蔡桓公》一课为例，设计四组问题，层层推进，引导学生读懂文本。首先从一个"见"字入手，问蔡桓公与扁鹊在什么情况下"见"面。在中文语汇里，"见"有许多形式，如拜见、晋见、约见、待见、召见、会见、遇见。这是"见"的知识延伸。问题是一介平民与国君，照常理应该以什么样的形式见面，标题并无交代，我们读完全文以后才能得出结论。课文不足 200 字，一共提到几次"见"？每次"见"都发生了什么情形？你对哪次"见"的印象最深？其次，从两种态度思考：扁鹊的职业态度与国君的求医态度分别是什么？平民见国君，正常情况下会有什么样的话题？"立有间，扁鹊曰：君有疾在腠理，不治将恐深。"想象一下当时的情形，二人初次见面，站了一会儿，扁鹊就直说："国君您有疾病呀，再不治就麻烦了啊！"尽管不合常理，但符合名医的职业态度。韩非子用初次见面的语言冲突，展开故事情节，吸引读者关注蔡桓公的病情发展和扁鹊的医治措施。国君的求医态度是"讳疾忌医"，用"寡人无疾"来回答，并断言"医之好治不病以为功"。再次，从三层道理引领学生读懂治病的医理、人生的道理和辩证的哲理。从医理上讲，养生之道应注意防微杜渐，小病及时发现、及时治疗，防止久拖不治酿成大病。从道理上分析，要相信医者仁心，要感谢医者善行。当医生发出劝告、警示之时，若还执迷不悟，拖到病重身危，当名医也束手无策之时，悔之晚矣。从哲理上辨析，我们一般多是责备蔡桓公的刚愎自用，却很少考虑矛盾转化的关键因素。讳疾忌医是作者要告诉大家的道理；忠言逆耳与忠言入耳、忠言顺耳是医生的职业修养；理解别人的善言，善待别人的善意是学生应明白的做人道理。

　　用"问"激发求知渴望，用"问"引导探究过程，用"问"开启灵动思维，用"问"培育创新因子。当我们把书上的问题全部想清楚，把读书的困惑全部搞明白时，我们才可能真正把书读懂。

四、用"续"的方式把书读厚

　　有则笑话讲外国人来华留学参加中文考试，题目是请写出以下句子的区别：①女孩给男友打电话："如果你到了，我还没到，你就等着吧；如果我到了，你还没到，你就等着吧。"②冬天，能穿多少穿多少；夏天，能穿多少穿多少。老外崩溃，交白卷。我们用"续"的方式，研读上述句子，只需添加几个词，稍作提示，大家就都能正确理解文义。①前者是"你就等着吧，我一会儿就到"，后者是"你就等着吧，看我怎么收拾你"。②冬天，能（多）穿多少穿多少；夏天能（少）穿多少穿多少。前者，同样的句子，表达不同的意思；后者，命题老师省略了一个关键字。

　　阅读教学中，用换词、添词、删词与续词等方法来引导学生欣赏品味课文核心词组与重点段落是种常见的有效方法。在变化中比较，在比较中选择，在选择中欣赏，在欣赏中品味，学生们会感知到词的差异，感受到词的意境，感觉到词的温度，感悟到词的内涵。

　　《中国教育报》2014年11月5日刊登了王娟女士的文章《阅读教学中

的研究智慧》，告诉我们怎样用"续"的方式把书读厚。也有学者称"续读"为"结构化"阅读，我认为两者有异曲同工之妙。

美国纽约一所小学，以自创侦探故事为学习目标，展开阅读与作文教学。具体步骤如下：

第一步，找一本经典的侦探长篇故事，指导学生阅读、分析写作方法，并侧重人物、场景、可疑之处和揭秘方法。像这样带着明确任务的读书，是讨论式的研读而不是机械记忆的素读，是批判思维的精读而不是蜻蜓点水式的浅读。会读书比多读书重要，会读书重在领会方法，举一反三。

第二步，学生自己拟订提纲，用一个小山坡型的示意图，形象地表现故事的起因、经过、曲折、高潮和结尾，每一个环节用一个简单的词语或句子加以说明概括。这个环节很重要，因为会做写作计划比写作本身更重要，做计划使写作过程有方法、有策略，使写作内容有思考、有内涵。

第三步，根据提纲开始续写与创作。美国的作文本很有特色，让学生写一行空一行，以便修改。的确，好文章都是反复修改、千锤百炼的结果。

第四步，整体修改并定稿。学校要求学生把作文打印出来，自己设计封面和封底，并要把所有资料装订成册。作业变成作品，可以想象一下，学生的心理会有怎么样的感觉。他们一定会格外珍惜自己的作品，作文是写给老师的，而作品是留给自己的。作业是完成一项任务，而作品是完成一项创作。作业只需投入时间，而作品则要倾注感情。

第五步，同学互相传阅，完成互评表，分项写出评语和读后感。解放学生，教师才能减负；解放老师，学生才能减负。教师们视作文批改为畏途，就在于所有的负担都自己扛。思想解放天地宽，解放学生思路活，解放自己办法多。合作学习不仅仅是分组讨论，自我欣赏、自我教育、自我评价、自我督促、自我提高、自我完善都可以包含在这个教学环节中。

第六步，每位学生必须在全班宣读自己的作品，接受同学和老师的提问并作出解释和回答。展示自己的作品，每个人都会有一种心理期待，希望得到大家的认可，而这种期待将转化为自我提高的内在动力。

续写是个模仿提高的过程，续写是个理解文本的过程，续写是一个融合学识的过程，续写更是一个自主创作的过程。通过续写的方式把书读厚，是因为添加了自己的理解和感受。在续写的过程中，一方面促使学生深入研读文本；另一方面促使学生尝试着用自己的笔触描写自己的生活，表达自己的情感。

五、用"破"的方式把书读透

古人云：读书破万卷，下笔如有神。破，是一种探究，是一种发现，能使隐藏在文字背后的真相露出来。正所谓一语道破，说破到底。"破"是一种意义理解后的感悟，"破"更是一种创新理解上的超越。

"破"有三个层次，即破字、破句与破题。文章的构成不外乎字、词、句、段、篇与标题。常见字、多用字，我们看起来只是认识，却谈不上认知，很少去细究其起源、演变与特定含义。就拿"破"字来讲，《现代汉语词典》有九种意思，只有在合适的语境中，我们才能准确把握其正确的意思。破书、破竹、破釜、破城、破费、破除、破东西，都有一个"破"字，但意思却大相径庭。按我的理解，"破竹"的"破"，是将某物劈开，使之分裂；"破釜"的"破"是使某物损坏；"破城"的"破"是打败敌军，占领其城池；"破费"的"破"是花费（时间或金钱）；"破除"的"破"是打破禁锢，突破禁区；"破东西"的"破"是讥讽人，表示不稀罕。破案、破产、破格、破戒、破落等都各具其意。至于"破书"，不是说是旧书，而是研究到位，深度理解，发现问题，揭示真相。"破"字在引导学生提高阅读效能，培养研究兴趣，提升阅读品质，培养学习情趣等方面具有独特的优势。

1969年新华社的一则短消息成为美国政府关注的焦点，也成为破句研读的经典范例。

（新华社北京十一日讯）国务院总理周恩来今天在首部机场会见了从河内参加胡志明主席葬礼后回国途经北京的苏联部长会议主席柯西金。

双方进行了坦率的谈话。

中国方面参加会谈的有李先念、谢富治。苏联方面参加会谈的有卡图谢夫、亚什诺夫。

破读这样简短的公报声明，需要了解1969年的国际局势和中、苏、美之间的关系。国际局势是苏美争霸，美国极欲摆脱被动的局面，想改善与中国的关系。尼克松总统曾在1967年的《外交季刊》上写道："在这个小小的星球上，容不得数以10亿或许是全人类中最有才能的人民生活在愤怒的孤立状态之中。"他就职仅12天，就开始"正在试探"重新与中国人接触的可能性。而中苏关系则因为珍宝岛的武装冲突，降到了冰点。当时，苏联在中苏边境地区陈兵百万，虎视眈眈。鹰派人物主张摧毁中国刚刚起步的核设施。中国受到了巨大的压力，举国上下都在"深挖洞，广积粮"。

破读1：中苏双方为什么不在河内胡志明的葬礼上见面？越南方面决定9月5日正式吊丧，而周恩来决定4日飞抵河内，吊丧完毕，即刻回国。避免与苏联方面有所接触，这是中国政府的态度。回避就是一种无声的谴责。

破读2：柯西金返程原定路线是从河内经印度、阿富汗、塔吉克斯坦到达莫斯科。现在绕个圈子飞抵北京，表明此次会见是苏联方面采取主动。

破读3：基辛格回答尼克松总统的询问时说："声明中没有使用描述这种会谈的标准形容词，'友好的''兄弟般的'，这意味着有严重分歧。"公告原稿方用的"同志般的"形容词，中国外交部改为"友好的"，周恩来审阅时，定稿为"坦率的"。在外交词汇中，"坦率的"意味着毫不留情的争执。

破读4：9月5日正式吊丧，11日中苏在北京会晤，近一周的时间应该用于沟通、协调双方会谈的形式与内容。在首都机场会见而没有请客人离开机场，表明中国方面只是给予柯西金起码的礼仪待遇。

破读5：尼克松总统曾询问道，这次会晤是否意味着中苏之间的缓和。基辛格答道："在我看来，这是双方严阵以待，以准备下一个回合的斗争。"中苏关系在走向一个危机点。

标题是文章的眼睛，文章通常是围绕标题展开叙述的。标题的内涵如此之丰富，导致许多人不理解标题蕴含的意义。破题就成为优秀教师的核心能力。破题要求教师用一两句话，说破题目的意义，明了题目的价值取向，所谓破题发现意义。以《马克思主义诞生》一课为例，常规教学思路是宪章运动—革命实践—《共产党宣言》发表—历史意义。破题要求学生明确学习目标是掌握政治理论形成的一般规律，理解理论与实践的三组关系，即实践对理论的呼唤，理论对实践的指导，实践对理论的反思。政治理论形成的规律：矛盾引起动荡（宪章运动），实践深化思考（马恩提炼），观点形成理论（《共产党宣言》发表），理论指导实践（历史意义）。读透了基本原理，就会明白列宁主义、毛泽东思想、邓小平理论与马克思主义诞生的核心要素与基本内容。

有了破字、破句与破题，我们就能从微观、中观、宏观三个层面解读文本、把握文本。何愁讲解不顺、理解不透？

六、用"纲"的方式把书读薄

纲乃事物最主要的部分，所谓纲举目张。阅读要列出提纲，抓住主要环节，牵动次要环节，忽略过渡环节，删除修饰环节。这样，取其精华，记其要点，列其提纲，书自然越读越薄。读书要由厚到薄，取其精髓；著书要由薄到厚，丰富思想。读薄的有效方法是列举知识纲要，小学生要求画出知识树，中学生要求列出知识提纲。深圳龙岗区教师进修学校刘静波校长提出"启动—建构—巩固—运用—总结"的"五星网状教学模式"也是以建构提纲的形式，把知识条理化梳理，网络化呈现，数字化交互，系统化整合了。

低效学习的主要表现就是学生不愿读书，也不会读书，尤其是不会从阅读中积累知识，发现问题。他们往往只记住了故事情节而忽视了学习主题，只背会了公式定理而忽视了逻辑推理。观察、比较、概括、总结能力成为制约提高学习效能的主要因素。

许多家长都曾询问过一个同样的问题，怎样提高孩子的记忆力。从机械记忆到理解记忆，从运动记忆到逻辑记忆，最好的方法就是做小结、列提纲。

课堂小结的形式很多，大致有纲要结构式、图表数字式、概括要点式、主题探究式、破解题眼式、哲理辨析式等，但都有一个共同的要求，即突出主题意义，列出纲要结构。

课堂小结的四项要求：语言的简洁性，表述的流畅性，概括的全面性和理解的深刻性。

知识提纲是一种知识呈现的概括能力。教科书对知识的呈现，与学生头脑中对知识的认知结构存在着一定的认知距离。通过列提纲的学习形式，可以引导学生从关注知识点到关注知识的延展线，从关注问题的具体答案到关注问题的前因后果。

知识提纲是一种知识深度理解的表现形式。我有一个论断，评价学生的自主学习能力，就看他的知识提纲。条理清楚、线索明析、重点突出、概括准确者，一定是善于学习的优秀学生。否则，就是还需要教师进一步指导的学生。

我在拙著《导学的创意与智慧》一书中，曾提出"三读、三问"导学模式。所谓"三读"，就是素读，要求画书、批注、列提纲；解读，要求解疑、释惑、作小结；导读，要求点拨、引领、讲感悟。

七、用"悟"的方式把书读新

"悟"字的解读，就是自己用心去思考，去探索，去发现，去感悟出新的答案。看过的书会遗忘，听过的课也会遗忘，只有付出行动的体会难忘记，情感共鸣的意会难忘记。说起来，自己用心思考感悟出来的东西最难忘。

哈佛校徽上有三本书，两本书打开着，另一本却合着。前者象征通过阅读获取知识，后者寓意通过觉悟生成智慧。其完整的意思是，打开的书，只是让人获取知识，并以此为基础来解读未打开之书的奥秘。哈佛的教育理念是，阅读获取书本知识，感悟赢得人生智慧。

感悟有四个层次：感知、感动、感想与感悟。悟有四个途径：渐悟、顿悟、醒悟与觉悟。我以自己的教研体会，总结出悟的四组对应关系：积累焕发渐悟，教育贵在耐心；情境启发顿悟，引导重在比较；反思触发醒悟，思想难在感动；评价激发觉悟，习惯养成自觉。

教为不教是教学的本质要求，贵在掌握学习方法；学为创造是学习的最高境界，难在提升思维品质。

"三十而立"告诉我们什么样的道理呢？"三十"是个泛指，意为成年。"立"者为何？立身、立家、立业。联系自己的人生经历，思考自己的人生目标，我们应该感悟出"三十而立"的人生意义。步入成年，理应担负起自己的责任，依靠自己的本领承担起对个人、家庭、社会乃至祖国的责任；同时，确定人生目标与发展方向。古人有"立功、立德、立言"之说，我们要考虑在社会上立足凭什么。靠山，山会倒；靠人，人会跑。只有靠自己的真才实学才最牢靠。思想修养、能力培养、道德涵养和文化素养，都是"立功、立德、立言"的支撑。

"五十知天命"，人生最美好的时光已过去大半，会有"夕阳无限好，只是近黄昏"的感叹。五十岁的人，基本知道自己的命运轨迹，不怨天；知道自己的人生定位，不尤人；更应该知道自己未尽的责任，不懈怠。人到五十，可以说是人生最成熟的阶段，也是思想成果最丰盛的时期，成功带来快乐的同时，也会有压力带来的疲惫。天命是什么？天命就是经过个人不懈努力，最有可能取得成功的地方。如何增加成就事业的动力，提高终身学习的能力，坚守价值阅读的毅力，保持创新思维的活力，维持潜心研究的定力，拓展跟进反思的张力，都应该是属于天命的范畴，都应该是年届五旬之人的应知、应会之要义。

教师的职责是传播知识，激励思考。思考的过程，既是一个观察比较的过程，又是一个探索发现过程，还是一个渐悟顿悟的过程，更是一个形成自觉的过程。学贵有法，思贵有悟。我们不仅要读懂文本，还得读懂作者、读懂社会，读懂世界、读懂人生。正如习近平总书记所言："读书可以让人保持思想活力，让人得到智慧启发，让人滋养浩然之气。"

有效阅读的方式有多种：自由摘记，选择精要；知识卡片，积累常识；圈点批注，表达感受；仿写续读，比较借鉴；好书推介，知识分享；跟进实践，学用结合。有效阅读的方法有多样：朱熹"三到"、欧阳修"三上"，提供读书的策略与时间；孔夫子"韦编三绝"，告诉我们什么是定力；董仲舒"目不窥园"，告诉我们什么叫专注。李密挂角、匡衡凿壁、孙敬悬案、苏秦刺股，都是先贤读书的经典范例。

有效阅读的类型大致有十种：①浏览大概，选择标题，是谓跳读；②代表人物的主要作品，是谓选读；③信马由缰，不设目标，只为休闲，轻松惬意，是谓乐读；④囫囵吞枣，不求甚解，每有会意，便欣然忘食，是谓神读；⑤掌握主题结构，把握知识脉络，是谓深读；⑥一目十行，择其精要，是谓快读；⑦选其要点，拓展探究，是谓研读；⑧引经据典，注释说明，是谓解读；⑨提出问题，点拨思路，是谓导读；⑩掩卷长思，融会贯通，是谓善读。以碎片阅读代替经典阅读，以浅阅读代替深阅读，这对当前的学校教育产生了相当大的冲击。怎样既让学生有书可读、有心想读，又让学生有空能读、有法会读，还让学生有人伴读、有人导读，我们就不能不格外重视有效阅读的方法。

《中国教育报·读书周刊》曾介绍一则小故事，说当年胡适先生请顾颉刚先生标点姚际恒的《古今伪书考》一书。书很薄，所以胡适预期一两个星期就可以做完。岂料顾颉刚一去半年，总不能交卷。原来顾先生对文稿的每一条引据都要去查阅原文，仔细校对，注明出处和增删之处。如此一来，自然耗时费工。半年之后，顾先生向胡适提出，《古今伪书考》不必印了，因为他要编辑一部疑古的书，叫作"辨伪丛刊"。胡适请他动手去编。顾先生编了一年多，又对胡先生说，"辨伪丛刊"也不必编了，现在他要自己创作了。原来，他在这两年中对古史辨伪的研究成果，早已超过了《古今伪书考》的学术价值，自然可以创作自己的作品了。这是有效阅读的经典例案。

从读书、研书到著书，存在着两个重要的思想转换。读书主要是汲取别人的思想观点，研书关键是提出自己的学识见解，著书着重表达自己的思想主张。掌握了有效阅读的七个要诀，也就在某种程度上掌握了有效研书的方式，这就距离著书立说、立功立言的境界不远了。

阅读思考：

1. 读书的方法有许多，关键是找到适合自己的方法才会有效。适合你的读书方法是什么？可曾用以指导学生阅读？

2. 比较阅读是有效的学习方法。请你提出自己的阅读见解。

3. 有效阅读的七个要诀是什么？七个要诀当中，你最欣赏哪一条？请说明理由。

论导语设计的六个招式

"良好的开始是成功的一半。"有效教学的起点放在哪儿,是一个很有研究价值和应用价值的问题。大家都知道,兴趣是最好的老师,怎样让课伊始则兴趣生,学伊始则趣相伴,课已毕则趣更浓,课已终则趣未尽,我们就必须格外重视教学导语的创新设计与有效应用。

教学导语是用来提醒学生有意关注的学习重点。好的教学导语会产生一种强大的吸引力,让学生非读不可,非学不可,非要刨根问底弄清楚事情的来龙去脉不可。所以,一段好的教学导语,在很大程度上决定一节课学习的成效。导语的功能,是要呈现最重要的思维亮点和价值取向,把学生的注意力集中在对学习主题的拓展探究上。导语对学习的作用,是制造学习悬念,引导深度思考。教学导语的创新设计与有效应用,是一位教师专业能力和专业素养最直接的体现和最有力的证明。

导语是教师的第一名片。行家一伸手,便知有没有。学什么,怎么学,怎样才能引导学生有效学习,需要教师对教材进行二度消化,从成年人的理解转化为学生的理解;然后进行二次设计,从成年人的学习转变为学生的学习。教师只有对教材深度理解和深刻把握,才会设计出新颖、生动、富有生活气息和哲理意境的教学导语,才会赢得学生的信赖和爱戴。

导语是教师的第一礼物。教学导语是一节课的开场白。怎样调动学习兴趣,维持学习兴趣,转化学习兴趣并升华学习兴趣,这是优秀教师要考虑的重点课题。教学要让学生明白学习是他们自己的事情,从而专注学习;引导要让学生体验学习是快乐的事情,从而热爱学习。

导语是学习的第一问题。导语要目标明确,突出重点,导语设计应围绕最重要的问题来完成。我们说学习主题常常隐藏在标题背后,所以,破解标题才能发现学习的意义,设计问题才能启迪思维,整合习题才能归纳知识体系,研究课题才能感悟学科原理。

导语是学生对所学内容的第一印象。知识以什么样的形式呈现给学生,它就会以什么样的形式留下印象。被人督促的学习,是一种痛苦的学习;主动选择的学习,是一种快乐的学习。快乐是否,从本质上来讲,取决于学生自己的心理体验。而这种体验，很大程度上取决于教师导语设计所产生的问题认同与求知渴望。

怎样使学生尽快进入最佳学习状态并较长时间地维持这种状态，需要教师精心设计教学导语，设计主题探究。根据多年的教研实践，我总结出导语设计的六种招式。

一、设置悬念，指向深度思考

上课伊始，提出最能吸引学生关注的点，最能唤起学生求知欲的问题链，但是，老师却不能急于告诉学生答案，让急于求知的学生产生寻求知识的动力，让探索问题的解答引导学生学习知识的过程。

以《美国独立战争》的导语设计为例，美国是当今世界上的超级大国，那么美国凭什么能够成为超级大国？这个问题引起了许多历史学家、政治学家、经济学家、军事学家、社会学家的强烈兴趣，他们对此一直在进行深入研究。央视纪录片《大国崛起》也试图解答这一问题。今天，我们共同走进美国的历史，破译美国崛起的历史奥秘。导语设计的立意，把对美国历史的考察放在当今国际格局的大背景来考虑，着眼于大国崛起的社会现象，引导学生从更宽阔的视角来关注历史，从更深刻的角度来研究历史。

在观摩了许多地方的导学案使用情况后，我发现最严重的问题是"浅"学习。所谓"浅"学习，主要是满足于获得问题的答案而很少引导学生去深度探究产生这种答案的原因。仍以《美国独立战争》为例，国家建立的一般途径除独立以外，还有分立、合并、统一等形式。在世界近代历史时期，独立战争常常包含有反对殖民地统治，争取民族独立的进步因素。也正是因为有了这一因素，美国人自以为他们是"上帝的选民"，传承了"自由、民主"的文化基因，成为"文明、进步"的代言人，也取得了干涉他国事务的权力。这样的深度学习、深度思考从文化基因上解释了美国霸权思想形成的历史因素。

二、开门见山，直奔学习主题

心理学经验告诉我们，学生的注意力往往是在新课开始的前十五分钟。开门见山、直奔主题，这种方式简捷明快，使学生注意力高度集中，聚焦于学习主题。要想达到预期的效果，关键是要设计系列化的问题，形成一个问题链，环环相扣，层层递进，提高学生发现问题、解决问题的兴致与能力。

以《难忘九一八》的导语设计为例，有人说时间是治愈伤痛的良药，但为什么九一八事变过去了80多年，却仍然是我们民族的痛？今天我们学习的主题是九一八事变为什么让我们难忘。不抵抗的耻辱让我们难忘，民族的苦难让我们难忘，抗联英雄的艰苦卓绝让我们难忘，以弱胜强的不懈坚持让我们难忘，历史经验的惨痛教训让我们难忘，国际局势的风云变幻让我们难忘。以六种不同内容的难忘为主题，串联起整节课的学习内容，也是一种用教材教的新思路、新尝试。

开门见山，关键是"山"要秀美、壮丽，让人产生攀登的向往，走近的欲望。这就需要设计出一系列的问题来引导学生。直奔主题，重点是"主题"要有启发性、有层次性，引导学生深度探索、深度思考。

三、创设情境，加上生活联系

好教师善于发现教材与学生生活的联系，通过创设情境，给学习加上生活的联系，使学生明白生活中的学习意义。教学情境是有效学习的加速器，是有效学习的添加剂。有学者曾有过一个精辟的比喻：将15克盐放在你面前，无论如何也难以下咽。但将15克盐放入一碗美味可口的汤中，你在享用佳肴时，已将15克盐全部吸收了。情境对于学习，犹如汤对于盐。盐需溶入汤中，才能易于接受，易于吸收。同样道理，知识需要融于情境之中，才能显示出活力和张力。

知识本身具有极其丰富的生活元素，而教材则是用规范的语言，用逻辑化的思维方式和抽象化的表达方式来讲述知识内容的。怎样创设情境，把教材知识与学生的生活经历、生活背景相联系，从生活中找到学习的因素，使枯燥的、单调的教材在生活化的情境中"活"起来、"动"起来，赋予学习生活化的意义，是教师专业技能的必修课。通常情况下，老师会要求学生背书。如果学生只记住一大堆干巴巴的文字和符号，根本没有理解其中的实际内容，没有明白教材与生活的联系，这一定是机械的、低效的、无意义的学习。恰当的情境能够对学习过程起到定向、引导、调解和激励的积极作用。

美国教育家杜威说过："教育的艺术就在于能够创设恰当的情境。"艺术来源于生活，我们要学会利用生活化的语言创设情境，运用生活中的案例创设情境，套用生活中的警句创设情境，巧用生活中的矛盾创设情境。

例如，讲"相似三角形"，可借用生活中的案例创设情境。古希腊哲学家泰勒斯到埃及旅行，参观著名的金字塔时，问陪同的祭司："有谁知道这座金字塔有多高吗？""没有，古书上没有记载。"泰勒斯说："我可以告诉你这座金字塔的高度。"在众人惊讶的目光中，泰勒斯取出一条绳子，在助手的帮助下，很快测得塔高131米。泰勒斯的秘密就在于他掌握了相似三角形的原理。今天，我们就来学习相似三角形。

四、标题解读，发现学习的意义

教材单元、章节的标题，通常是"课眼"所在，具有丰富的知识内涵和情感要素。对于知识体系来讲，标题是学习主题的提炼；对于知识学习来讲，标题是学习重点的凝聚；对于教学设计来讲，标题是解读文本的"课眼"；对于学习目标来讲，标题是知识构建的主轴。

"课眼"是启迪学习思维、展示教学智慧的精彩之处。课堂有亮点，源于设计抓"课眼"。很多教师重视研读教材，解读教参，却忽略了标题，也就使自己的课堂缺失了落脚点，即主题拓展的"课眼"。

以《收复新疆》一课为例，"课眼"聚焦于核心词"收复"。由此推导出关于深度理解"收复"的主题探究：①失而复得，格外珍惜；②拥有主权，毋庸置疑；③意味战争，代表正义；④造就英雄，历史肯定。如此层层分析才能将"课眼"讲得全面、细致、精准、透彻。

解读是教师引导学生深度理解、深度学习的基本功。以"人"字为例，既要讲清楚它的结构，又要讲清楚它的内涵。一撇代表人的长处，一捺代表人的短处，人皆有其长处和短处。为何撇要在捺之上？是说人要发挥自己的长处，克服自己的短处。如果放任其短处发展，短处越来越多，到头来会一无是处。一撇一捺也代表能屈能伸，伸代表善良诚信，屈表示包容谅解。一个人在生活中如果不能伸屈自如，恐怕会在现实中没有朋友。大丈夫能屈能伸，讲的就是这个道理。一撇一捺还表示合作互助，人只有相互支撑，才能立足于世间。一撇一捺更表示事业与兴趣，事业如能与兴趣相结合，人生一定会有职业幸福感。我们既要有事业上的成就，也要有兴趣上的发展。怎样理解"人"字的文化内涵，取决于我们的人生阅历和对生活的理解。情感、态度与价值观的教学实践，只需要给学习加上生活的联系，注入情感的色彩，用教师的形象比喻、深度解读，引导学生发现学习的意义，品味学习的内涵，就能收到事半功倍的学习效果。

标题解读需要协调好"高度""宽度"与"厚度"的关系。"高度"的核心是"个性化阅读"，即教师要有自己的独立思考和独到见解。"宽度"是在独立阅读的基础上，强化横向联系，了解、明白、研究并归纳教参、同行、专家、学者对教学内容的理解，还要把学科知识放至学科领域的综合性大背景中考察，以拓展学术视域。"厚度"是教师的学识素养、学识见解及对学习引导的影响力和穿透力。"听君一席话，胜读十年书"，就是对提问富有启发性、解读具备深刻性的最好注脚。

五、话题选择，满足多样需求

以《甲午中日战争》的导语设计为例，可供选择的话题有许多。2015年河南省历史优质课大赛上，开封十四中的丁红桥老师以打捞"致远舰"的新闻报道导入新课；安阳六十四中的张璐老师以"春帆楼的悲剧"导入新课。我为该课设计了以下三种导入方案：

方案一：中日关系集合了世界上大国关系的所有复杂因素。中日关系首先是东西关系（社会主义与资本主义），其次是南北关系（发达国家与发展中国家），再次是大国关系（世界第二、第三经济体），最后还是邻国关系。中日关系既有2000年友好，又有50年战争；既有意识形态的矛盾，又有经济发展的互补；既有国家利益的冲突，又有全球战略的合作。处理中日关系，最能体现政治家的外交智慧。中日之间的交恶与矛盾，集中爆发于120年前的甲午战争。

方案二：美国学者曾说过，只要一提及日本，中国人总爱在前面加上一个形容词"小"。日本真的"小"吗？论经济规模和实力，日本是当今世界第三大经济实体；论人口，日本有1.27亿人，排在世界前十名；论国土面积，日本比德国大、比意大利大、比英国大；尤其是其海域专属经济区，日本是名副其实的海洋大国。当我们被印象中的"小"日本打上门来的时候，我们才想起老祖宗留下的那句话：知己知彼，百战不殆。知彼，可以从今天的学习开始。

方案三：近代史上的历次战争，中国几乎都是以弱者的身份应战，以失败的结局告终，以割地赔款了事。但甲午中日战争则不然，当时国际舆论普遍看好中国，认为有了洋务运动30年的努力，中国近代化的程度与对手差距减少了很多。但是这场战争却以中国的惨败宣告结束。前事不忘，后事之师。我们自己以为自己会赢，别人认为我们会赢，对手也认为我们可能会赢的一场战争，偏偏就打输了，而且输得很惨，很难堪，其真正的原因是什么？

生活与教材的联系有很多，选择什么样的话题，既能引起学生的有意关注，又能引导对文本知识的深度探究，这是导语设计的基本要求。话题不必过长，要迅速过渡到对知识的关注上；话题不必过多，要围绕学习主题来展开。恰当的话题，是导入新课的激发点，也是主题拓展的激活点，还是展示学识的激励点。

问题设计要综合考虑问题的产生情境，包括行为指向、组织结构、思维广度、文化内涵、情感因素和价值取向。一般教师用一种法子教五十位学生，优秀教师用五十种法子教一位学生。同样道理，一节课不能只有一种教学设计，要根据学生的不同情况、课堂的不同类型，预设出多种教学方案，以满足不同程度学生的不同需求。

六、名言警句，丰富学识见解

名言警句通常是重要人物在重要时刻的重要言论，这些言论一般与重大历史事件相联系，或揭示历史事件的真相，或指明历史发展的方向。在教学导语中恰当地、适时地穿插一些名言警句，可以收到优化讲堂氛围、拓宽学生眼界、丰富学识见解、引导学生思考的良好效果。

名言警句以其深邃的哲理、丰富的内涵而被广泛传诵，它是人类智慧的结晶，更是一笔丰厚的文化财富。以名言警句作导语，既能把深奥的道理讲得浅显易懂，又能把抽象的事物变得形象生动；既可以使课堂语言丰富多彩，又可以唤醒学生的情感认同。

孟子"舍生取义"，范仲淹"先天下之忧而忧，后天下之乐而乐"，林则徐"苟利国家生死以，岂因祸福避趋之"，爱因斯坦"人只有献身社会，才能找到那短暂而有风险的生命意义"……对于名言警句，学生通常会情不自禁地默默诵读或主动抄写。关于人生的价值与意义，先贤们的论述对后人有什么教育意义，我们应当如何认知、传承、理解人生的价值与意义，这些都是核心价值观的渗透与体现，应该放在应有的位置上。

毛泽东对"梨子的味道""解剖麻雀"等名词的运用都十分形象。讲《二战国际关系史》时，借用英国前首相丘吉尔的名言，"世界上没有永远的敌人，也没有永远的朋友，只有永恒的利益"来解释为什么英美要同苏联结盟抗击法西斯同盟，而战后又迅速转入"冷战"状态，结束了结盟关系。

名言警句的有效运用，需要教师从浩瀚的史料中提炼备用。名言警句哲理深刻，意境高远，语言精辟，发人深思，可以为我们提供学习的正能量，引导情感的正方向。

其他常用、常见的导语设计还有漫画图片、时政新闻、诗歌音乐、民俗民风、民间谚语、成语故事等形式。如何设计出精彩的教学导语，既是教师引导学生深度参与、深度思考的契机，又是师生教学互动、碰撞思想的良机。所以我们要修炼真功夫、掌握真本领、提升真学识、引领真进步。

阅读思考：
1. 什么是导语设计？导语的指向在哪里？
2. 你的设计招式是什么？请按本文的框架结构和主题立意，仿写一篇论文。
3. 请把自己最得意的导语设计与同事进行教研交流。

有效教学的感性认知

有效教学是由课程改革引发的热门话题，是由均衡发展引发的热门课题。在教学实践中，确实存在着学生"一看就会、一听就懂、一过就忘、一做就错、一考就晕"的现象。解决这一问题的策略，一是应付式的症状解，二是长效机制的根本解。前者在教学管理、考试评价上下功夫，后者在深度引导、自主学习上做文章。

有效教学最直观的要求就是如何让学生"听过记得住，看过忘不掉，练过有发现，想过有感悟"。基于我们新乡的课改实践，对有效教学经历了一个由表及里、由浅入深的理解过程。

一、形象生动，通俗易懂

一般教师按部就班讲教材，针对考试背要点，缺少对教材的二次解析和对教学的二次设计。教师懂是一次理解，怎样让学生懂，需要二次解析；教师讲是一次设计，怎样让学生讲，需要二次设计。讲汉字的笔画结构比较简单，讲汉字的文化内涵和警世意义，则要看教师的教学功底和学识见解。例如，"大"字，孩子表现出懂事、懂礼貌的时候，家长会夸他"长大了"。"人"长"大"，重在这"一横"，它代表责任、担当、梦想、追求。总之，教师可以根据不同的情境，进行多种解读。这样讲解生动形象，几乎所有学生都能完成学习目标。

又如怒发冲冠——头发直竖，把帽子都顶起来了，描述得很形象，但教师要引导学生探究学习，就要深入了解。在春秋战国时期，"冠"既是社会地位的标志，又是达官贵人的特权，还是社会礼仪的要求。贵族男子二十而冠，举行加冠典礼的意义有三：一则可以服兵役，二则可以参与祭祀典礼，三则拥有参政、议政的权利。而庶民百姓只能束头布。黄巾起义就是一个佐证。与"冠"相关的词有衣冠楚楚、衣冠禽兽、冠冕堂皇、张冠李戴、华冠如云、美如冠玉、华冠丽服、高冠博带等。准备上任为官要"弹冠"，辞官不干叫"挂冠"。齐景公有一次"披发乘六马"欲出宫，门人"系其马而返之"，因为国君披发不合礼制。冲：朝一个方向直闯，表示力量大、劲头足。"冲冠"的正确理解：头发晃动带动冠的颤动。想想也是，谁见过人的头发竖立起来，除非是静电作用。类似的情况还有"首当其冲"，本义是最先受到攻击或遭遇灾害，却常常被误解为冲锋在前。原因就在于对"冲"的误读。"'君子死而冠不免'，遂结缨而死"这句古文讲的是子路与人格斗时，系冠的缨被对手击断，子路遵礼要求，君子不能没有冠，于是用手结缨，被对手趁机杀死。死得有些迂腐，但说明冠在士子心目中的作用。

二、比喻说明，联系生活

老鼠妈妈要外出觅食，一再告诫小老鼠别外出乱跑，因为院子里有只猫。小老鼠抵制不住外面的诱惑，小心翼翼地探出头，东张西望观察了一番，认为没什么危险，于是放心地外出玩耍。突然猫不知从哪儿窜了出来，吓得小老鼠躲在墙角，浑身发抖。突然，传来了两声狗叫，把猫吓跑了。小老鼠正在庆幸之时，老鼠妈妈回来了，语重心长地说："看，学会一门外语有多么重要啊。"给小学生、初中生讲什么国际交流、国际视野，讲什么掌握一门外语有助于职业发展，超出了一般学生的理解范畴和理解能力。用孩子们喜闻乐见的童话故事讲道理，更贴近童心，具备童趣，切合童真。

给学习加上生活的联系，课堂学习才会有趣、有效。大家都知道兴趣是最好的老师，却很少考虑趣从何来。趣从玩中来，趣在书中藏。只有发现学生的生活经历、阅读积累、情感体验与教材内容的联系点，我们才能掌握打开兴趣之门的钥匙。陶行知先生主张生活教育，是因为生活为我们提供了极其丰富、生动的教学素材。2015年新乡首届年度教师张锦文出版了《生活化快乐教学》一书，我在为该书作学术论证时，提到了兴趣之所以成为学习的动力，是因为它包含一种快乐的心理体验。生活化学习提供快乐的基础，生活化联系提供快乐的体验。我总结出快乐学习的八种策略与方法：生活注入快乐的基因，情感增加快乐的联系，情境创设快乐的氛围，参与提供快乐的分享，发现带来快乐的体验，思考引导快乐的拓展，探究延续快乐的感受，反思感悟快乐的真谛。

三、字面导读，深入分析

有效教学的基本功就是学会引导学生"抠字眼"。有些字、有些词，学生好像懂得其意义，但深究一点，追问一句，他们往往就会"卡壳"

"短路""黑屏",此时教师的导学点拨将引导学生进行深度思考,把有效学习落到实处。例如与"道"相关的词语,道理,是要用"头"去思考,用"足"去实践的;道路,"首"先要考虑你的目标,其次要选择"走"的路径;道行,"首"先要"行走"在实践的路上,然后才能感悟到规律之所在。

"收复"是什么意思?大多数学生都能回答出基本意思是"失而复得"。经过深入分析,"收复"还有更深层的意义:①说明拥有主权;②代表正义行动;③常常意味战争;④造就民族英雄。教材上谈收复的地方有两处:台湾与新疆。与此相关的人物有两位:郑成功与左宗棠。说郑成功收复台湾本身就代表了一种历史的肯定与赞赏。

深度学习隐藏在思考中,而深度思考有赖于学生的深度参与和教师的深度引领。有效教学在实践中存在着浅阅读、浅练习、浅参与、浅思考的现象,仅满足于对知识点的记忆、背诵,缺少对知识内涵的深度理解。这恰恰是教师讲解时应该考虑的重点所在。

四、问题提示,深度思考

赵襄子为何论功行赏不唯功?三家分晋是春秋与战国的分水岭。公元前455年,把持晋国大权的智氏企图兼并晋国的韩赵魏三大家族,让三家各贡献百里万户之邑归公。韩魏两家忍气吞声,拱手相让。赵襄子坚决予以回绝。智伯遂挟韩魏两家联合攻赵。赵氏寡不敌众、节节失利,最后退守晋阳。危险关头,家臣部将各生异心,事君不尊……赵襄子派心腹潜入韩魏军营,晓以唇亡齿寒之利害,策动他们结盟反戈。遂有三家分晋的故事。

战后论功行赏,赵襄子以高赫为首功。众人皆不忿,高赫何功之有?赵襄子说,晋阳危难之时,群臣尽皆傲慢,尽失礼数,唯有高赫不失君臣之礼,所以我头一个赏他。行赏不以军功而以礼数,究竟是何道理?

危难之时不失臣子之礼,足以证明对君主是何等忠诚。重赏忠臣,会在用人的激励机制上产生积极的导向作用。行赏论功不唯功,乃因忠诚更可贵,故而奖励不可缺。如果单讲论功行赏的激励机制,可能有赏得不及时、不到位、不能满足心理预期的情况,所以德行最重要。行赏的时机也很巧妙。晋阳之围已解,三家分晋大功告成,历史进入一个相对稳定时期,这时候选择奖励忠诚,对以后的用人导向将产生积极的作用。战时非比平时，如果两军对垒或三军决战之时，则必以军功为首。

明白赵襄子为什么论功行赏不唯功，再组织同学们讨论德才兼备与德才孰重的问题，就有话可说、有话能说了。

战场较量决定生死存亡，勇敢智谋排第一。曹操"唯才是举"，是在战乱背景下的权宜之策。唐代魏徵讲得透彻："天下未定，则专取其才，不考其行；丧乱既平，则非才行兼备不可。"不知道因势利导，一味拘泥于圣人之言、古人之言，就会像宋襄公那样"不鼓不成列""不擒二毛"，枉行仁义之师，面对强敌怎么可能战而胜之？

生活中有些话常说常讲，大家都认为讲得对，说得好，但却没有人细心思考一下，它是普适性的真理，还是有适用范围的规则。人才难得，难在哪？一是优秀人才本身就是稀缺资源，一般人才易得，专业人才少有，顶尖人才难得；二是由于条件限制，人才未必恰好被人发现，所以贵人提携赏识人才往往是一段佳话；三是为"我"所用，方为人才，为"敌"所用，必为祸害；四是若无舞台施展其才华，无论什么人才也一样默默无闻，一事无成；五是执政者广揽人才，提供谋事的氛围、干事的条件与成事的环境，人才方可大有作为。汉代韩信为经典案例。未出道之时，要忍受胯下之辱；不被赏识时，有"月下之追"；当刘邦封坛拜将后，既有"韩信将兵多多益善"的美誉，又有"四面楚歌、十面埋伏"的壮举。当然也有"成败萧何"的感叹。

发现问题比解决问题更重要。可是我们的教师习惯于直接提问，然后就学生的解答作出判断、评价，而不习惯于间接提示，创设情境，启发学生，设计比较，让学生发现差异。追问比较的方式比直接讲解更有效，如果没有问题铺垫，教师直接讲解，一则难以引起学生注意，二则缺少思维比较。如论功行赏乃情理之中，但赵襄子为什么行赏不唯功？因为人才难得。追问一个为什么难得，这不是一般地泛泛而论，而是条分缕析地深度解析，当然会引起学生的深度思考、深度理解了。

五、主题设计，突出要点

主题设计是教学设计的一项主要内容。它是依据系统分析的方法来研究学习问题和学习要求，确立解决教学的方法和步骤，并对学习结果做出评价的一种计划过程和操作程序。主题设计强调以学习主题为中轴，围绕学习主题展开学习活动，设计思考问题，创设主题情境，评价学习效果。

一般来讲，学习主题源于课程内容又高于课程内容，源于课程标准又聚合课程标准，是教师对课程内容进行二次解析、二次开发的结果。教师以成年人的视角理解教材是一次解析，教师以学生的视角理解课程是二次解析。教师以成年人的眼光备课，这是一次开发；教师以学生的眼光备课，这是对课程的二次开发。所以主题设计是教师主导作用最集中的体现。可以毫不夸张地讲，优秀教师与一般教师与的区别就在于主题设计的好坏。

主题设计首先依赖教师本人的教学经验与教学主张；其次要了解学生的学趣、学情，确定学生的最近发展；再次要完成对课程内容的二次开发。主题设计既要有"教教材"的基本要求，又要有"用教材"的课改意识，还要有"编教材"的研发能力。

主题设计的基本形式主要有六种：一是基于"师生对话"的教学设计；二是基于"课程资源"的教学设计；三是基于"问题解决"的教学设计；四是基于"生活情境"的教学设计；五是基于"主题拓展"的教学设计；六是基于"项目研究"的教学设计。以《美国独立战争》一课的主题设计为例，把它放在"资本主义的发展"这个单元主题中进行教学设计，其要点只能放在资本主义制度由欧洲向美洲扩展上。以"大国崛起"这个主题单元进行设计，教学导语设计为"美国是当今世界上的超级大国"。美国的发展史、称霸史吸引了许多历史学家、政治学家、社会学家、军事学家的研究兴趣。美国凭什么用200年的时间从大西洋沿岸的13块殖民地发展成为超级大国？美国崛起的秘诀是什么？美国发展的秘诀是什么？我们今天从美国历史的源头学起。

以"大国崛起"为主题进行教学设计，引导学生以更深层次关注学习主题，调动学生持久的学习兴趣，有效地提供了学法指导。"大国崛起"的原因，归纳起来有社会转型的历史机遇，有工业革命的科技创新，有推动进步的制度创新，有启蒙运动的思想解放，这些都可以是学习主题的创作题材。

六、要素分析，有效引导

要素分析的方法能够使教师把一组反映事物性质、状态、特点等方面的变量简化为少数几个能够反映事物内在联系的、固定的、决定事物本质特征的要素。要素分析运用于历史学习，通常要学习一个国家的政治、经济、社会、军事、文化等方面的内容。军事、经济是硬实力，文化是软实力，领导人的智慧属于巧实力。

例如有效教学是课程改革的热门话题。怎样把有效教学落到细处，抓到实处，提到高处，余文森先生提到四个要素：①情境与问题；②阅读与思维；③互动与引导；④练习与反馈。要素分析注重从整体的视角、全面的观点看问题，避免用孤立的、片面的、静止的方法看问题。

以《西部大开发》一课为例，教师将西部开发的要素整理排列如下：开发缘于落后，开发说明滞后；开发指向优势，开发拥有资源；开发意味机遇，开发代表扶持；开发规划项目，开发追加投资；开发促进发展，开发改善民生；开发改变格局，开发协调部署。请同学们将原因、意义、作用、要求、策略与内涵一一对应起来，并根据自己的学习做出合理解释。

这种要素分析是在学习文本以后的课堂小结部分，由教师进行深度引领的文本解析。在比较学习中深化认识。以此类推，"沿海开放""东北振兴""中部崛起"都可以用要素分析的方法，指出对"开放""振兴""崛起"的批判性思维的深度理解。"开放说明战略重心的调整""开放是对世界潮流的基本判断""开放是影响中国历史进程的英明决策"……让学生自己谈谈对"开放""振兴""崛起"等核心词的理解，然后展开要素分析，既深化对文本的理解，又引导对主题的拓展；既展示对要素的整合，又思考对细节的把握。我个人一直认为并努力倡导的有效导学，就应该是在学生学习文本以后的二次比较、二次提高。从某种意义上讲，这是"先学后教"的学识比较，也是"先学后教"的认识提高。导学不应该把导学的行为单纯指向知识点的练习掌握上，更应该围绕学习主题的核心词展开深度研讨，用教师的学识见解深化学生的认知理解。导学不仅要提供展示的机会，更应该提供有意义的问题让大家讨论。导学的时机主要放在课堂小结的环节上，同学们对文本较为熟悉，刚刚学过，都有话可说、有话想说，但又说不全、说不细、说不准、说不到位，这时候，他们会产生一种求知渴望，渴望教师来揭开谜底。导学与教学的最大区别就在于，教学强调上所施下所效，以教师的示范为主；而导学主张"深度参与，深度思考"，以学生的发现感悟为主，教师的提示启发为辅。

七、观点比较，正确选择

观点是从一定的立场或角度出发，对事物或问题所持的看法。我们的教师习惯教给学生"正确"结论或"标准答案",而不习惯让学生在复杂情况下做出最佳选择。批判性思维和创新精神是当下中国基础教育的短板,原因就在于我们太过相信"有效"教学,太过追求"高效"课堂,而忽略了真正理解的实效与深度理解的长效。

某跨国集团下属的一家医药公司,成功研制了一种抗癌的特效药。为了使企业利益最大化,他们定了非常高昂的药价。一个贫寒人家的女儿得了癌症,医生说这种刚上市的特效药是救命的唯一希望。可是昂贵的药费让老父亲束手无策。万般无奈之下,他为了挽救女儿的生命,溜进医院药房,去偷窃这种特效药,结果被告上了法庭。原告、被告、法官、律师以及记者、旁听的人们对此案件会有什么样的看法呢?请同学们站在不同的立场,扮演不同的角色,来准备自己的发言稿。复杂的问题有时候真不是简单的是非对错所能解决的。

观点比较可能会出现"公说公有理,婆说婆有理"的情况,但家庭不但是讲理的地方,更是讲情的地方;法庭是讲法的地方,但人情不因法律而泯灭。

如何正确理解"父为子隐,子为父隐"的内涵,也是一个生动的案例。《论语》中有这么一个故事,叶公对孔子说,我的家乡有位正直的人,"其父攘羊,而子证之",就是说他父亲偷了别人的羊,他去告发了父亲。孔子说我们家乡讲的正直和你讲的正直不一样,"父为子隐,子为父隐"。教师要引导学生分析当时的语境,叶公是当地的官员,孔子是一介平民,官员与平民看问题的角度自然不一样。官员要推行法治,而孔子赞同以德治国。再则,维持、维系家庭的和睦、和谐对于维护社会安定来讲也十分重要,孔子主张对长辈做得不对的事,可以婉转地劝谏。但若父母实在不听你的,也不要勉强。还要注意,不能因此削弱对长辈的孝敬,做到"劳而不怨"。这里要提醒注意一个细节,"其父攘羊","攘"为何意;有因而盗。具体原因叶公没讲,孔子也没记载,但我们起码明白这位父亲不是惯偷。对待偶尔一次的"有因过失"与对待真正的盗贼,应当是有所区别的。有人讲过去司法实践中要求对亲属的违法行为进行检举揭发,但现代司法制度则规定,亲属有保持沉默的权利。其实我们可以想象一下,如果提倡亲人间的检举告发,很可能导致父子反目成仇,家庭破裂。若是"子为父隐,父为子隐","隐"就是保持沉默,但私下我要劝谏,如果既维护了长辈的颜面，又尽到了子女劝谏的义务，毕竟是"有因而盗"，能够让家庭和谐、父子和睦，岂不是更好。

八、把握特征，大道至简

特征是一种事物异于其他事物的特点。人类认知事物有三个层次：属性、特征和本质属性。把握住特征可以使我们的认知更具条理性、识别性；而认识到本质属性则是一针见血、一语中的的本领，可以使我们的认知更具简捷性、深刻性。

三国时期在中国历史上时间不长，但影响很大，不仅仅是因为有《三国演义》小说、电视剧的影响，更主要是它迎合了当时社会的主流价值，代表了中国历史的发展趋势和价值取向。三国时期的特点是封建国家的分裂和战乱；三国时期的战争与联合，充满了血腥与残酷，也充满了艺术与智慧；三国的本质属性就是一个"争"字，正统之争、利益之争、人才之争，而其中最关键的是人才之争。拥有人才优势，可以由弱变强，以弱胜强；反之，则可能由强转弱，由强而弱。

"大一统"的观念在中国历史上源远流长，成为主流价值观。"大一统"首先强调中国在政治上的统一，反对分裂，反对割据；其次，倡导文化认同、历史认同和民族认同。公元947年，契丹改国号为"大辽"，其文化含义有两方面，一则包容广大；二则由单一民族变成一个多民族政权，这说明一种民族认同和文化认同。党项族元昊称帝，改国号"大夏"，以夏朝后裔自居，有继承夏朝之意，这就是历史认同的典型；中国有礼义之大，故称夏，这是文化认同的典范；去党项之称谓而更之以"大夏"，更是民族认同的代表。在传统士大夫心目中，只要承认华夏正溯、遵守华夏礼仪、尊重华夏文化，都可以被认为是中华民族的成员，中华大家庭的一员。"大一统"的思想在中国根深蒂固，可以说已经成为中华民族的遗传基因。所以，中国历史总在统一—分裂—再统一之中循环。每一位有志向的豪杰，有作为的君主，都把统一视为己任，作为奋斗目标。

"大一统"是个复杂概念，简单讲"大"为重视、尊重；"一统"为天下诸侯皆同系于周天下。后世称封建王朝统治全国为"大一统"。它与政治统一的区别在于，它更注视经济制度和思想文化上的高度统一，当然还有政治清明、经济繁荣、社会安定的广泛内涵。

中国历史无论如何演变，最终的归属是统一，维持这种统一精神的纽带是文化认同、民族认同和历史认同；维系这种统一的精神力量是"大一统"思想。认识了这个核心要素，就好理解秦始皇"书同文、车同轨"，统一货币、度量衡和文字的历史意义以及孔子主张"礼乐征伐自天子出"的深刻内涵了。孟子认为"天无二日，民无二王"等都是"大一统"思想的不同表达。传统文化最大的遗产就是崇尚国家统一、民族团结、社会安定、文化认同的"大一统"思想。

九、批判思维，创新意识

批判性思维不是指责别人的"找茬思维"，也不是否定一切的"破坏性思维"，而是一种中性的比较思维、理性的选择思维和建设性的创新思维。批判性思维由认知技能和情感意向构成。前者包括解释、分析、评估、推论、说明和自我调控；后者包括求真、思想解放、分析性、系统性、质疑、自信、好奇等。

近年来，美国上千所高校开设批判性思维课程。培养批判性思维能力成为美国本科教育的重要目标。不仅如此，批判性思维教育已纳入美国国民教育体系，成为培养创新人才的重要手段。2010年耶鲁大学校长理查德·莱文先生曾指出，中国本科教育还缺乏两个非常重要的内容："第一，就是缺乏跨学科的广度；第二，就是缺乏批判性思维的培养。"国际上早已经用"学科领域"的概念取代××学科，同时，我们也说要培养创新人才，可对创新从何入手却往往束手无策、无从抓起。

批判性思维的主要特征是具有分析性、全面性、独特性和创造性。批判性思维的突出标志是始终坚持问题导向，把反思客观存在，揭示矛盾问题，提出思想思路，引领实践发展作为认识问题的重点和思考问题的主题。批判性思维要求保持独立人格和坚持真理的勇气，不迷信权威，不盲从经典，以质疑、反思、变革的态度对待现存的一切。

学生的思维还很不成熟，往往以感情代替理智，以感觉代替分析，把部分看成整体，将现象误为本质，导致他们明辨、品评、反思、检验的能力低下，如果个别学生再加上情感脆弱、情绪不稳、情商不高，很容易产生固执、偏激、武断甚至形成逆反心理。对教育教学和自我发展，徒增坎坷、曲折和意外。

批判性思维的品质是求真务实，开放开明。批判性思维的价值在于创意、创见和创新。批判性思维的教育意义在于培养具有独立人格和创新意识的现代人。

十、感悟规律，掌握本质

规律是指事物之间内在的必然联系，是决定这事物发展的必然趋向。规律是一种客观存在，不以人的意志为转移。但规律通常是隐性的，隐藏在复杂表象的背后，需要我们由浅入深，层层深入，才能认知、了解、发现、感悟它。

有效学习的四个分工：教师主导作用体现在教学设计上，学生主体地位表现在课堂展示上，学习主题探究展现在导语提炼上，学习主旨追求呈现在学习素养上。同样的教材，选择讲什么，设计怎样讲，引导怎么学，都取决于教师的教学设计。同样的学生，学什么的意愿，怎么学的精神风貌，怎么学习最有效的体验，都表现在课堂展示的环节。为什么有的学习如蜻蜓点水，有的学习却终身难忘，皆因导语提炼是否唤醒了强烈的情感共鸣。学习的主旨是什么？对知识的理解与掌握，对分数的渴望与追求，对能力的提高与满足，对学习的兴趣与热爱。其实，课程改革已经从认识为主到能力为主，又从能力为主转到素养为主。对学习的兴趣与热爱，恰恰最能体现学习主旨的内涵。

许多教师把自主学习误认为是自由学习或自己学习，忽略了自主学习的本质。自主学习是把学生作为学习的主体，通过学生独立地分析、探索、实践、质疑、归纳、小结、反思、创造等方法来实现学习目标。自主性是自主学习的本质属性，自主性表现为"自立""自律""自为"。学习首先是学生自己的事，是家长、教师、同学不能代替，也不可替代的。具有独立性的学习主体是"自主学习"的承担者；独有的心理认知结构是"自主学习"的思维基础；渴求独立的心理欲望是"自主学习"的动力基础；学习习惯、方法和潜能是"自主学习"的能力基础。"自主学习"需要学校、社会、教师为学生提供自由选择的权利，自由支配的时间，自由发展的空间，"自主学习"才可能落到实处。

美国心理学家马丁·塞利格曼发现了一个成功秘诀，即成功＝时间管理＋自我管控。合理分配每天的学习任务，合理规划每天的时间安排，按照既定的时间表行事，这是时间管理的主要内容，也是"自主学习"的内在品质。自我管理的实质是自律，自律是一项极其重要的能力，是我们实现梦想的前提。自律是让你的想法决定你的行为，而不是任由你的情绪决定你的行为。学会自律的关键是面对诱惑时说"不",面对懒散时说"不"。

感性认知是基于对课改实践的初步认识,大多是表面现象的归纳。各位同事、老师,在自己的教学实践中都或多或少地有过类似的体验和感觉,只是我做了初步的努力,把这种感性认识做了一个较为系统的小结。要真正认识有效教学的全部真相、全体要素、本质特征和内在联系,就必须把基于经验的感性认识上升为基于研究的理性认识。这将是下一阶段主要考虑的教研主题。

我与大家一道奋斗在路上。

阅读思考:
1. 谈一谈自己对有效教学的感性认知。
2. 说一说自己有效教学的精品课例。
3. 想一想自己对有效教学的深刻感悟。

论冲刺复习的八字方针

中考,有如一场马拉松,第二次模拟考试过后,马上进入最后的冲刺阶段。冲刺阶段比拼的不仅是体能储备,更是精神毅力与潜能开发。对观众来讲,赛场上最激动人心的时刻莫过于冲刺阶段的激烈角逐。竞技冲刺有三个基本特征:一是比赛名次大致确定,二是选手体能接近极限,三是放手一搏的最后机会。我把体育比赛引进教育学,提出"冲刺复习"的概念。

所谓"冲刺复习"是指在中考复习基本结束,距中考还有20天左右,我们如何调整心态与状态,强化学法指导,激励学生最后冲刺,全力争取中考成绩有所提高,中考名次有所提升。

最后20天就要迎来中考,教师大概有三种心态:一是二轮复习,大局已定,无所作为;二是定点复习,查漏补缺,尚有可为;三是冲刺复习,考点突破,大有可为。衡水中学张贴的横幅"提高一分,干掉千人",无情地揭示了冲刺复习的竞争性与升学竞争的残酷性。中考是学生人生的第一次大考,选择什么样的态度对待中考,将可能影响到学生一生的发展机会。冲刺复习要让学生相信,勤奋是成功的第一法宝,天生我材必有用,所有的付出都一定有相应的回报。

冲刺复习强调科学指导的论证会。冲刺复习与传统复习相比较,具有选择性、针对性、实效性和生成性的特点。选择性首先是选择有意愿、有希望、有潜力的学生;其次是选择考点,把必考点、常考点、联考点、备考点、弃考点区别开来,做到优化重点、克服难点、提醒盲点、明确考点。针对性是指解决学生应考面对的主要问题,如阅读缺少思考,听讲缺少比较,小结缺少归纳,练习缺少主题,点拨缺少指导,反思缺少感悟。这都是影响学习效果、制约学习效能的重大问题。实效性是指从方法论的角度,提高学生的解题能力,掌握答题的套路与思路。生成性是指不同的学生有不同的体验、不同的思考深度,会有不同的思想碰撞与学识见解。

冲刺复习强调学情分析的班研会。班研会由教务处牵头,班主任主持,对每位考生进行学情分析,明确其优势学科、一般学科和薄弱学科,采取巩固优势、维持一般、优化薄弱的备考策略，对有望上线的苗子生，各课任教师要实行承包制，提高单科上线率，争取有效上线。班主任要科学分组，让苗子生相互帮助、相互激励，形成良性竞争的氛围。

冲刺复习强调教学民主的生活会。冲刺阶段是学习结果的分化期。有希望改变名次的大概有两种状况，一部分是边缘生，成绩总在录取线上下浮动，抓紧点，就冲上去了，稍一懈怠，成绩就立马滑下来。另一部分是偏科生，总有一两门功课考不好，影响总体成绩。这时候如果能重点攻关，有所突破，他们一定能上个新台阶。分化期同时也是学习方法的传授期和巩固期。成绩好的学生除了态度端正，一定还有好方法。好方法怎样让所有同学都掌握，一定要有"运用—体会—转化—能力"的基本流程，其中，"体会—转化"是提高学习能力的关键环节。

冲刺复习强调考前突击的动员会。冲刺复习既是学习心态的分化期，也是学习方法的巩固期，更是提高成绩的飞跃期。学习分为四个层次：知识学习、能力学习、素养学习与智慧学习。从知识到能力是个飞跃，从能力到素养是个积淀，从素养到智慧是个升华。谁率先完成从知识到能力的飞跃，谁就抢占了冲刺复习的先机。

冲刺复习最讲究的是四个转化：把知识转化为学识，把理解转化为见解，把势能转化为效能，把思考转化为思想。

冲刺复习如此重要，我们怎样才能做好冲刺复习呢？我借用1956年中央调整国民经济的八字方针，作为冲刺复习的基本原则，即调整、巩固、充实、提高。

一、调整：诊断学情，调整复习策略

1. 调整心态，积极应考

学生要以积极的心态迎接考试，相信天生我材必有用，相信所有的努力都会有回报。平日从严，考试坦然。拿到考卷，距离开考还有几分钟时间，沉着冷静，填写好姓名、学校、科目和准考证号等考试信息后，不要急于做题，监考教师也不会允许做题。闭上双目，稍稍做几次深呼吸，调整一下心绪。从头到尾认真地把考卷通读一遍，看有多少熟悉的题目做起来有把握，有多少陌生的题目似乎有点儿印象，有多少冷僻的题目从来没有见过，对整套试卷的难易程度有个大致判断。遇到会做的题目，仔细解题，切忌大意；遇到不会的题目，冷静，采取冷处理的方式，先放一放，跳过去做下道题。千万不要在一道题上投入过多的时间和精力。遇到似是而非拿不准的题目，要相信自己的第一判断、第一选择，不要再三犹豫，举棋不定。材料解析题文字阅读量大，费时多，告诉学生一个小窍门，先看提问，会答的就不用看材料；不会答的，带着问题读材料，针对性更强，省时省力效率高。

2. 调整教学，放手放心

走过许多学校，见过许多教师，冲刺阶段的教学仍旧是以练代考、多练多考、精讲多练、一题多练。此时教师最应该做的不是督促、管理，而是放手、放心，让学生检验自主学习的效果。具体做法：①编织网络，覆盖要点；②梳理疑问，归纳考点；③突出主题，掌握难点；④感悟规律，提炼重点。

3. 调整策略，有效激励

有效激励，学生能发挥70%—80%的能力；缺少激励或无效激励，学生仅仅能发挥20%—30%的能力。

冲刺复习怎样做到有效激励？

新乡市1.2万名初中毕业生，市一中、师大附中正式录取人数不足500人，录取率仅为4%，要知道2014年全省高考本科录取率为47%。但落选并不意味着你不优秀，只是因为录取指标太少。遇到难题，我不会，其他同学也一样，大家都不会，所以对自己要有信心。

最后的冲刺复习，不是看掌握知识量的多少，而是看知识消化了多少，转化了多少，转化为能力有多少。知识理解向能力转化是调整的重点，习题向考题的提升是调整的方向。我们平常练的都是习题，与中考试题相比较，从主题到指向，从规范到创意，都存在着一定的差距。冲刺复习练真题，起码是高仿题，一定要淘汰平庸的练习题。

二、巩固：分类指导，把握有效复习

1. 依据学情，选择切入点

经过一年的复习，学生对课程内容的理解与掌握，大致分五种状态：①完全掌握；②部分掌握；③一知半解；④一无所知；⑤错误认知。中考命题，存在着必考点、常考点、联考点、弃考点的实际。教师要在了解学情、把握考情的基础上，选择有效复习的切入点。学生已知已会的不用讲、不用练；学生一无所知乃至无法理解的，无须讲亦无须练。冲刺复习有时候需要选择努力，有时候需要选择放弃。选择努力是勇气，选择放弃是智慧。师生互动的切入点一定要放在最有希望提高成绩的节点上。

2. 巩固能力，优化结构

有效学习的核心要素是什么？概念、主题、结构、要素、线索、联系、特征、规律。掌握了这八个核心要素，我们就掌握了有效学习的全部秘诀。

冲刺复习的终极目标不是中考，而是有效学习的习惯与能力。冲刺阶段的练习指向就是围绕有效学习的核心要素来展开，做到简化概念、强化主题、优化结构、固化要素、转化线索、活化联系、强化特征、内化规律。

比练习更重要的是点拨，比分数更重要的是能力。

3. 巩固习惯，思维转型

我们都知道，学生学习最重要的能力是思维能力。思维能力是怎样形成的呢？感知—概括—反思—感悟，这是认知规律告诉我们思维能力形成的过程。在教学实践中，我们常常等不及学生的概括、反思与感悟，干脆就直接告诉学生结果，要求他们背结果、背答案，认为直接把答案告诉学生最为有效，背会就是学会。以"告诉—背诵—学会"，取代学生的"概括—反思—感悟"。这种情形常常会导致学生的思维断层，导致理解障碍与思维障碍。我建议增加"小结—比较—展示"的教学环节，以对应"概括—反思—感悟"的认知规律，从而引导学生思维能力的提升。

三、充实：返璞归真，遵循教学规律

1. 知识充实，优化结构

现代课程认为，教材有三大功能：一是信息承载，二是结构呈现，三是学习指导。教学实践中，我们过于重视信息而忽视了知识属性，过于重视知识而常常忽略了结构呈现，对于学习指导几乎到了视而不见的程度。

冲刺复习，每个学科有多少个知识点要了然于胸，每个知识点讲了几遍，练了几次，都要有计划、有落实，抓重点、串联线。我们习惯于知识点到命题点的讲解与练习，而忽略知识点与知识点之间的内在联系。情感联系线、知识拓展线、逻辑推导线，是优化认知结构的三条主干线。知识本身包含着极其丰富的内涵，三线贯通的知识是丰满的知识、有灵性的知识。这样的知识，它的学习过程才会是互动的过程、分享的过程。

2. 能力充实，五"力"并举

冲刺复习，比拼的不仅是体力、毅力，更是一种综合实力，具体讲就是学习能力、学习精力、学习定力、学习活力和学习张力的综合竞争。学

习精力，讲究时间合理分配，劳逸结合，张弛有道，集中精力。反对日光＋灯光的疲劳战、消耗战，反对抓紧每一分钟都用来学习；倡导抓住学习的每一分种，都用来思考。学习要有抗干扰的定力，把学习、锻炼、娱乐与休闲区别开来，每天保持体育锻炼一小时，该干什么时就集中精力，全力以赴干好什么。学习有活力，主张把学习与生活相结合。学习有张力就是知识拓展、主题拓展、情感拓展。有张力的学习，让探究有一种纵深感，合作有一种愉悦感，反思有一种发现感，展示有一种幸福感。

3. 情感充实，人文素养

中考是人生的一段旅程，同学、老师、家长伴随着我们共同走过这段旅程，其中有苦闷、有快乐、有痛苦、有幸福、有付出、有收获。我们最值得记忆、值得珍惜的是同学情、师生情、父母情。

中学阶段是人生的黄金时期，也是自我学习、自我发展、自我完善、自我提高的黄金时期。黄金珍贵，比黄金更珍贵的是学习换来的核心素养。我们要在最后20天内，让学习成为一种习惯。有专家讲，养成一种习惯，只需你坚持20天。好习惯让人终身受益，坏习惯让人终身受累。我们要让学习成为一种习惯、一种渴望、一种追求、一种生活方式、一种价值取向，让伴随着书香成长的一代新人成为和谐社会的正能量。

四、提高：学有所获，奠定人生基础

1. 学不在深，有章则灵

冲刺复习，贵在选择。有些老师还是习惯从头来，烫剩饭，简单重复，机械训练，总怕学生有遗漏，复习时面面俱到；总怕学生不理解，练习时反复强调。学不在深，贵在把握切入点，是谓有章则灵。此章，一是指章节单元，构建知识网络，打破课时顺序，树立专题思想；二是章法程序，复习由破题—构题—解题—答题的基本程序，明确一个单元内有几个命题点，可能是什么题型；三是章句解读，章句解读本义是指对古书章句的分析解释，我借指对试卷设问的解读。一部分学生的阅读能力，尤其是发现并提取有效信息的能力，不足以适应中考试卷的阅读要求，导致其出现理解障碍，所以章句解读应该引起足够的重视。

2. 习不在难，有法则灵

学习离不开练习，但大量低水平的练习，有时不仅不能做到熟能生巧，恰恰相反，可能导致"熟能生厌"。没有新鲜感、没有求知欲的低效练习是冲刺复习的大敌。高效复习追求练一题明一理，解一题通一类，做一题思一得，考一题增一智的境界。习不在难，重在解决困惑点，是谓有法则灵。此法，一指法眼，二指法门，三指法宝。佛教把能认知事物真相的眼力称之为法眼，后泛指敏锐深邃的眼力。我借指审阅题干，发现题眼，对问题的审题能力。法门是修行者入道的门径，借指学习者入道的路径。"画书—批注—列提纲"是自主学习的童子功，"点拨—引领—讲感悟"是比较学习的方程式。法宝是指特别有效的工具、方法或经验，对所有学生都能起到积极的促进作用。

3. 考不在勤，有悟则灵

许多学校临时突击，实行一周双考，倡导"改卷不过夜，评卷不隔天""以考代讲""以考代练"。比考试更重要的不是评分而是点评，通过点评让学生理解失误的原因、命题的意图及改正的方法。考不在勤，勤在主动思考，是谓有悟则灵。优秀学生与一般学生的区别，不在勤奋而在悟性、悟彻与悟道。悟出来的东西，永远是自己的见解，讲出来都是自己的学识。悟有渐悟、顿悟、醒悟、觉悟之区别。悟是一种渐进的过程，也是一种灵感的迸发。什么时候开启了悟性之门，什么时候就进入了学习的殿堂。

4. 讲不在多，有效则灵

精讲贵在要言不烦，难在认知共鸣。讲不在多，贵在实现三个共鸣，是谓有效则灵。首先是认知共鸣。老师讲的道理要获取学生的认同、认可，产生强烈的认知共鸣，他才会记得住、记得牢。有些知识，老师不讲，学生似乎也知道，但又讲不上来，听老师一讲，就是这么回事，自己就是想这么说的。这种现象，我称之为认知共鸣。抽象的东西学起来枯燥无味，注入情感色彩，加进生活联系，就会产生情感共鸣。好学生一定有好方法，好老师一定有好思路，把他们的好方法、好思路与全体教师、学生共同分享，产生良好的教学效果，我称之为效能共鸣。

冲刺复习，本质上是科学复习，讲究有章可循、有法可依、有例可援、有题可问。

知识从来就不是学习的全部内容，能力比知识更重要。知识的价值不在于记忆而在于判断和运用，知识的本质在于组合和创新，所以创新比知识更重要。只有把握教育的本质，才会明白学习的精力应该放在什么地方。

复习不是为了重复，而是为了提高；冲刺不是为了夺标，而是为了拼搏。要做好冲刺复习需贯彻"八字方针",并记住四个要诀：①进展适度,思维同步；②方法适当,适合多数；③题例适切,提升认知；④指导适时,点拨思路。

冲刺复习的密诀：成绩源于努力,成功源于自信。

阅读思考：

1. 复习教学可以有单元复习、专题复习的形式,也可以有专项复习、冲刺复习的说法。请你谈谈对单元复习的看法。
2. 请你仿写"专题复习的'八字方针'"。
3. 结合自己的教学经历,谈谈你认为最有效的复习方法。

教研协作体——学校品牌建设的助推器

苹果公司创建于1976年4月，当初股东只有三人。1980年年底，公司股票公开上市，每股22美元。不到一个小时，460万股被抢购一空，当日以每股29美元收市，成为股市神话。苹果公司的现金储备是德国政府的4倍、英国政府的2倍。现在，苹果股价较1980年上市首日收盘价上涨了230倍，市值扩大了500倍。苹果公司为什么发展如此迅猛？究其原因，并非乔布斯个人的才华与智慧，而是公司强大的研发团队，使苹果公司能充分把握市场信息和市场走向，不断推出符合市场需求、迎合消费要求的新产品。苹果产品成为引领市场、引导时尚的代名词。换句话说，正是公司强大的研发团队为苹果品牌的形成和发展提供了不竭的能量和动力。

同样道理，我们的许多校长也想要带领学校发展、打造学校品牌，但不太清楚依靠谁、发展谁。学校的发展建设，不能单靠校长一个人，而要靠全体教职工的广泛动员和积极参与。这样才能碰撞思想，集思广益，提高办学质量，打造学校品牌。

品牌本来是一个商业概念，是指一种无形资产，它代表了企业及其产品的知名度、辨识度，也相应带来了市场的美誉度和客户的忠诚度。教育界借鉴了品牌概念，提出学校内涵发展必须重视品牌建设的说法，得到了业内的广泛认同。

学校发展是一项系统工程，而品牌意识、品牌建设居龙头地位。学校品牌建设的当务之急是建立教研协作体，形成一支有力的教研团队，充分把握教育未来的发展趋势，立足校本研修，塑造团队精神，强化合作意识，提高教育质量，为区域教育的均衡发展、特色发展和共同发展提供坚实的人力保障和智力支撑。

开发区二十一中、卫滨区三十四中、凤泉区三十八中、凤泉区二十三中、开发区中学以及市九中、市十三中、市铁路初中和师大实验中学，九所学校的校长都有一个共同的愿望，那就是不甘落后，奋发进取，建设特色学校，打造学校品牌。但都遇到一个共同的瓶颈：缺少强大的研发团队，也就是师资队伍的制约。教研协作体的成立，可以说恰逢其时。通过协作，为学校发展提供动力；通过研究，为学校品牌建设提供智慧；通过交流，为教师发展提供平台；通过碰撞，为课题研究提供思路。

与传统的教研方式、教研管理、教研评价相比较，教研协作体有很大的不同，其特征主要表现在以下几个方面：

一、问题导向，有效教研

教研协作体是以大家共同关注的问题为纽带而形成的一个协作组织。有些问题，经过个人或学校努力探究，可能有答案、出成果；但有些问题则可能难以解决。通过协作的方式，联合攻关，成果共享，群策群力，集思广益，这是一种可行的思路。最常见的教研情境是有些问题我们总也想不全、想不细，概括得不系统，总结得不全面，叙述得不生动，阐释得不深刻。现在，大家有了一个交流的平台，同行之间加为好友，通过微博、微信的方式，交换看法，交流思想，交互作品，交好同行。

协作教研的课题研究，以有效教学为价值取向。有效教研致力于问题解决，不以立项获奖为最终目标。教研在现实中的窘境就是"伪教研""虚教研""假教研"和"空教研"，成果结项一大批，获奖证书一大叠，但教学效果仍旧，专业发展依旧。协作教研的活动边界是开放的，不仅包括学校同事，也包括教学同行，还包括教研室的诸位教研员。我们乐意与大家一道共同发展、共同提高。

二、优势互补，协同发展

市九中"拜师结对"搞得有声有色。市十三中"综合实践活动"是其课程品牌，冯京广老师更是名声在外，是我市唯一被教育部聘请的项目专家。市铁路初中当年的艺术考试也算是独树一帜。凤泉区三十八中，在2015年的教学质量综合考评中，在52所学校中排名第11位，跻身市教学先进学校行列，实属可贵，特别是体育和实验加试两门课程，在中考评价中位列全市第2名，让人交口称赞。卫滨区三十四中、开发区中学也提出学校发展的行动纲领。开发区二十一中，提出"践行面向21世纪的现代教育，培育适应21世纪的现代人才"的教育主张，致力于打造书香校园、和美校园，五楼开放式阅览室，让学生自由选择，自由读书，很值得提倡。

单个看，这九所学校可能都算不上实力最强的学校，但每所学校都有自己的优势，每位教师都有自己的特长。教研协作体的任务就是把每所学校的优势转化为办学特色，把每位教师的特长提炼为教学特色。大家优势互补、互相帮助，在合作中达到共同进步、各美其美的目标。

三、特色学校，特色教师

一个组织要想生存并发展，就必须有两个或两个以上的成员愿意为达到一个共同的、明确的目标而进行协作活动。按社会系统学的观点，作为正式组织的协作系统，不论其规模大小或级别高低，都包含三个基本要素，即共同的目标、协作的意愿、信息的沟通。特色发展是我们共同的目标，品牌建设是我们共同的愿景，用共同的目标和愿景把我们的办学策略、办学追求统合为一个整体，同时优化教研网、校园网为信息沟通搭建平台。

针对千校一面的现状，办出特色学校，形成特色教育，塑造特色教师，是许多学校面临的一大挑战。特色从何而来？我认为办学特色首先要依据教师的教学特色，没有特色教师，就没有特色学校。其次是积淀学校的历史文化。特色是历史发展的积淀，特色的形成绝不是一夜之间就可以轻易完成的一件事情，否则，别人也不可能认同你的所谓"特色"。新乡铁二中，原来是企业学校，秉承了铁路企业的管理特色。我觉得从办学历史、文化属性上寻找学校文化的根脉倒是一个思路。铁的纪律、铁的意志、铁的精神、铁的品质、铁的冶炼、铁的磨砺，都是学校文化的基本元素。再次，办学特色取决于课程开设，尤其是校本课程的开设。校本课程是学校特色最集中的反映。最后，办学愿景决定办学特色的效度。如果办学愿景不能符合教育发展趋势和切合社会需求，办学特色就只能是空中楼阁、一纸空文。

四、独立研究，协作攻关

教研协作体成员之间异质性较高，差异性较大，但发展目标一致，而发展路径、发展策略可能不尽相同。各成员之间应立足于独立工作、独立研究，同时与协作体其他成员保持联系，互通信息，互通有无。遇到独自难以解决的大问题、难问题，由协作体进行合理分工。所谓合理，就是按能力、兴趣、特长和优势进行分工，在自愿选择、有机整合的基础上，化大为小、化整为零、化难为易，把教研工作落到实处、抓到细处。

协作攻关，立足独立思考、校本教研，强调大局意识、合作意识，着眼问题解决、行动研究，提倡学术交流、成果共享。列出问题清单，在协作体内按照分工协作的原则，依据各自能力、特长和学识见解，实行认领与招标相结合的方法，分配教研问题。研究过程以及疑惑和结果，定期在教研网上发布公示，以便查询。这样一来，各成员之间，既能各尽所能，又可以优势互补，从而扩大组织效能，使组织效能超过个体效应之和，以协作的能量、教研的热量彰显团队的力量和品牌的含金量。

协作体的教研活动按照轮流主办或项目主持的方式展开活动。轮流主办就是每个协作成员，都有机会当东道主。项目主持就是谁对哪个问题有兴趣、有能力，愿意做带头人，就由谁做项目主持人，主持该项目的研发、研讨活动。为了保障教研项目落到实处，提高效度，我们要以项目研究的方式完善问题解决。问题解决可能是凭经验、凭感觉，故而未必科学。而项目研究是工作、学习、研究、交流一体化的职业要求。项目研究更看重文化内涵、核心素养、主题拓展和价值导向。

要办好教研协作体，需要每一个成员单位共同努力，并做好以下几个方面的工作：

第一，明确学校的发展愿景。所谓愿景是对未来的一种憧憬和期望，是学校努力争取想要达到的长期目标。学校愿景要回答一个问题，即我们未来要发展成为一个什么样的学校。社会认可、师生满意、学校可持续发展并拥有特色品牌，使学校和师生达到一种共赢，这是办学的共同目标。共同的愿景是学校文化的核心和灵魂，它是校长办学思想与教师个人愿景的高度统一。共同的愿景是学校发展的凝聚力。美国学者彼得·圣吉最早提出"共同愿景"的概念。他认为，共同愿景是一个组织中各个成员发自内心的共同目标，是蕴藏在人们心中一股令人深受感召的精神力量。愿景产生发展动力，保持教研定力，促进思维张力，生成职业活力，提高教学能力。可以说，没有发展愿景的学校，是一所没有发展目标的学校；没有个人愿景的教师，是一位没有努力方向的教师。共同的愿景是学校发展的能源库，是学校进步的人才库，也是协作体发展的中继站。

学校发展的共同愿景不仅是维系协作体成员的精神纽带，而且贯穿于协作体成长的全过程。协作体的每一位校长是否有自己的发展愿景，能否带领学校成员规划发展愿景并达成一致和共识，是建立教研协作体的关键。依靠愿景来领导学校的发展，是一种个人需求与学校要求的自然融合的发展，是一种感受专业发展和职业幸福的发展，而不是被行政命令支配的无奈的执行。

第二，扎实推进行动研究。研究室倡导"有效教学、有效教研、有效教师、有效成长"四位一体的教研策略。把有效落到实处靠什么？行动研究。教研协作体的核心特征是协作，主要任务是研究，研究的价值取向是致力于问题解决。行动研究是解决问题最有效的方法。课程改革在实践中最大的瓶颈是一线教师的执行力。执行不力，常常导致课改实践的"变形""走样"。提高执行力必须提高理解力，提高理解力重在提高研究力。行动研究是提高执行力的快捷方式。行动研究以改进教学状况、落实有效教学为首要目标，以促进专业发展、提升教研品质为终极目标。

第三，全力打造教研团队。学校品牌建设的标志是校本课程与教研成果。校本课程的研发与开设，代表着一所学校的教育理念和师资水平；教研成果的立项与获奖，说明一所学校的教育信念和教育追求。一般学校以开齐、开足国家课程为标准，但不会全力争取，也不会努力尝试开设校本课程。可以毫不夸张地讲，优质学校与卓越学校的差距，就在于校本课程的设置上。

研发、开设校本课程，申报获得省级基础教育教学成果乃至国家级教学成果奖，单凭一两位教师会很吃力，要靠一批优秀教师，要靠一个教师团队的支撑。这就需要打造教研团队。

团队是为实现一个共同的目标而集合起来的一个组织。团队的核心是协同合作、共同进步。团队的目标是个体利益和整体利益的统一，进而保证组织的高效运转。团队的特征是主动性、合作性和思考性。团队精神是大局意识、协作精神和服务精神的集中体现。甘做磨刀石，让同伴的刀刃最锋利，这就是团队精神最好的诠释。

教研团队是学校品牌建设的一项重要指标，是学校管理精细化、学校制度科学化、学校精神人文化、学校发展项目化的重要表现。学校教研要敢于打破教研组的封闭性，以问题为纽带，以项目为抓手，以团队为关键，以网络为平台，进行开放式教研、分享式教研。

第四，潜心塑造学校文化。学校要推进品牌建设，就必须重视学校文化。学校文化要体现学校的先进性、独特性，就要提炼办学愿景，概括办学宗旨。

学校文化要有一个标识度和辨识度比较高的短句来表现，讲起来朗朗上口，便于传播，又便于记忆。这个短句既要有文化内涵，又要有办学愿景；既要渗透核心价值，又要符合教育规律。如辉县市太行中学的学校文化主题词是"弘扬太行精神，培育太行赤子"；新乡市实验小学的主题词是"三实教育"，即"老实做人，踏实做人，求实创新"；二十一中的主题词是"践行面向21世纪的现代教育，培育适应21世纪的现代人才"；市十中英才学校的主题词是"发现教育，成就英才"；市七中的主题词是"三成教育，成就每一位学生"，即习惯成人、潜能成才、优势成功；获嘉县南关小学的主题词是"三兴教育，幸福人生"，"三兴"即兴学、兴教、兴业。坦率地讲，这些都是我下学校、进课堂教研指导的典型案例。

文化不仅是一种传承，还是一种根脉，更是一种认同。用文化激励教师的发展、带动学校的发展，更容易获得情感认同，消除职业倦怠。学校文化是幸福教育的雨露，是幸福教育的灵魂。文化提供学校发展的内在动力和教师发展的精神追求。文化是优质学校的本质特征，也是立德树人的有效抓手。学校文化建设不能满足于搞景观、走廊，而应该拓展文化内涵，彰显文化价值，追求文化品位。

学校品牌建设是一项系统工程，市教研室提议成立教研协作体，以落实"有效教学、有效教研、有效教师、有效成长"为举措，争取在三到五年内，培养出一批有教学特色的教师，有办学特色的学校，为全市基础教育的均衡发展，创出一条路子，树立一批典型，塑造一批品牌。

学校品牌建设要以教研协作体为龙头，用心做好六大工程，即教学常规奠基工程、学校文化铸魂工程、教学特色光彩工程、团队建设凝聚工程、网络平台添翼工程、教研协作名师工程。我们希望通过教研协作体的集体攻关，达到让薄弱学校"翻身"，特色学校"添彩"，优质学校"提神"的目的，为区域基础教育的均衡发展贡献力量。

阅读思考：

1. 九校教研协作体的六大工程是什么？你认为优先要抓好的是哪几项工程？请说明理由。

2. 维系教研协作体的纽带是什么？我们应当如何强化、优化、维系这条纽带？

研究学生"三趣",优化学习品质

兴趣是指人们对客观事物的一种积极的认知倾向,它表现为人们对某件事物、某项活动、某种问题、某种爱好的选择性态度和情绪反应。人的兴趣是多方面、多层次的,如何把兴趣转化为对学习的有意关注,转化为一种问题意识和探究能力,这是在课程改革的背景下,提高学生自主学习能力的一项重大课题。

"兴趣是最好的老师",因为兴趣给学习注入动力,使学生主动学习并乐此不疲;兴趣给学习增添活力,打通知识学习和社会生活的内在联系;兴趣让学生拥有定力,面对学习过程中的疑惑和困惑,面对课堂之外的诱惑,能使学生静下心来读书,沉下心来思考;兴趣让学生保持精力,每天十几个小时的紧张学习,怎样保持充沛的体能和精力,秘诀就是让学生做他们感兴趣的事。关键是兴趣能够激发潜在能力,心理学研究表明,一个人做他自己感兴趣的事,可以发挥智力潜能的80%以上。在教育学的意义上,教师的作用是唤醒、点燃与调动,所以激活学习兴趣,调动学习热情,是有效教师必需具备的教学技能。

常规教学中,常常因为赶进度漠视兴趣,抓质量丢掉兴趣,管纪律不要兴趣,保平安牺牲兴趣。究其原因,一是对调动兴趣的意义认识不到位,二是调动兴趣的功夫做得不到家,三是对自主学习不放心,四是对探究学习不放手。

以趣导学、以趣促学、以趣激学、以趣探学,趣之重点在于发现学生的智力潜能,趣之作用在于引导学生的主动探究。兴趣的培养是长期的教育影响、环境熏陶、文化浸润及社会实践的结果。学生个体的兴趣反映他自己的个人爱好和个性潜能,但一个群体的兴趣所在则反映教育的价值取向和品质导向。兴趣,需要教师精心呵护,尽心培育。研究学习兴趣,提高学习能力,优化学习品质,要求教师要关注以下六个问题:

一、选择兴趣的标准:志趣

兴趣有当否之论、雅俗之分、高下之别。不是说所有的兴趣都值得老师和家长无条件地支持和赞同。学生群体中最容易出现的问题是不当兴趣导致的"网瘾"，过度热情导致的"追星"。本来在个人生活空间有自己的兴趣和爱好并无不当，但"追星"到痴迷的程度，上网到成瘾的地步，以至于严重影响学习和生活时，就需要教师的心理干预和行为矫正。

兴趣，如果能为学习提供正能量，就值得提倡。如果为道德提供高营养，就值得鼓励。一般来讲，人们的爱好、偏好、关注、向往、追求、热爱就是兴趣之所在。怎样发现自己的兴趣之所在呢？我们对某种事物、某项活动、某种问题、某项工作在做之前有跃跃欲试的冲动感，做之中有乐此不疲的愉悦感，做之后有津津乐道的幸福感，就说明我们投入了兴趣，收获了兴趣。

研究兴趣，要注意兴趣、乐趣、情趣和志趣的区别。心理学研究成果表明，兴趣是一种带有情感色彩的认识倾向，它以探究某种事物，满足好奇心、求知欲为心理基础，是推动人们去认识和探究新事物的重要动机。兴趣是学习过程中最活跃的学习因素。兴趣盎然，妙趣横生，就是对学趣体验的生动写照。有兴趣的学习，不会让人感到枯燥乏味，而会让人废寝忘食。兴趣，是一种无形的动力，无声的鼓励，促使我们走向成功。

"一切有成效的工作都是以某种兴趣为先决条件。"可是，兴趣有高雅与低俗之分，也有短暂与持久之别。兴趣未必都正当，兴趣有时难以持久。有些人朝三暮四，见异思迁，一事无成；有些人甘愿落后，沦为平庸，难成大业。兴趣之所以让人产生有意关注、愿意付出的情绪，是因为它会产生一种乐趣，乐趣进而转化为一种情趣，情趣进而提升为一种志趣。乐趣、情趣、志趣构成学习兴趣的三个层次。

爱好是兴趣的开始，品位是情趣的转化，热爱是志趣的升华。兴趣是你想做某事的心理倾向，情趣是能做、乐意做好并从中享受快乐的心理倾向，志趣是你不仅能做好，还能做到极致并从中感受幸福的心理倾向。

从兴趣、情趣到志趣，你选择什么样的标准，将决定你会有什么样的人生。

二、培养兴趣的前提：快乐

兴趣，有些是人与生俱来的潜能，它需要创设情境，激活潜在的渴望；有些是后天培养的才能，它需要教学设计，适时鼓励。

培养兴趣的前提是做好两个分析：一是学情分析，充分理解学趣之所在。学生的生活经历、知识背景、思维方式、认知习惯，都是教学设计、调动兴趣的依据；二是教材分析，把学习主题、知识结构、核心要素与生活联系、认知习惯、内在联系相贯通，我们就掌握了导学设计的金钥匙。指导兴趣的要点是做好两项设计：一是问题设计。把学生感兴趣的社会热点、难点问题与学习问题相联系，赋予学习的自我意义。二是活动设计。让全体学生都有参与、展示、交流、比较的机会，满足学生的表现欲，塑造学生的成功欲。

培养兴趣的重点，不只是让学生去做他感兴趣的事。他感兴趣的事，不用老师教，不用老师督促，他可能会做得非常好。学生玩电脑，那不是靠老师教、课堂学，往往是学生私下摸索的结果。培养兴趣是让学生感兴趣地去做一切应该做的事。简单重复机械呆板的训练，固然枯燥无味，但在练习过程中，引导学生交流心得，总结经验，把简单的事做成不简单，学生就会发现比训练更重要的是用心感悟。

培养兴趣要注意四个方面：一是创设学习情境，设置问题悬念，调动学生的求知渴望；二是关注问题设计，调控解答距离，保障学习的适度拓展；三是理解个体差异，关注群体异别，尊重学生的主体地位；四是讲究适时鼓励，要求及时指导，使学习兴趣得以维持和延续。

三、激发兴趣的指向：潜能

趣从何来？兴趣源于好奇，尤其是源于问题情境下被激活的好奇心和求知欲。居里夫人曾经说过："好奇心是学者的第一美德，而好奇心又总是兴趣的导因。"

学生时代正是怀揣梦想的时节，对未知世界有强烈的好奇心。无数个"为什么"促使他们不断地去学习、去探索。当他们对学习充满了好奇心和求知欲时，就会感觉学习是件愉快的事。

有些人多才多艺，兴趣广泛，爱好众多，走到哪里都是人们关注的焦点；有些人沉默寡言，悄无声息，整日足不出户；有些人也为自己缺少爱好特长，对生活、学习不感兴趣而苦恼。怎样认知自我，发现兴趣呢？

学习中寻找兴趣，众多科目中总有我们偏爱的科目，这通常是兴趣之所在。在学习过程中，扩大兴趣空间，把原本不感兴趣的科目学好，把薄弱学科变成自己的优势学科，兴趣就为学习提供了正能量。

探索中比较兴趣，兴趣使人乐意探究，兴趣使人废寝忘食，兴趣使人深度思考，兴趣使人精神振奋。对自己感兴趣的问题，我们总想知道得更多一点儿，理解得更深一点儿，掌握得更细一点儿，表述得更美一点儿。

激发兴趣有六个方法：①了解自然的科学属性；②观察社会的热点问题；③认知自我的潜在的能力；④运用自身的优势潜能；⑤揭示问题的内在联系；⑥发现事物的特征规律。

苹果成熟了就要落在地上，在大家熟视无睹、习以为常的生活情境中，牛顿发现了这个问题，并为此进行了不断的探索，最终提出了牛顿三定律，奠定了经典力学的理论基础。兴趣使牛顿具有问题意识、探究意识，使他成为一代科学巨擘。

四、强化兴趣的奥秘：激励

兴趣是一颗幼小的种子，需要我们的精心呵护。其实，按照多元智能的理论，每位学生都有自己的优势智能，只是有些在学校环境中成长了，有些在社会环境中成熟了。前者是学校教育培养出来的优秀学生，后者是社会教育锻炼出来的业界精英。

拥有优势，学会用优势做事情，是从学校走向社会的必修课。我真诚地告诉我的同行两句话，"兴趣是最好的老师"，放手让学生做他们自己感兴趣的事，他们就会拥有优势；"方法是成功的桥梁"，掌握科学的方法，就是用优势做事情。

强化兴趣，就是强化优势潜能，就能在激烈的竞争中脱颖而出。怎样强化兴趣呢？激励。

学习的进步离不开学法指导，学趣的强化离不开适度激励。适当的目标，适度的拓展，适时的鼓励，适切的提示，这是强化兴趣的奥秘所在。

激励是为了调动学生的积极性，满足学生正当合理的需要而实施的行为。有效激励要确实掌握学生的基本需求是什么，需求满足度如何，哪些需要的满足最能调动主动学习的积极性。

记得曾读过一篇文章《一支铅笔有多少种用途》，说的是纽约有一所名叫"圣贝纳特"的学校，地处穷人区，教学质量普通。但学者们在无意中发现了一个值得关注的现象，即该校毕业生在全纽约市的犯罪记录最低。学者试图破解这个现象，给所有能找到的毕业生寄了一份调查表。在收到的近4000份回信中，74％的学生回答说，在学校印象最深的一件事，是知道了一支铅笔有许多用途：写字，当直尺，送人的小礼物，墙上固定的木钉，绑上绳子当作圆规，截成几段可以作积木中搭建桥梁的立柱横梁和运重物的滚轴，笔芯的粉末可润滑锁芯，野外生存时抽掉笔芯可作吸管吸取石头夹缝中的积水，等等，大部分学生都能说出20种用途。

学校让学生明白，一支铅笔尚有如此多的用途。一个有着健全大脑、健康四肢的人，更有挖不尽的潜能。走到社会以后，任何一种用途，都足以使我们生存，任何一项技能，都足以让我们立足。本着这种自信走向社会，"圣贝纳特"的毕业生都不屑做违法乱纪的小人。

激励存在于学校教育的每一个环节。

五、增强兴趣的核心：自信

爱默生说："自信是成功的第一秘诀。"拥有自信的人，思维活跃，勇于尝试，敢于表达自己的学识见解，在思想碰撞中容易产生灵感。反之，缺乏自信的人，没有主见，缺少定力，遇事不敢表达自己的意见，不敢坚持自己的主张，在人生的舞台上，往往只能是追随者的角色。

在常态人口分布中，学生智商相差无几。学习成绩的差距主要源于两个方面的原因，一是掌握正确的学习方法，二是拥有自信心。

自信心是一个人对自身价值和能力的充分认识和评价。贝多芬凭自信创作了命运交响曲，李白凭自信吟出了"天生我材必有用"的万丈豪情。

自信与自傲不一样，自信者沉着，自傲者浮夸；自信者坚强，自傲者自赏。一个人缺少了自信，就容易对环境产生怀疑和戒备，就会把精力耗费在无谓的人际交往上。

有位哲人说过："一个人，从充满自信的那一刻起，就像有上帝在伸出无形的手帮助他。"我们说这个世界上真有上帝吗？有，他就是你的自信心。正是有了自信，人们才充满机敏和睿智，才具有取得成功的心理特质。我们要知道自信的口诀：相信自己行，才会我能行；别人说我行，努力才能行；今天若不行，争取明天行；能正视不行，也是我能行；不但自己行，帮助大家行；相互支持行，合作大家行。

人生最大的敌人是自傲，最大的资本是自信。作为教师，要培养、塑造学生的自信心，就必须掌握培养自信心的六种方法。

其一，关注优点，吸取正能量。把自己的优点写在纸上，并告诉自己曾经有过什么业绩，这叫"自信心蔓延效应"。

其二，广交朋友，拉高人生标杆。经常与自信心强、见识渊博的人在一起，你会受到熏陶与感染，所谓"近朱者赤"。

其三，自我暗示，正面心理强化。说你行，你就行，不行也行。我说行，我就行，不信试试。

其四，扬长避短，发挥潜在优势。成功，一定是在自己的优势领域，学会用优势做事情，才能事半功倍。

其五，选择恰当的目标，不断增强自信心。

其六，做好充分准备，争取一次成功。

尝试中体验成功乐趣，激励中塑造自信品格。拥有自信，就拥有了克服困难、争取成功的心理基础，就会把困难视为机会，把困难当作挑战。

六、提升兴趣的层次：志趣

兴趣分为兴趣、情趣、志趣三个层次。爱好是兴趣的开始，品位是情趣的转化。品位是指对事物有分辨与鉴赏能力。有品位，生活、学习才会有情趣。热爱是志趣的升华。教师的职责或者说是教学技巧，就是让学生在"玩"中学，"做"中学，"乐"中学，把对"玩"的兴趣转移到对"学"的兴趣上来。兴趣是想做事的心理倾向，情趣是能做事并乐于做事的心理倾向，志趣是你不仅能做好，还能做到极致并从中享受幸福的心理倾向。提升兴趣的层次，就要进入志趣的行列。

志趣是指"行动或者意志的趋向"，也称志向。有了远大志向的人，同时拥有坚韧的毅力，才能提高学习的自觉性和主动性，才能担负起社会责任。有着远大志向的人，他的人生目标越高，自身的潜能就越能够得到充分发挥，人之伟大或渺小，取决于其人生的抱负和志向，伟大的人物只为伟大的目标而产生。

扪心自问，我是否有远大志向？我为什么要刻苦学习？我将来要为这个社会、我的家庭做些什么？我将来准备成为一个什么样的人？

老一代教育家徐特立说过："一个人有了远大的理想，就是在最艰苦困难的时候,也会感到幸福。"志向与毅力是事业成功的双翼。志存高远,志不立,如无舵之舟,无缰之马,漂荡奔逸,漫无目标,终将一事无成。有志者事竟成,因为有志者自有千方百计,不怕千难万险。有人说:"有志的人战天斗地,乐在其中;无志的人怨天恨地,自叹自怜。"所以,人生成功首当立志。

阅读思考:

1. 兴趣是最好的老师,原因在于兴趣提供学习的动力。请你说一说兴趣的生成、维持、转化与提升的过程。

2. 兴趣没有边界,将会沦为玩耍;兴趣没有目标,将会陷入盲目。关于兴趣,请说说你的教学实践。

"每课一读"：提升思维品质

2010年上海首次参加PISA2009测试（国际学生评价项目），平均成绩在65个国家（地区）中排名第一，引来国际社会一系列的关注、审视和思考。

上海教育成绩骄人，但通过数据分析，还是发现一些颇有启发意义的问题。PISA把阅读素养分为0—6的七个等级，达到5级的上海学生占17%，他们被视为未来潜在的世界知识人士；而达到6级者，被视为在知识社会可胜任领袖级任务的未来之星，上海学生仅占2.4%。这个数据告诉我们，在具有创新和决策水平的高阶段竞争上，我们的教育缺乏优势。怎样改变这种状况，改善学生的阅读习惯，提升思维品质，是我们面临的新课题。

随着信息时代的到来，在阅读趋势上呈现出四种变化：①从纸质阅读到电子阅读，学生更习惯于关注微博、公众号，而不再习惯读书。②从学习性阅读到休闲性阅读，把阅读演变为悦读，阅读碎片化、娱乐化，成为生活的点缀。③从深度思考到文化快餐，习惯于标题浏览、内容检索，而缺乏深度参与、深度思考。④从被动学习到互动参与，不再限制于纸质图书章节、节码的规定顺序，而使用电子阅读点击、检索、浏览、下载，一气呵成。

上海学生做到每天30分钟的趣味性阅读，在竞赛测试中平均阅读成绩560分，比不进行趣味性阅读的学生高出63分。这对教育的启示意义有两点：首先是兴趣提供学习动力，其次是能力重在感悟。阅读测试非常重视概括能力，平时语文阅读也常常讲"概括中心大意""归纳中心思想"，但效果欠佳。传统教学，备受诟病。因为它着眼于应试，主要依靠教师的告诉、告知，而不是着眼于能力培养，让学生自己去感受、感悟。

有效导学应该包括学习习惯、学习方式、学习品质的引领和指导。受上海趣味性阅读的启发，我提出"每课一读"的教学要求，以期收到培养学习习惯、提升思维品质的效果。

每课一读就是要求围绕学习主题，提供趣味性阅读材料，以达到拓展学生视野、丰富学习内容、激励思维探究、提升学习品质的效果。

每课一读，重在深度参与。趣味性阅读首先是阅读材料的选择要满足学生的好奇心、探究欲，让学生在阅读过程中产生一种愉悦的心理体验。这种体验使他们深度参与学习过程，去思考更深刻的问题，去探究更复杂的问题。一篇文章中提到2011年秋，德国天气干燥，水位下降，科布伦茨镇的莱茵河河床上，露出了一枚航空炸弹。二战期间，盟军实施战略轰炸，投下160万枚航空炸弹，其中有5％的哑弹，成为安全隐患。警方立即采取应急措施：封锁现场，用350个一吨重的沙袋围起来，抽干水，请拆弹专家进行风险评估。最坏的结果是，万一炸响，影响周边1.8平方千米的区域，该区域有10.6万居民。其中受到直接威胁的区域面积有0.4平方千米，其他范围有影响但不会造成安全问题。1.8平方千米范围内的5万人需要疏散以确保安全，花费数千万马克。最佳结果是安全拆除。专家有过拆除此类炸弹的经验，出现意外的可能性只有1％。政府出于对生命的负责，不能容忍有1％的失误。撤离疏散的方案立即提交联邦政府，经过连夜协商，次日凌晨4时开始组织撤离。经过48个小时，1.8平方千米范围内所有人员安全转移，甚至包括宠物。最终，有惊无险，拆弹成功。面对过于谨慎造成浪费的质疑，政府表示："比起生命而言，花费多少马克都不是浪费。"用故事说明问题，比讲多少个道理都管用。

每课一读，贵在兴趣调动。学趣在于开发，强调设计。一位从事幼儿英语教学工作的教师为了让孩子们学习更有趣，他让孩子们猜想哪个字母能喝（t，因为tea是茶嘛），哪个字母最漂亮，哪个字母最可爱……联想激发兴趣。我还看过小品文《汉字调侃》，挺有趣。"曰"对"日"说：你吃了什么减肥药？"袭"对"龙"说：知道什么叫时尚不？就是把衣服当裤子穿。"从"对"众"说：真羡慕你们，夫妻俩同心同德。

每课一读，巧在主题拓展。学习主题就是核心知识、核心能力之所在。为丰富学习内容，拓展学习主题，每课一读就提供了用武之地。抗美援朝主题是英雄主义，每课一读"美国人为什么打不下上甘岭"。讲法国大革命，摘选米捏的《法国革命史》片段；讲拿破仑时，介绍"奥斯特里茨战役"或"决定命运的三秒钟"。讲《海峡两岸的交往》一课时，我引入1972年《中美上海联合公报》的内容，"台湾海峡两岸所有的中国人，都认为只有一个中国。台湾是中国的一部分，美国政府对这一立场不提出异议……"。海峡两岸从此就不再是一个单纯的地理名称，而是被赋予了深刻的政治含义,即"一个中国"。这是由美国政府认可并公之于世的国际共识。所谓"海峡两岸的交往",就预示着"交往"的前景是两岸统一。

每课一读,妙在认识共鸣。教材上的一些知识要点,常常存在语言表述过于严肃的现象,与学生的认识习惯和认知水平存在一定的差距。通过每课一读,我们用生活化的材料、趣味化的表述,唤醒学生的认识共鸣,使其产生强大的学习动力。介绍印度泰姬陵时,引入《中国青年报》的文章:《泰姬陵——爱与美的极致》。比照课文插图,通过生动描述欣赏、想象文中美景:"早上是金黄色,中午是纯白色,夕阳下是红色,月光下则是银白色。"这是什么样的泰姬陵啊,真是神奇无比,惊艳无比。

每课一读,创意虽美,实施却难。难在资料整理,难在精力投入。我们从有效教学的实效性出发,着眼于学生思维品质的提升和学习习惯的养成,所有的努力都是值得的。只要你在学习、思考时把自己喜欢的文章摘录下来,编辑、整理成册,即可成为课程资源。如果你能把这份工作坚持下来,你就有了一个属于自己的资料库;把它贡献出来,上传到网上,我们就有一个共同的资料库。如果你开始考虑建立自己的资料库,你就会体会教学相长的深刻含义,从而在专业能力成长的过程中,形成自己的教学个性与教学风格。每课一读的深层意义,就是教师要在广泛阅读的基础上,为学生选择、提供有效的阅读材料,在引导学生养成阅读习惯的同时,也提升自己的思维品质。

阅读思考:

1. 为每篇课文准备一段拓展性阅读的文章,是谓每课一读。你乐意这样做吗?找两篇课文试试,看同学们是否乐意进行每课一读。

2. 请你谈谈对"每课一读,一定要辅之以深度解析,这样才能提升思维品质"一说法的理解与认识。

"先学后教"的深度思考

自洋思中学提出"先学后教,当堂达标"的经验以来,可以说派生出了许许多多的课改经验。这些经验的共同特点,都是格外强调学生的主体地位与"先学"的教学程序。这种变化带来的新的问题是课堂学习的浅层化、碎片化、功利化和娱乐化。怎样把有效教学落到实处,怎样体现"有效教学、有效教研、有效教师、有效成长"四位一体的教研策略,促使我们对"先学后教"进行深度思考。

教学的本质是用心促进学生主动学习,教学的本真是放手让学生学会自主学习。关于基础教育应该以谁为主的问题,我曾经做过一个概括:教学以学生为主,办学以教师为主,兴学以校长为主,研学以问题为主。教与学、师与生,都是一个矛盾的两个方面,是互为因果、互相促进的统一体。过去讲"名师出高徒",是因为名师有方法、有经验、有教育智慧,对学生要求严格,指导得法,点拨到位,激励到位,起到引领、督促的积极作用。又有人讲"师傅带进门,修行在个人",这就要看学生的灵性与悟性了。比知识更重要的是能力,比能力更重要的是素养,比素养更重要的是智慧,明白了这个道理,我们就掌握了有效导学的秘诀,就会从"分数第一"的桎梏中解脱出来。

从教学的逻辑关系上讲,"先学后教"的好处自然不必多说,但是不是还可以允许"先教后学""边学边教""教学互动""教学相长"等多种形态呢?"教,上所施,下所效也",教为学树立榜样,做出示范,本身就是为了学,服务学,恐怕不能与学截然分开吧。

"先学后教"若想学得有方向,教得有方法,学得有乐趣,教得有情趣,学得有体会,教得有悟会,学得有成绩,教得有层次,就必须对"先学后教"进行深度思考、系统研究。

一、"先学"突出主体地位,"后教"规划学习分工

"先学"的思想基础是明确学习是学生自己的事,"先学"的知识基础是生活积累,"先学"的情感基础是求知渴望,"先学"的动力源泉是人生梦想。"先学"绝不是学习顺序上的一个调整,而是基于学生、为了学生、

发展学生、成就学生的准确指导。

"先学"主要指学生对文本的预习，对未来的学习内容有一个大致了解，对学习任务有一个大致分工。一般来讲，我们最常见的情境是"先学"之后，开始对知识点进行逐一提问。在教师的心里，只有我讲过、练过、考过，我才会放心。其实，"先学"的价值在于学习规划，"先学"的指向在于学习分工。

谈到学习规划，我们习惯宏观思维，缺少细节雕琢，习惯坐而论道，缺失具体执行。教师要帮助学生制订课时学习规划，每节课都按部就班，完成任务。实施既定规划，可以磨炼意志，形成习惯，树立自信，收获成功。

"先学"可能出现的情形大致分三种：首先，有一定的生活经历、知识积淀做基础，学生对学习内容也比较感兴趣。这是比较理想的状态。其次，基本上没有接触，甚至是一无所知，谈不上感兴趣，也说不上多喜欢，学习效果很大程度上取决于教师的引导。再次，心理上有抵制，就是不想学、不愿学。多元智能理论认为每位学生都有学习某种技能的天然智能。反过来说，我们是否可以理解为某些学生天生就不具备学习某种特定智能的遗传基因呢？如果这种推测成立的话，我们就要尊重教育规律，学会适度地放手，适当地放弃。放手是让学生发挥自己的优势，放弃绝不是不管学生，而是集中精力，去拓展学生的优势智能，最终形成个性特长。

对学生来讲，学习规划最重要的意义在于认知自我，知道遇到困难向谁求助。不同程度的学生，对于"先学"要完成的学习任务有不同的指标：优秀学生80%，一般学生60%，困难学生40%。在此基础上，通过小组合作、教师讲解、习题练习、课下辅导、跟进指导，最终提升到什么程度，每位学生都应该有一个大致判断。

"后教"的任务是明确学习分工。谈到分工，许多人会误认为是小组合作学习中的分工。这里主要讲师与生的分工。通过"先学"，教师要了解哪些学生掌握了哪些知识，掌握到哪种程度，"后教"要帮助学生克服哪些障碍，提高认知的重点在什么地方。大家熟悉的"三讲三不讲"可以算是学习分工的通俗说法。

"后教"的要求是明确学习分工。"先学"的目标定位与"后教"的效能提升，都应该是学习分工的应有之义。简单地说，就是通过"先学"看学生能够达到什么程度，"后教"看学生能够达到什么高度，这两者之间的落差是学习分工应克服的难点。

"后教"的重点是落实学习分工。一般来讲,"先学"可以让80%的学生掌握80%的知识;"后教"可以让99%的学生掌握100%的知识。这中间肯定会有一定的误差系数,要消除误差,就要有小组合作、课堂展示、练习巩固、课堂小结、精讲点拨、主题拓展等相应的教学措施。小组合作可以让知识的掌握程度提高10%,听教师讲解可以提高5%,而让学生讲,通过课堂展示、互动则可以掌握70%—90%的知识。认知金字塔原理大家都知道,具体怎么运用,则要看各位教师的技巧了。

二、"先学"践行自主学习,"后教"突出学法指导

自主学习是在教师的指导下,通过设计问题引导学生独立思考,提供材料引导学生自主探究,从而获取知识、形成结论、提高能力、发展智力的学习过程。"先学"在实践中最大的障碍是相当大一部分的学生没有真正理解自主学习的策略、方法和要求,因此,"先学"的效果大打折扣。一些教师也把"自己习""自由学习"误认为是"自主学习"。

没有动力不想学,没有方法不会学,没有策略学不好,没有思路学不会。只有在掌握自主学习基本方略的情况下,"先学"才会取得令人满意的效果。评价学生是否掌握自主学习,最简便的方法就是要求他们展示"知识结构示意图"。结构图如果画得重点突出、详略得当、概括全面、联系实际,那就是优秀水平;如果是有重点但不突出,有概括但不全面,那就是一般层次,需要同学帮助,进行补充完善;如果是漫无头绪、逻辑混乱,那就要重点关照了。

有效学习的基本方法是"结构化"阅读,就是"建立知识之间的联系,掌握构思知识的多种方法,尝试探索事物背后的原因"(《中国教育报》2015年7月8日《学会"结构化"阅读,自然成为读书行家》,张以瑾)。发现事物的本质特征,"结构化"阅读有两个要点:一是用系统的观点看待每一个知识点,二是在阅读过程中建立个人的知识体系。"结构化"阅读,既可以把书读薄,又可以把书读厚;既可以把书读透,又可以把书读新。所以,我们要提倡学生学会读书,引导学生掌握方法。

三、"先学"提示问题引导,"后教"强调学识比较

2016年春季开学,我到新乡市一中东校区做例行检查,听王春晓老师一节语文课《沁园春·雪》。王老师对诗的创作背景、发表背景做了简要介绍,但忽略了它的政治影响力。该诗的"诗眼"有两句,即"欲与天公试比高""数风流人物，还看今朝"。重庆谈判之时，"欲与天公试比高"的诗句很容易让人联想到共产党的态度，"还看今朝"尽显共产党人的豪情，对胜利充满了无比自信。

单从文学的角度欣赏诗句，谁来"比高"，银蛇与蜡象。怎样比试，"山舞""原驰"，一幅动态的山水图。怎样看到这种比试？诗人的"望"，还"望"见了什么？"长城内外""大河上下"，什么样的视域能看这么远，什么样的眼力能看这么透彻，什么样的人物能有这等气魄？高人、伟人与超人。探究一下，重庆谈判，毛泽东为争取和平亲赴重庆与国民党进行会谈，就是一种革命者的大无畏精神。回到文学的角度来赏析毛泽东的诗词，"千里冰封，万里雪飘"，却并没有让人感到彻骨的寒气，因为有"红装素裹，分外妖娆"。串联在一起，构成一幅"江山如此多娇"的雄伟"诗画"。

"先学"不能满足于读懂文本。真正的读懂是能够回答问题。学生的认知能力和认知水平决定了他们的理解程度只能局限于字面理解。要想过渡到意义理解、批判理解和创新理解的深度，离不开教师的引导和讲解。提示问题，帮助学生研读文本；抓住"诗眼"，引导学生认真品析；主题拓展，深度理解文本意义。共产党代表来到重庆后，大家一看这一行人都文质彬彬，尤其是毛主席的诗作一经发表，立即引起轰动，无人不为毛泽东的才情所倾倒。据说，蒋介石下令国民党中宣部组织人才，仿写诗作，企图盖过毛泽东的气势，然而没人能写出如此大气的诗篇，只得草草收场。

学识是教师基于学习基础之上的融会贯通的个性见解。查词典、上百度，可以检索到的是知识；聆听当面教诲、当面指导，给予学生的是学识。大家是否有过这样的学习体会，有些道理，老师不讲，学生们总也想不明白；看教科书的定义，也只是似懂非懂；老师举个例子、讲个故事，借个比喻，换个说法，学生们立刻明白了，搞懂了，想通了。

学识贵在辨别真伪优劣，重在把握发展趋势，巧在辨析变化规律，难在做到融会贯通。

四、"先学"对应生活联系，"后教"对应主题拓展

学习的过程是一个由浅入深、由此及彼、由内到外的过程。学习的导入需要有一个从生活到教材的过渡，在这个意义上，我们说生活即教育。联系生活，在学生们面前会呈现一个熟悉的场景、熟悉的人物、熟悉的情

节，对将要学习的内容会产生一种亲切感和认同感。

对应生活联系，除了调整学习心态和学习心理，它的积极意义还在于丰富学习素材，开阔学生视野。许多教师常常为怎样用教材教而感到困惑。其实，用一句话来概括，就是把学习与生活相联系，给学习注入情感色彩。从生活到教材是一种深入，从教材到生活是一种浅出。前者是学生要用心的地方，后者是教师要留心的地方。优秀教师总是善于发现教材与生活的联系，用生活中的小故事讲解教材中的大道理。新乡市首届"年度教师"张锦文就是生活化教学的积极践行者。他在讲数学中的"相遇问题"时，学生总是不能理解"相遇"的概念。于是张老师把学生拉到公路上，让学生演示"相遇"，观察"相遇"，从而使学生对"两地""相向""相遇"等概念和意义有了直观的认识，取得了良好的效果。张老师由此萌发了生活化快乐教学的新主张。

"后教"呼应主题拓展。许多教师习惯应试式的点状教学，缺乏网络式的结构教学、论辩式的思维教学和拓展式的主题教学，导致学生思路狭窄，往往只关注知识点，而忽视问题链，只见树木不见森林，或者满足于字面理解，缺乏判断性思维的深度理解。在教与不教的选择上，教的选择当然是学习的主题。学习的主题是对学习目标的深化，对教材中心思想的提升，尤其是核心价值观、核心素养的提炼。在某种意义上，主题拓展是对教材的一种整合与再创作。

主题拓展的积极作用，一是决定学生的认知高度，二是支配学生的展示力度，三是指导学习的探究深度，四是影响学习的视域宽度。

主题拓展的终极目标是有效培养学生的核心素养。"核心素养将成为今后基础教育课程教学、考试评价的重要依据"（申继亮：2016年全国教研工作会议上的讲话。《人民教育》2016年第5期）。2013年，联合国教科文组织发布报告《向普及学习迈进——"每个学生应该学什么"》，指出基础教育阶段必须包含以下七个领域的学习：身体健康，社会情绪，文化艺术，文字沟通，学习方法与认知，教学与技术，科学与技术。经济合作与发展组织在2012年发布《为21世纪培育教师——提高学校领导力：来自世界的经验》研究报告，指出21世纪学生必须掌握以下四个方面的核心技能：一是思维方式，即创造性，批判性思维，问题解决，决策和学习能力；二是工作方式，即沟通和合作能力；三是工作工具，即信息技术和信息处理能力；四是生活技能，即公民变化的生活和职业。

综观国际教育的发展趋势，我们应该察觉并感知到，价值观是"21世纪核心素养"的核心。如果将核心素养比喻为一个人成长的发动机，价值观就是这台发动机的引擎。主题拓展的指向无疑应该聚焦于核心价值观有效进教材、进课堂、进头脑。新乡市教研室开展"课改擂台赛——核心价值观有效进头脑"来培养学生核心素养的用意就在于此。

五、"先学"难在主动质疑，"后教"巧在深度解析

学生阅读总是习惯顺着教材的思路走，迎合教师的提问答，按着教师的要求练，被"标准答案"束缚了手脚，被"评分标准"禁锢了思想。

为适应学生的自主学习，许多学校配备了相应的导学案。导学案对解释一般性的问题起到了很好的提示、提醒作用，但缺少"导学"的力度、深度和高度。长期以往，恐怕我们的学生可能会丧失宏观视野的把控与微观角度的雕琢。导学案最大的隐患，可能是导致自主学习的碎片化，缺失结构化的概念；导致认知结构的浅层化，缺少批判性思维的深度理解。有鉴于此，教师的解释、提示、点拨和引领，都要格外关注对学习主题的深度解析。

为什么有些知识学生总是记不住、记不牢、记不准呢？原因就在于缺少对知识的体验、感知与感悟，缺失教师的深度解析。深度解析是教师在充分理解学情、把握教材的基础上，围绕学习主题，进行剖析式讲解、案例式分析的教学要求。主动质疑与深度解析是师生互动的最佳方式。主动是一种求知态度，质疑是一种求学方式，深度是一种认知程度，解析是一种学识互动。

2016年3月，教研室组织课改擂台赛——"社会主义核心价值观进头脑"观摩课活动。老师们在讲《海峡两岸的交往》一课时，容易忽略一个学生很关心的问题，即"为什么台湾是中国的核心利益"。只需要打开中国地图，点明一个要点，台湾是中国走向大海、走向世界的门户。台湾的战略作用，有如一艘不沉的航空母舰。美国围堵中国的第一岛链，从日本、韩国，经台湾岛到菲律宾、新加坡。台湾岛位于第一岛链的中点，中国一旦统一，第一岛链将不攻自破。单就地缘意义上说，我们就绝不能容忍"台独"的出现。大陆与台湾的隔绝，是内战的结果，同时也是当时世界"冷战"与"热战"的结果。台湾问题有四个特征：一是长期性。从1949年至今，已有近70年历史。二是复杂性。台湾问题的背后，有美国和日本的黑手。他们把台湾作为棋子，用来牵制大陆。三是艰巨性。加强

海峡两岸的交往，增进政治互信，扩大经贸往来，反对"台独"势力，抵制美日插手。四是紧迫性。台湾问题不能像香港问题那样拖上一百年。解决台湾问题的方针是"一国两制""和平统一"，具体方法是强化台湾同胞对大陆的认同感、亲切感和归属感。

六、"先学"倡导能力立意，"后教"引领素养立意

立意，指文学作品的创作思路的价值取向。一件作品能否成为传世佳作，很大程度取决于创作立意。教育上的立意有两层意思：首先是指考试命题的价值取向，其次是教学评价的价值取向。教学立意经历了知识立意、能力立意到素养立意的过渡。

以《海峡两岸的交往》为例，教师仍旧习惯于知识立意，教学指向基本围绕知识点进行教学；有能力立意的基本意识，但缺少学法指导的具体要求。把社会主义核心价值观对应教学内容，去硬扯关系，不利于达到预期效果。进头脑是融进而不是塞进。"交往"的现状是互信，"交往"的本质是认同，"交往"的前景是统一，和平统一。

素养是什么？相对稳定的文明状态、精神风貌和学习能力。素养强调知识、能力、态度的整合，突出了人的反省、思考、行动与学习能力。大家都知道，能力比知识更重要。那么还应该明白：素养比能力更重要。

提高素养程度有一个著名的素养公式：素养＝（知识＋能力）×态度^2。即知识加上能力的和乘态度的平方。可见态度是素养培育的关键。

"先学"重在知识建构，"后教"贵在认知共鸣；"先学"尝试批判思维，"后教"塑造创新品质：这些都是"先学后教"的应有之义。"先学"的内涵十分丰富，学什么，怎么学，学到什么程度，教师要明确教学分工；"后教"的作用十分重要，教什么，怎么教，教到什么高度，教师要规划教学设计。

"先学"是对学生的放手，相信学生能学会、能学好；"后教"是对学生的引导，拓宽学生的眼界，拓展学生的思路。学贵在有方法，教难在有创意。掌握方法的学习，是高效的学习；拥有创意的导学，是有趣的导学。

"先学"是一种主动的习惯，"后教"是一种深度的比较。高品质的学习，都是有生活体验，有思想碰撞，有情感联系，有灵感闪现，有材料选择，有个人见解，有学识比较，有反思感悟的学习。"先学后教"是教学从互动到思维灵动的提升，也是从教学引导到学习自觉的转折，还是从求

知渴望到学习期待的满足,更是从学习习惯到学习方式的一种飞跃。

知道自己能够做些什么,说明你在不断地成长;知道自己不能做什么,说明你在不断地成熟。"先学"的价值在于判断自己的成长,"后教"的作用在于比较自己的学识。

多点儿学习,少点儿应酬;多点儿思考,少点儿蛮干;多点儿教研,少点儿武断;多点儿实干,少儿点"表面";多点儿写作,少点儿"借鉴";多点儿创意,少点儿"下载"。教学实践中,把握住这"六多六少","先学"就能学出成效,"后教"就能教出精彩。

阅读思考:
1. "先学"需要什么作铺垫,"后教"才会有提高?
2. 你对本文的哪一种说法最欣赏?请说明理由。
3. 说说你对"先学后教"的认识与感悟。

教学创意，让有效教学更精彩

教学创意是教师在教学设计和实施过程中提出的具有创造性的教学构想或独具匠心的教学举措。创意的范围非常广泛，涵盖了所有教学环节及教学要素。教学创意对创设教学情境、调动学生兴趣、激活学生思维、促进师生对话、捕捉教学机智、提升教育品质等方面，都具有相当大的实践意义和指导意义。创意体现对教学素材的整合驾驭，创意说明对教学本质的深刻认识。因而，教学创意让有效教学更精彩。教学创意是针对课程改革"用教材教"的要求而提出的一种概念。怎样用教材才能做到与书不同、与众不同，那就需要教师有自己独特、新颖的见解和独到、别致的方法。有些教师在教学中宁愿费力，不愿动脑，信奉"教材怎么写，我就怎么讲；中招怎么考，我就怎么教"的教条，在教学中缺失自己，忽视学情，导致课堂平淡、课程呆板、教学机械，缺少灵性、灵气、灵魂。教学创意可以是备课时的预设，也可以是讲课时的机智，还可以是听课时的顿悟，更多的是课后的自省。

一、把生活引入课堂，教学才会生动

老师们都有这样的体会，好课一定是有创意的课。创意源自对教材的把握和解读，源自对学情的了解和引导，源自对生活的观察和热爱。教学创意聚焦于启发学生思考，着力于改善学法指导。启发学生思考，要把握学生认知的三个起点，即知识的逻辑起点、生活的经验起点、教材的拓展起点。只有把知识与生活相联系、把知识与教材相联系，立足于现有发展区，着眼最近发展区，学习才会循序渐进、步步为营，探究才会由浅入深、由表及里。

学生生活由四块构成：校园生活、家庭生活、社会生活和网络虚拟生活。它们都隐藏着丰富的教学素材，需要教师有一双慧眼去发现它、提炼它。李双金老师讲《角度》一课时，很巧妙地设计三座角度不同的滑梯，让学生讲一讲在玩游戏时，会选择哪一座滑梯，理由是什么。这种创意贴近生活，很自然地把学生注意力引到教学主题上来。

生活即教育。从课改三维目标入手，选择知识的逻辑起点，便于深化理解，提高能力；选择生活的经验起点，便于感受经历，掌握方法；选择教材的拓展起点，便于体验情感，检校态度。

二、把联系引入课堂，教材才会鲜活

教材对知识、事实的陈述，一般都使用标准的教科书语言，规范、严谨，但缺少生动、活泼，阅读性稍差。教学创意强调把教材语言转化为生活语言，只有把对生活的理解和联系引入课堂，理解才会深刻，教材才会鲜活。我把联系概括为六种形态：人物联系，形象鲜活；理论联系，现实鲜活；生活联系，语言鲜活；社会联系，思想鲜活；网络联系，观点鲜活；材料联系，情境鲜活。

2013年新乡市优质课比赛一等奖的获得者，市十二中历史教师王尉讲的《难忘九一八》一课就很有特点，很善于联系。王老师引导学生思考为什么"难忘"，一是难忘民族灾难，二是难忘"不抵抗"之耻辱，三是难忘历史教训，四是难忘忧患意识。四点小结把对历史过去、现在、未来的思考联系在一起，可谓发人深省。

学习缺少了联系，学生会觉得事不关己；学习缺失了联系，让学生难以发现内在规律。联系既强调学生与知识的生活联系、情感联系，又关注事物本身的相互联系、内在联系。

三、把观点引入课堂，思想才会碰撞

小组讨论现在成为课改的一道风景线，但怎样提高讨论的有效性，除了教学组织与教学管理，最重要的环节就是教师要有选择地提供背景材料、学术观点、前沿动态，让同学们在比较中思考，讨论中选择，真正经历一场头脑风暴。

浅阅读、浅思考是低效教学的原因所在。激活学生的思维，一是设计有价值的问题，联系社会现实，引导学生深度思考；二是引进多方学术观点，进行学术争鸣，诱导学生参与对话；三是质疑教材观点，提出创新见解，激励学生大胆发表意见。

教材体现国家意识，反映主流意识观念。在此范围之内，适当选择讨论话题，引导学生适度研讨，适时给予恰当指导，有效教学就有了基本保证。

四、把比较引入课堂，理解才会深刻

比较是指就两种或两种以上同类的事物辨别异同或高下。比较强调同类事物，比较注重条件环境，比较关注情境变化，比较探究内在规律。常言道有比较才有鉴别，单一的观点介绍，一味地灌输说教，学生的学习自然很乏味，理解很浅显。激活思维莫过于创设情境、选择比较。教师要善于把比较引入课堂，通过比较，促进学生深度思考；通过比较，促进学生深刻理解。

1946年5月，全面内战即将爆发。当时，国共两党实力对比悬殊，我们党能不能打赢这场战争，许多党外朋友担忧，我们自己心里也没底。相传，刘少奇同志夜访毛泽东，就战争前景问题进行商讨。刘问："抗日战争与解放战争相比较，我们党面临敌强我弱的战略态势。过去我们用持久战的方法，打败了日本鬼子，现在，是否还要用持久战的方法对付国民党呢？"毛泽东微微一笑，回答说："不用。""为什么呢？""因为我抠住了国民党的命门。""这个命门是什么？""就是解放区的土地改革。通过解放区的土地改革，我们党得以迅速地争取广大农民群众的支持并积极投身解放战争。"抗日战争与解放战争相比较，敌强我弱的态势一样，战胜敌人的任务一样，但战略战术却不一样，这"一样"与"不一样"的比较中说明什么道理？怎样理解这不一样？只有透过现象看本质的深度理解，才能有效解除疑惑。善于观察、善于联系，我们的学生才会关注世界、关注社会、关注人生、关注自我。

五、把体验引入课堂，情感才会共鸣

情感因素在促进有效学习过程中的作用已经受到广泛重视，学习感受的愉悦度成为评价有效教学的重要指标。教育学有一个经典案例，学生被蒙上双眼，桌上放一个玻璃瓶，问怎样获悉瓶内有水没有，有多少水。让学生自己把手伸进瓶内摸一下，这种方法叫体验；请老师和同学告诉答案，这种方法叫告知；拿起瓶子晃一晃或投掷小石块进去听一听，这种方法叫推理。反思我们的教学行为，习惯于告知、告诉，缺乏"为什么教"的思考，缺失教学创意的灵性，缺少给同学们亲自探究的机会。

把体验引入课堂，就要设计活动，让学生有机会体验；留出空隙，让学生有时间体验；提出要求，让学生说出自己的体验。把学生的体验作为学习过程中不可分割的一部分，从体验中感受学习乐趣，从体验中寻找情感共鸣，从体验中感悟探索发现。

体验有亲情体验、探究体验、角色体验、心理体验等类型。体验强调学生的切身感受，让学生以参与者、合作者的身份，投身学习过程，这种交往学习、比较学习、行动学习的效果比单纯地接受学习要好得多。

例如，讲堂上创设情境，请同学们模拟参与"重庆谈判"前夕的中共中央扩大会议，就毛泽东同志是否赴重庆谈判谈谈各自的看法。很多同学赞同毛泽东赴重庆谈判。真实情况是大多数中央领导同志当时反对毛泽东到重庆去。明知国民党假和平、真内战的阴谋，为什么还要让毛主席冒此风险呢？周恩来主张和谈由他出面，看看情况再决定毛主席是否出面；彭德怀主张，让他率解放军在战场上先打上一两仗，挫败国民党的锐气，毛主席再赴重庆；刘少奇从国际、国内情况综合考虑，主张毛主席去。毛泽东应该怎样说服党内同志，赞同他赴重庆谈判呢？创设历史情境，让同学们参与战略决策，与革命先辈进行角色对话，从中体验毛主席决策过程，感受我们党的民主生活。

体验成功，产生学习动力；体验快乐，产生学习乐趣；体验自由，感受自主学习；体验合作，提高学习效率；体验对话，感受互动思维；体验探究，享受发现奥秘；体验欣赏，交流审美情趣；体验反思，感悟学习真谛。体验既然有这么多用途，老师当然要作为教学重点环节来处理了。

六、把方法引入课堂，能力才会落实

新课改倡导自主、合作、探究的学习方法，但课堂上我们见到的多是走样的、变味的学习方法，把自主误以为是自由，把合作等同于分组，把探究简化为讨论。

如何提高学习效果，许多老师的招式是"看不会讲会，讲不会背会，背不会练会，练不会考会"。这种低效的"会"、短效的"会"，都是肤浅的"会"，可能带给学生更多的感受是负担和厌烦。

学习能力的培养是一个系统工程，它由阅读能力、记忆能力、理解能力、观察能力、分析能力、思维能力、创新能力等构成。如记忆能力有机械记忆、形象记忆、理解记忆、运动记忆、情感记忆等形式。马克思的诞辰纪念日有一则经典的记忆口诀：马克思用《资本论》一巴掌一巴掌（1818年），把资本家打得呜呜（5月5日）直哭。教学创意的启发意义是什么？形象生动并且具有内在的逻辑关系的事例一定便于学生记忆。

获得能力是最有价值的学习，能力与学生一生的成长相随。可能当初上学时的知识、分数、荣誉都成为过往云烟，但能力却表现为一种素养、内化成一种品质，相伴终身。能力的培养需要老师"跟进学习、跟进实践、跟进培训、跟进提高"的四跟策略，才能取得实效与长效。

基础教育要为学生的发展奠定四项基础，即进入高一级学校继续深造的基础，进入社会适应工作的基础，身心健康发展的基础和终身学习的基础。而这些基础离不开的是能力保障。能力需要激励，激励出自创意，创意体现方法，方法保障能力。

如《重庆谈判》一课的比较解读，谈判是有关方面对有待解决的重大问题进行会谈。你能从"重庆谈判"的标题中看出什么历史、政治含义？谈判——牵制对手的选择，说明共产党在当时的中国占据相当大的实力，抗日战争胜利后军事、政治问题的解决离不开共产党的合作；重庆——谈判地点的安排，不容商量，表明国民党在当时中国的支配地位。与1949年春国共北平谈判相比较，就完全可以印证上述解读。

通过教师的解读，与学生的理解相比较，在师生互动中促进学习，这种方法叫交往学习。由阅读教材的文本理解到上课听讲的比较理解，再到课后反思的感悟理解，这叫深度理解。现代学习理论具有十分丰富的内涵，课改倡导的自主、合作、探究学习只是基本方法。实践中我们需要跟进学习、跟进提高。

七、把用心引入课堂，领悟才会生成

一名和尚研读佛经多年，已经能将佛经倒背如流，但他很苦闷，因为他没有顿悟的感觉，没有领悟佛经的旨义。他求教于高僧，高僧问他读了佛经，有什么感受。答曰："了解教义规定，但不明白为什么这样规定。""再用心读五遍。""再读有什么用？我已经能倒背如流了。""光靠背，读一千遍还是老样子。佛经是让你领悟的，领悟要用心。用心，才能使心中有自己的佛经。"

这则故事说明尽心只能把事做对，用心才能把事做好。

悟有四个层次：领悟、渐悟、觉悟和顿悟。悟有三个要素：用心、反思、开窍。悟有三个指向：悟能、悟道、悟理。悟有两个环节：想了做，做了想。

教学低效表现在，学生"只知不懂"或"只懂不会"，死记硬背终觉浅，一梦醒来皆成空。怎样把书本知识变成学生自己的知识，按建构主义理论，就是要有所领悟、有所生成。教学任务要引起学生用心思考、用心探究，这需要创意。

让学生用心学习，常规的方法靠督促、考试、评价，聪明的方法是引导、激励、创意。如同样是敌强我弱的态势，为什么解放战争就不用打持久战呢？用土地改革促进农民阶级的革命热情，为什么抗战期间我党要提

出"农民交租交息，地主减租减息"的土地政策呢？问题引导思考，学习才会用心。

把学习当作自己的事，学生才会用心。这需要教师用智慧引导学习，用智慧设计问题。许多教师相信熟能生巧的道理，倾向于重复训练，恰恰忘记了重复亦能生厌的心理。

悟是创新思维、创新能力的表现形式，悟性高的学生一点即透。培养创新精神，重在提供"悟"的机会。教师不要把话讲得太明白，要懂得留白的艺术；不能把话讲得太绝对，要懂得辩证的原理。用心不是苦思冥想，而是质疑、提问、比较、论证的思维过程，这种过程包括领悟的释惑、顿悟的开朗、渐悟的升华、觉悟的自觉。

八、把自由引入课堂，学习才会自觉

相传，1560年，一个瑞士人游览埃及金字塔，在仔细观察金字塔的构造后，讲出一个惊人的结论，金字塔的建造者应该是一批享有自由的人民建成的，而非希罗多德在《历史》一书中所记载的那样，由30万奴隶建造。当时所有的人都认为这是一派胡言。但是400多年以后，埃及最高文物委员会通过一系列考古发掘考证，于2003年发布消息，金字塔是由当时具有自由身份的农民和手工业者建造的。

消息一经公布，有人想起了400多年前那个瑞士人的判断。原来，这位叫布克的瑞士人是位有名的钟表匠。他发现每块重达2.5吨的石块，上下叠压、严丝合缝，几乎没有任何空隙，小刀的薄刃都插不进去。联系到自己的一段不幸遭遇，布克先生才得出这样的结论。据记载，布克曾被捕入狱，在狱中他制作的钟表精确度怎么也达不到日误差小于十分之一秒的标准。他出狱后回到日内瓦，制作的所有的钟表都能达标，这才发现真正影响钟表制作精确度的不是环境，而是心境，不是材料，而是自由。

德国哲学家雅斯贝尔斯将教育归纳为三种类型：一是经院式教育，它是以知识为中心，教师是连接学生和知识的中介；二是师徒式教育，它以教师为中心，教师是知识和权威的象征，学生只是被动的接受者；三是苏格拉底式的教育，师生处于平等地位，是教育的参与者与互动者，在师生的对话、交流与争论中，学生的潜力、潜能得到发掘，从而逐步获得知识、认识真理、提升精神、塑造品格。

倡导自主学习就必须提供学习的自由。向谁学、在哪学、什么时间学，在学习上拥有探讨、质疑，向权威提出挑战并形成自己的学识见解及学习成果，受到平等看待、公正评价的自由。学习内容有意义且符合学生学习目的和发展需求，才会产生有效学习。

学生应该享有两大自由：自由选择的权利、自由发展的空间。当孩子们真正享有自由权利的时候，真正认识自由与权利、义务与责任的时候，学习才会有积极性、主动性和自觉性。

我们扪心自问，人生成功的关键是什么？勤奋、机遇、环境还是心态？用优势做事，才最可能成功。发现优势，保持优势，提升优势，把优势转化为竞争力，只需要教育提供自由。

教学创意是教师构思教学的思想结晶，是教学机智的集中显现，也是衡量教学水平的标志之一。创意的形成，重在生活积累，贵在文本解读，难在创新思维，巧在有效导学。

阅读思考：

1. 教学创意是什么意思？你最得意的创意是什么？请举例说明。
2. 用"续"的方式把书读厚，用"纲"的方式把书读薄。请你为本文做续写，即保留基本框架，把案例、课例换成自己熟悉的内容，用知识结构的方式呈现出本文的基本内容。这一"薄"一"厚"的转折，是深度阅读的试尝。通过续写，看看是否有比较阅读的新发现。

培训研究:
专题培训系列

论教研员的核心素养与发展指向
——2015年河南省地市教研员及骨干教师（历史学科）专题培训

接到梁东莉老师的电话邀请，为全省地市历史教研员和骨干教师做一场专题报告，我既感到荣幸，又感到惶恐。这既是一次考验，又是一次机遇。荣幸是指这是省教研室梁老师的信任；惶恐是讲，万一有负重托，岂不影响省教研室的声誉？我把此次报告，当作向同行和各位骨干教师汇报的一次机会，从自己的教研经历、教研感悟和教研成果讲起，争取让教师满意、让领导满意，也让我自己满意。

一、新形势对教研员的新要求

2015年1月，全国教研工作会上刘利民副部长指出教研工作的两大任务：一是继续全面深化课程改革，二是落实立德树人的根本任务。教研工作要适应新形势的变化，就要做到指导思想、工作任务、工作机制、工作方式的四个转型。教研工作要与时俱进、不断创新，努力做好四项工作：一是面对学校教师的多元需求，提供个性化、差异化的指导与服务。二是从整体提升区域教育质量的角度，进行顶层设计，统筹规划，研究设立区域课改重大项目，建立课改重点、难点和热点问题的追踪研究机制。新乡市教研室申报了"以学生能力为导向的课堂教学操作体系研究"和"多元办学，促进区域教育均衡发展的实践研究"两个重点课题。三是要基于需求驱动和问题导向开展有效教研。四是要建立校本教研、联片教研、区域教研、网络教研等多种教研方式，形成优势互补机制。

教研室承担"研究、指导、服务"三大职能，研究是工作重点，研究既看成果，又看成效。要带着学校做课题，抓实行动研究与课题研究两只轮子。指导是工作方式，指导既看水平，又看水准。要引导学校做教研，抓细教学指导和教研指导两个方面。服务是工作定位，服务既看能力，又看态度。要帮助学校搞课改，抓好学校满意与教师满意两个标尺。

办人民满意的教育，需要一支优秀的教师队伍做人才支撑，也需要一支优秀的教研队伍做智力引领。这当中尤其是教研员群体，被人尊称为"老师的老师""教育、引导老师的人"。他们的学术视域和学识见解，可能会影响一个县区乃至一座城市的教师专业水平。所以，教研员更应该具有责任意识和职业自觉，做到学习上先一步，认识上深一层，实践上多一招，学识上高一等。

二、教研员的十大核心素养

素养，非一时一事表现出的偶然现象，而是相当稳定的综合性的品质。一个人做一件好事并不难，难的是一辈子做好事。素养强调知识、能力、态度的有机整合，强调人的反省、思考、行动与学习。高素养的人总是会不断反省，见贤思齐，而不会刻意去追求一些表面的东西。

核心素养在国际上有不同的解读。联合国教科文组织率先提出核心素养的五大支柱：学会求知，学会做事，学会共处，学会发展，学会改变。经济合作与发展组织提出核心素养的"三种关键能力"，即交互作用地运用社会、文化、技术资源的能力、异质社群中进行人际互动的能力和进行自主自由的行为的能力。欧盟提出八大素养的概念：母语沟通，外语沟通，数学能力及基本科技能力，数位能力，学会如何学习，人际、跨文化与社会能力及公民能力，创业家精神和文化表达等。

《人民教育》2015年第7期"走向核心素养"认为，核心素养是适应终身发展和社会发展需要的必备品格和关键能力，突出强调个人修养、社会关爱、家国情怀，更加注重自主发展、合作参与、创新实践。核心素养是全面发展的再聚焦，是能力素养的再提升。

核心素养是人们在成长过程中的关键点，是不可或缺的品质、能力、才干和精神面貌。教研员应当具备以下十种核心素养：

1. 师德素养与人格魅力

教师是立教之本，兴教之源。学生的成长、成才与成功，离不开教师的辛勤培养。同样的道理，教师的成长、成才与成功，离不开教研员的指导、点拨与点化。教研员要先当教师的学生，再当教师的朋友，然后才有资格当教师的"教师"。教研员要按"四有"标准严格要求自己，督促自己，与一线教师共同进步，共同成长。

理想信念是我们专业成长的精神导向、第一动力和精神支柱。只要有了坚定正确的政治方向，我们就会有明确的人生目标，就会有专业成长的源动力和意志力，就会有战胜一切艰难险阻的力量和勇气，最终实现自己的人生价值。一名合格的、优秀的教研员，就要在思想上始终保持价值观的先进性和纯洁性，自觉做中国特色社会主义的坚定拥护者和忠实实践者。有理想的人，才会有追求；有信念的人，才会有奋斗；有奋斗的人，才会有成就。

教研员的道德情操对教师的成长、学生的成长都有很大的影响。"立德树人"，贵在先立师之德，难在先修己之德。以自己的职业道德、职业精神、职业态度为学生树立人生的标杆和道德的标杆，那才是真正的优秀教师的品质。教书育人，以德为先，以德为魂，以德帅才，德才兼备，在某种意义上讲，德是明辨是非的尺度，德是坚定信念的罗盘。

作为传授知识的教师，扎实的知识功底和科学的教学方法是教研员最基本的职业素质和职业素养。给学生一碗水，教师要有一桶水，信息时代要求教师拥有取之不尽的长流水。扎实的学识要靠刻苦学习，终身学习。要注意时时学、处处学，不断夯实知识储备，提升学识见解。要善于向书学、向事学、向人学、向网学。注意研读三本书，即有字的书、无字的书和心灵的书。

教师的仁爱乃教育的底色。师之爱乃仁之爱。关注身体成长、知识增长和心理健康，是师之仁爱的主要内容。偏爱、溺爱都是要克服的不良倾向。师爱要面向全体，通过真情、真心、真诚拉近与学生的距离，换来学生敞开的心扉，滋润学生的心田，真正成为学生的良师益友。

2. 知识素养和学识见解

同样的教材、同样的知识，有的教师讲得妙趣横生，有的教师讲得刻板枯燥。有的教师层层推导，引人入胜；有的教师处处展示，简单重复。有的教师有效点拨，让人恍然大悟；有的教师机械训练，让人不胜其烦。究其原因，教师可能忙于具体教学，教研员要指导教师提升知识素养，克服四个欠缺，即欠缺学习素养，欠缺学识见解，欠缺生活与教学的联系，欠缺教师自己的学识见解。

数学复习课《体积的计算与推导》，一学生拿出早餐——没来得及吃的鸡蛋灌饼："老师，你能告诉我鸡蛋灌饼的体积是多少吗？"全班同学哄堂大笑。老师猝不及防陷入被动之中。同学们笑过之后都在看老师如何处理这个问题。教材没要求，备课没准备，面对突如其来的意外情况，怎么办？只见老师定定神，拿过来鸡蛋灌饼展示给大家："同学们想一想，说说能求出它的体积吗。"大家兴奋不已，这比简单地背公式有趣得多！教学设计随即修改为不规则图形的测量研究，引导学生明白基本道理，规则图形可以直接套用相应的体积公式，而不规则的图形则不能直接套用公式。测量研究步骤：①以鸡蛋灌饼为例，思考方法，求其体积；②独立思考，小组合作；③汇报方法，说明理由；④点评方法，评价思路；⑤估计数值，实验验证；⑥参与指导，归纳要点。

面对学生带着的调皮淘气甚至是恶作剧的提问，一味训斥只会增加他们的逆反心理和厌学情绪。把这种刁难或挑衅的提问转化成教学资源，因势利导，让学习更贴近生活，让课堂更贴近学生，让探究更贴近数学的本质，不仅要靠教师的教学机智，而且要靠教师的知识素养和学识见解。

3. 信息素养与全媒体教研

信息时代的特征就是每天每时都在产生着海量信息，如何筛选有效信息，赋予它学习的意义、生活的意义，就是一种信息收集和处理能力。所谓信息素养是指"具有一种能够充分认识到何时需要信息，并有能力、有效地发现、检索、评价和利用所需要的信息，解决当前存在的问题的能力"。信息素养是现代人才的必备条件之一。

信息素养的内涵包括四个方面：信息意识、信息能力、信息道德和终身学习能力。信息意识包含了对信息敏锐度、持久的注意力和对信息价值的判断力、洞察力。生活中不缺少美，只是缺少发现美的眼睛。信息能力表现为确定信息需求的时机、选择信息来源并高效获取信息、处理评估信息、有效利用信息的能力。信息道德表现为尊重个人隐私，抵制不良信息，不信谣不传谣，遵循道德规范。终身学习能力重点是让学习者学会学习，尤其是利用互联网有效学习。

随着移动网络、移动设备的普及，电子白板、电子书包等新媒体的广泛应用，信息技术从简单的工具应用辅助教学逐渐深度融入到教育教学的各个方面中。作为教学信息化的高级呈现形态，全媒体融入到学科教学中将真正拓展教育教学的三维空间。

翻转课堂、微课、慕课等形式，需要数字化制作和数据库储存以实现纸质教材的全媒体化。将来的学习形式，只需通过利用智能手机等移动终端设备进行二维码扫描，即可获取相关内容。全媒体化的电子书籍结合文字、图像、音频、视频、动漫等多种呈现形式，给学生创造一个真实生动、有声有色的学习情境。

教研员适应未来社会的全媒（体）教学，就必须提升自己的信息素养和信息技术能力。

4. 能力素养与课程整合

教研员的角色定位：姓教，意味着是教师中的一员；名研，代表着专业素养和专业能力要高于一般教师，强于骨干教师，堪比特级教师；是员，非官乃普通人也。教师尊称教研员是局领导，教研员自己要头脑清醒，我们只是"教师中的首席"，要凭借自己的学识见解和能力素养赢得教师内心的尊敬，而不是靠"地位"和"权力"。

不同层次的人员对能力素养的要求差别很大，领导层要有很强的决策能力和丰富的管理知识，管理层要有很强的管理能力和一定的决策能力，监督层要有较强的管理能力和丰富的操作经验，操作层要有很强的操作知识和能力。

教研员具有多重身份，在教研室内部，处于操作层；在学科上，又是学科领导，居于决策层；在学校执行上，又变成了监督层；在学科教研上，又变成管理者。身份多变，角色亦多变，但教研员的宗旨不能变，那就是服务教师、服务学校、服务社会、服务教育事业。

教研员要想很好地适应多重身份的要求，就要具备操作者、监督者、管理者和决策者的能力素养。

教师在课改实践中的难题是实现从教教材到用教材教的转变，这就需要教研员提供更多的帮助与指导。"用教材教"的基本原则是：给学习注入情感的色彩，给学习加上生活的联系，给学生插上想象的翅膀，给学习提供科学的方法。"用教材教"的主要方法有：增加、删减、调整、改换。"用教材教"的基本思路是：了解学情、调动学趣、指导学法、提升学旨。

生活中的知识都是以综合的方式呈现出来的，我们的课程编排把它们以学科的方式呈现出来。国际教育的发展趋势之一就是以"学习领域"的综合概念来取代学科教学的单一概念。所以，作为教研员眼光向下看学生，眼光向外看社会，眼光向上看综合，眼光向内看自己，就一定能找到课程整合、课程拓展、课程开发的结合点。

5. 教研素养与行动研究

教研异于科研的地方在于它的实践性，教研最推崇的方式就是行动研究。关于行动研究的定义、特征与要求，请参阅拙著《有效教学行动研究》(大象出版社，2013年出版)。教研员要引领教师做有效教研，就要选择有效课题，提供有效指导，成就有效发展。而这一切都依赖于教研员的教研素养。

对教研案例有"教学有法，但无定法，贵在得法"的深度理解：教学有法是铁律，但无定法求创意；贵在得法顺学情，重在尊法守规矩；巧在变法出新招，妙在设法激学趣；难在变法有定力，忌在循法套模式。

从大家习以为常，不以为然，甚至是自以为是的地方，寻找教研的切入点和突破口，引导教师发现可研讨的问题、可补充的说法、可完善的地方。这既是一种能力，更是一种眼光；既是一种境界，更是一种追求。

6. 专业素养与责任担当

2015年3月，我受新乡市教育局副局长刘建学的委托，为河南省"三平教师"、河南省"感动中原教育人物"、辉县市拍石头乡中心小学张锦文教师做《生活化快乐教学》一书的学术论证工作，我总结其"平凡中的坚守，造就了崇高；平常中的积累，造就了厚重；平实中的追求，造就了卓越"。用最简洁的语言，刻画出优秀教师的学术形象与教学品格。这既是一种专业素养的体现，又是一种专业能力的表现；既是一种教研的文化担当，又是教研的责任担当。

后来，我又受新乡市教育局局长李修国的委托，为2015年新乡市首届年度教师、杏坛耕耘最美教师、守望田园最美教师结集出版专著，以表彰他们的教学业绩，宣传他们的教育事迹。我概括总结出新乡最美教师的实践特征：①因为朴实，所以真诚；②因为纯真，所以鲜活；③因为平凡，所以崇高；④因为坚守，所以崇敬；⑤因为理解，所以宽容；⑥因为反思，所以进步；⑦因为奉献，所以感动；⑧因为热爱，所以执着；⑨因为信仰，所以忠诚；⑩因为卓越，所以最美。

服务学校、服务教师、服务课改，绝不是一句空话，要求教研员要有实实在在的工作，以自己的专业水平、专业素养和专业能力去帮助、扶持和激励教师专业的成长。服务教师，我们一般理解成为教师的专业成长提供支持、搭建平台。为"最美教师"这个优秀乃至特殊群体提供专项服务，如学术论证、编辑专著，提炼教学主张，凝练教学风格，都是更高层次的服务，它需要更高的专业素养和责任担当。

说实话，做编辑工作是需要一种奉献精神的。工作做好了，荣誉是别人的，功劳也是别人的，所以教研员要甘于做像编辑一样的幕后英雄。指导省级、国家级优质课大赛，那份辛苦用呕心沥血来形容，一点儿都不过分，但我们毫无怨言，仍一丝不苟地精雕细琢，为的就是一份责任、一种担当。

7. 人文素养与文化品位

一个人的精神世界包括科学、艺术、人文三个方面。科学求真，给人以理性思维，教人理智处世；艺术求美，给人以感性，让人富有激情，富有生活品位；人文求善，给人以悟性，让人拥有信仰，拥有灵魂。科学强调尊重客观规律，艺术注重个人主观情感，而人文则既有深刻的理性思考，又有深厚的情感魅力。

人文素养是"以人为对象，以人为中心的精神"，其核心内容是对人类生存意义和生存价值的关怀。个体的人文素养是个人身心健康发展的结果；社会的人文素养是一个社会文明程度的重要表现。冷战时期，一位试图翻越柏林墙的年轻人被值勤哨兵开枪打死了。一年多以后，苏联解体，东欧剧变，东西德完成统一。可有人旧事重提，把值勤哨兵告上法庭，要他为当年的命案承担责任。该哨兵辩解道："我是一名军人，要执行命令。"经过合议庭审议，法官审判其有罪。"执行命令没错。但是，面对一个鲜活的生命，你可以把枪口抬高1厘米。1厘米的高度，可以决定一个人的生与死。这就是有良知与没有良知的距离……"这就体现了一个社会尊重生命的人文素养和人文情怀。教研员引导教师解析教材，读懂教材背后隐含的家国情怀，读出事物表面和背后的人文素养。

人文素养的实质就是不用别人提醒的自觉，不用纪律约束的自律，不用领导督促的主动，不为名利所累的淡泊，不用刻意伪装的坦诚，不求他人回报的奉献。讲学术语言太过烦琐，我把它转换成大家便于理解、便于执行的生活化的语言，这是一种深度理解后的转化，也是生活经历中的一种感悟，还是自我修养的一种提高。

品位是指对事物有分辨与鉴赏的能力。文化品位是指对意识形态所创造的文化产品的分辨和鉴赏能力。我们的认知水平、审美情趣、价值取向的差异，决定了文化品位的差异。有些人热衷于打麻将、斗地主，认为这是一种兴趣；而有些人则认为这是在浪费时间，对此不屑一顾。这文化品位由生活品位、审美品位和价值品位三方面构成，我们可以通过待人接物、谈吐举止、生活方式、气质修养、道德情操、理性信仰、学识见解、文化自觉等方面的表现，来考察、判断一个人的文化品位。文化品位是一个人的灵魂，也是一个民族的灵魂。

教师若是以文化人自诩的话，那就一定要注重人文素养对学生的熏陶，文化品位对学生的浸润。

8. 审美素养和价值取向

教研员应该是富有生活情趣和审美素养的人。审美素养是审美经验、审美情趣、审美能力和审美理想的总和。审美素养既体现为对美的接受和欣赏能力，又转化为对审美文化的鉴别能力和审美文化的创造能力。

我们强调美育，但却错误地认为美育是艺术学科的事。生活中不缺美，只是缺少发现美的眼睛。同样道理，我们的教研员、一线教师都缺少去发现生活中的美、学习中的美、运动中的美和思想中的美的眼睛。

美育的步骤：首先是输入美的信息，引导学生接触自然美、艺术美、社会美、思想美，使学生对美的信息表示有意关注；其次，进入审美状态，听美曲、观美景、品美文、析美意、吃美食，体验感受审美过程的愉悦感，初步建立感知美、感受美的能力；再次，把审美活动的过程和自己的想象、理解和情绪相结合，把学习体验过程转化为一种审美享受，同时提升审美意识，经常以审美的角度去倾听、去观赏、去思考、去发现，还要提高高雅的审美情趣；最后，完善审美心理，也就是指审美素养的全面提高，它表现为审美能力和创造美的能力的全面提高。

有学者把价值取向分为六类：理论取向、经济取向、审美取向、社会取向、政治取向和宗教取向。价值取向是指人们认同并内化为人格结构中的核心部分，具有评价事物、唤起态度、调节行为、引导思想的定向功能。通俗地说，如何选择你的人生价值及确定判断是非的评价标准，就是你的价值取向。

价值取向决定人生境界。毫不利己、专门利人是圣人，利人利己、先人后己是高人，利己利人、先己后人是常人，损人利己、害人利己是小人。至于怎么做，怎么想，怎么判断，都取决于你内心深处的价值取向和审美素养。

9. 思维素养与创新指向

有效学习的本质不在于学生记住了哪些知识点，而在于学习的过程中触发了什么样的思考，掌握了什么样的方法。有效教师的特征就是善于鼓励学生自己去发现问题，尝试解答问题并生成新的问题。我们说一般教师把学生教得没问题，而优秀教师却总是启发学生去思考新的问题并期待着下节课解答问题。

　　传统教育强调重视知识，但忽略了知识形成的过程；强调问题的答案，却忽视了对问题的思考。哈佛大学专门开设了一门说明性写作课程，强调如何严谨地思考，如何找到有力的论据来证明问题，如何清晰有效地和他人沟通，如何完整准确地表达自己的观点。该课程的核心要素就是提升学生的思维能力和思维素养。这是哈佛最受欢迎的精品课程。

　　思维素养的培育，关键在于具备"五好"品质：好奇，对新事物要有足够的兴趣与热情；好学，有了解世界、认识世界的渴望与冲动；好问，发现问题、形成探索问题的习惯与做法；好思，培养深度分析、深度研究的品质与风格；好做，践行勤于动手、善于实践的作风与要求。

　　对学生进行系统的思维训练，是被我们长期以来一直忽视的问题。逻辑思维、形象思维和创新思维是应该着重培育的三种思维能力。能力比知识更重要，支撑能力发展的是思维素养。我们的课堂之所以存在着分析不透、解释不清、理解不足的问题，究其原因，很大一部分是因为思维素养欠缺。以《西部大开发》一课为例，"开发"是引导深度学习的关键词。开发是什么意思？"以荒地、矿山、森林、水力等自然资源为对象进行劳动，以达到利用的目的（《现代汉语词典》）。以学术语言讲课，学生听得生涩，记得艰难，因为缺少理解，难以产生认同。开发源于落后，开发指向优势，开发意味机遇，开发代表扶持，开发规划项目，开发追加投资，开发促进发展，开发改善民生，开发改变布局，开发协调部署。我把开发的深度理解概括为这十句话，可供同学们结合课本的学习进行比较说明。先学后教，本质的理解应该是教师的"先学"，以充分体现教师的引导作用，充分说明思维素养的功能。有教师说，我们没有那种概括能力，没有那种理论水平，达不到你所要求的教研高度。我真诚地讲，这种认知水平的差距，不是能力差距，也不是理论水平的差距，而是思维素养的差异和创新指向的差距。

　　有了思维素养，才会有深度理解后的深入浅出，才会有先学后教的学识比较和驾轻就熟的得心应手。思维素养常常体现为一种举一反三的能力。类似的课题如《东北振兴》《中部崛起》及以前的《沿海开放》，是不是都可以用类似的方法，抓住振兴、崛起、开放等核心词来设计教学呢？

10. 智慧素养与发展方向

　　人生智慧需要修炼三种明：有自知之明，是谓成熟；有知人之明，是谓素养；有先见之明，是谓智慧。教育的价值在明理，文化的核心是智慧。智慧的本质是深刻，智慧的天敌是浮躁。综观当代中国文化，存在着快餐化、时尚化、娱乐化、碎片化四种不良倾向。教研员要静下心来，认认真真读书，老老实实做事，修炼自己的智慧素养。

苏霍姆林斯基"三块糖果"的故事，说明了老人家的智慧素养。在网上看到一则故事，与其有异曲同工之妙。说有个学生因为愿望没有得到满足，便在课堂上顶撞老师。而这位教师没有做任何解释，只是给他写了一首小诗："土地宽容了种子，拥有了收获；大海宽容了江河，拥有了浩瀚；天空宽容了云霞，拥有了神采；人生宽容了遗憾，拥有了未来。"这位学生看了这首小诗，沉思良久，终于悟出了自己的缺点。这就是一种启发自我认知的教育智慧。

据统计，成功人士当中只有10％的人智商超群、天资聪慧，其余90％的人智商与普通人相差无几。所以决定事业成功的主要是情商而不是智商，主要是智慧而不是聪明。"学习＋实践＝智慧"，智慧公式里的两个要素是学习与实践。所以，教师对学生一定要夸其勤奋而不要夸其聪明。

向经典学智慧，是培育智慧素养的捷径。孔子给我们留下了五大智慧：述而不作的文化智慧，仁礼合一的伦理智慧，民本德治的政治智慧，因材施教的教育智慧和以和为贵的治国智慧。

向实践悟智慧。有人认为知识可以传授，但智慧无法传授。智慧主要靠悟。为什么有些人有慧根有悟性，在学习过程中一点就透；而有些人老师磨破了嘴皮仍不开窍。思维决定思想，思想引导实践，行动产生结果，感悟发现规律。悟靠自己用心来发现，而非别人来告诉。

教研员的发展指向，我概括为四个方面：教研特色、学识见解、教研风格与教学主张。

三、教研员的发展指向

综上所述，将教研员的发展方向归纳如下：

以"四个跟进"为策略：坚持跟进学习，夯实跟进实践，倡导跟进培训，追求跟进提高。

以"四个有效"为抓手：推进有效教学，深化有效教研，争做有效教师，落实有效成长。

以"四个满意"为标准：均衡发展让学校满意，特色塑造让教师满足，优质教育让学生满意，专业发展让自己满意。以2014年教研工作为例，我有一本专著，两项成果，六篇论文，五大活动，十余次讲座，二十余篇随笔。具体讲就是出版了一本专著《导学的创意与智慧》；两项成果是省基础教育教学成果一等奖，省教师教育成果一等奖；公开发表正规刊物论文六篇，组织策划了五次全市性的教研活动，在本市或外市举办了十余次学术报告会，并写了二十余篇教研随笔。

课程改革需要一支优秀的教师队伍作为人才支撑，一支优秀的教研队伍作为人力引领，一支优秀的校长队伍作为人力管理。教研员要起到"不容取代""不易替代"的特殊作用，就要修炼自己的核心素养，明确自己的发展指向。

阅读思考：

1. 核心素养的文化内涵是什么？请谈谈你的看法。
2. 以"四个满意"为标准评价教研工作，"四个跟进"为策略推进教研工作，"四个有效"为抓手落实教研工作，你最欣赏哪一种说法？请说明理由。
3. 对于教研员，你如何理解其职责？怎样提升其品质？怎样充实其内涵？

论优秀教师专业素养的涵养与生成
——人教社历史示范本教材跟进培训

大家都想成为优秀教师,一般教师与优秀教师的差距表现在哪里?表面上是知识、能力与业绩的差距,实际上是心态、境界与创意的差距,本质上是专业素养的差距。请允许我用三个案例来证明我的观点。

案例一:从课文标题的解读看专业素养的偏差。人教版八年级上册《收复新疆》一课中,"收复"一词什么意思?让学生先说自己的理解:"把失去的国土重新夺回来。"然后再查阅词典,即"夺回(失去的领土、阵地)"形成规范的知识概念。最后展示教师的深度理解,"收复"包含有四层意义:①失而复得,格外珍惜;②拥有主权,毋庸置疑;③意味战争,代表正义;④造就英雄,历史肯定。

拓展学习"新疆"一词的文化内涵:地名中的历史信息,地理上的空间位置,地域上的丝路风情,地貌上的大漠风光,地缘上的国防意义,地方上的民族自治。

一般教师的专业素养表现为四个"缺":首先,教学设计欠缺目标意识;其次,主导作用缺失引领提示;再次,课堂小结缺少二次比较;最后,主题拓展缺乏选择归纳。所以,导致讲课的主题不突出、见解不深刻、效果不明显。

案例二:从一道习题的解答看专业素养的误差。以人教版八年级上册《新文化运动》为例,研读课题"文化与新文化"。文化是指人类在社会发展过程中所创造的物资财富和精神财富的总和。何谓"新文化"?从时代背景、阶段特征、阶级属性和历史评价四个方面来看,"新文化运动"是近代化探索的延伸,社会转型的碰撞,文明向往的追求,未来道路的选择。"运动"的特征是"大规模""有组织""群众性""广泛参与"。

讲"新文化"必然要提到传统文化,要对传统文化做出评价,做出选择。这就要涉及中国传统文化的代表人物——孔子。一般教师只是泛泛地讲对传统文化要用辩证的方法、一分为二地进行分析，取其精华，去其糟粕。至于如何分析，如何取舍，没了下文。我在课后议课时说，评价历史人物，要了解他，研究他，还原他，然后才能评价他。对孔子而言，首先，要了解其生平简介、政治理论、教育思想、文化典籍、文化地位、历史影响。其次，要研究孔子：①为什么生前受尊重但不被重用？②为什么去世后受冷落又遭横祸（焚书坑儒）？③凭什么赢得汉武帝时"独尊"的荣耀？此时的"儒术"与孔子原本的思想主张相比，发生了什么变化？④鲁迅先生揭示"礼教吃人"，五四运动高喊"打倒孔家店"……到现在倡导继承发扬优秀传统文化，用孔子学院的方式向外传播中华文化。引导学生深度思考东西方文化碰撞中的比较与选择。再次，要还原孔子。孔子在历史上有四种形象：真实的孔子，历史记载的孔子，被历代统治者塑造的孔子，被后代儒生改造利用的孔子。最后，我们怎样正确地评价孔子，要用历史的观点看孔子，发展的眼光看孔子，辩证的方法看孔子，全面的观点看孔子。不仅是孔子，所有的历史人物都要用上述方法来评价。这才能实现能力培养的有效教学。

本课小结：社会转型引发变革探索，文化交流导致思想碰撞，思想解放接受先进理论，民主自由引发五四运动。

主题拓展，每课阅读："文化的作用"（《光明日报》2015年10月14日）。传统文化不仅是一种文化传承、文化根脉，也是一种文化认同、民族认同，更是一种文化范式、文化自觉。它是对中国历史的发展演变，对中国人的思想道德、行为规范、价值取向和价值标准产生重大影响的文化理念、文化精神和文化遗存。尊重自己的历史，就要尊重传统文化。

案例三：从一堂课的教学设计看专业素养的落差。以人教版九年级上册《新航路的开辟》为例。①教学设计：走进历史，开辟过程；追问历史，内在原因；评说历史，大国崛起；反思历史，创造机遇。②教学分工：画航路示意图、填表格、查词典、论人物。③课堂小结，深度引领：开辟源于需求，开辟寻找出路；开辟是个过程，开辟造就"英雄"；开辟创造机遇，开辟影响崛起；开辟塑造精神，开辟泽被后世。④能力迁移，举一反三：试题一：中国共产党的成立是"开天辟地"的大事件，如果可以简称为"开辟"的话，对照"开辟"的八个要领，尝试表述中国共产党成立的原因、经过、作用和意义。试题二：改革开放三十多年的伟大成就能否用"开辟"一词来形容？同样请你对照"开辟"的要领，叙述改革开放的原因、经过、作用和意义。

每课一读，推荐阅读《光明日报》文章："500年前西欧人的海洋意识和实践""导航技术的发展与欧洲海外扩张"。比较思考三个问题：为什么郑和之后再无郑和？中国航海为什么没有形成传统？我们应该怎样去创造机遇，走向世界？

三个案例实际上是课改实践中怎样教教材、用教材教、编教材教的三类问题。教师只有不断提高自身专业素养，更新理念，勇于尝试，锐意进取，才能适应课改的要求。

1997年，经济合作与发展组织提出"核心素养"的概念，指出未来社会人才的要求，聚焦于专业知识、专业精神，目标取向，言语沟通，计划管理，个性特征，信息技术，团队合作。其中最核心的要求是合作与交流以及批判性思维。有一种说明核心素养存在状态的冰山理论：专业素养分为显性素养和隐性素养两部分，它们有如大海中的冰山，大部分沉在海水下面，为隐性部分，小部分浮在海水上面，为显性部分。我把隐性素养视为一种奠基工程，要想在专业上出人头地，就必须静下心来认真读书，认真研究。基础厚实，露出水面的那部分才会更多。

专业素养的涵养与生成，取决于四个要素：①心态决定状态；②眼界决定境界；③思路决定出路；④立意决定创意。专业素养的涵养与生成，关键在三种策略、三种素养和三个目标。

一、跟进学习，积累知识素养，让学生学会

跟进学习是瞄准某个领域领军人物的思想主张，进行有意识的理论学习、实践尝试和教学反思。跟进是动态中的学习，动态中的进步，强调理论先行，实践检验。学习是思考中的学习，实践中的反思，突出行动研究，形成见解。

跟进学习在生活中的感受就是"书到用时方恨少"。有则寓言故事，说是一个印第安部落在迁移时，受到神的暗示，每个人都尽可能多地带走河滩里的鹅卵石。长途跋涉，人困马乏，谁有闲心携带看起来毫无用途的鹅卵石。但这是神的暗示，在长老的催促下，有些人很不情愿地捡了一些鹅卵石，也有人悄悄地扔掉了……等到翻过高山，越过大河，历经千辛万苦到达目的地时，有人惊奇地发现，背包中的鹅卵石竟然变成了金块。消息传开，整个部落轰动了。每个人都在迫不及待地查看自己的鹅卵石。有的人兴高采烈，有的人垂头丧气，还有人去责问长老："为什么我没有金子？"长老轻轻地问了一句："你的鹅卵石在哪里？"

这个故事说明知识的重要性。有的人误以为知识就在书里，就在网上，只要需要，随时查阅就可以。殊不知知识只有经过理解消化才能转变为自己的学识；只有经过比较选择，才能转变为自己的才学；只有经过反思重构，才能转变为自己的见解。

善于学习，善于积累是优秀教师的第一特征。这个特征的专业表述就是知识素养。我在听课观察时发现，许多教师的专业视域局限于学科范围，教语文的只讲语文，教政治的只讲政治，教地理的只讲地理，讲历史的只讲历史，没有学科领域的综合概念，也没有学科渗透的综合意识。说到底，还是知识素养的欠缺。

知识素养是学科知识与学科专业知识、教育知识与教育专业知识的综合体现。优秀教师尊重认知规律和成长规律，善于从学生的角度、学科的角度发现有价值、有意义的教育问题，进行教学设计，提升教学立意，构思教学创意，完善教学策略。知识素养不仅表现为教学的视野与创意，还表现为一种厚积薄发的积累、一种博闻强记的融合。

至今还有人信奉传统教育的观念，即"看不会听会，听不会背会，背不会练会，练不会考会"；有些人宣传"堂堂清、日日清、周周清"的先进经验。其实，教育是个慢活，要有静等花开的耐性。学会的关键不在于对知识点掌握了解多少，而在于是否借助于方法来掌握知识。掌握科学的方法是学会的标志。新乡市教研室在课改实践中总结出"三读三问"教学模式。（参阅下表）

素读：画书、批注、列提纲	提问：主题、联系、定目标
导读：解疑、导思、做小结	追问：拓展、探究、指方向
解读：点拨、引领、讲感悟	反问：比较、验证、明规律

引领学生学会，除了掌握学习方法，还要学会评价。学习的心理体验、知识积累、学识比较、生活联系等方面都是评价的有机部分。学会评价的八项指标就是用自己的眼光发现问题，用自己的语言叙述经过，用自己的行为选择方法，用自己的经历判断价值，用自己的思维概括要点，用自己的方式总结经验，用自己的生活验证知识，用自己的表达提升见解。

二、跟进实践，提升能力素养，让学生会学

跟进实践坚持以学会认知、学会做事、学会合作、学会生存为支柱的教育目标观；体现以教师为主导，学生为主体，问题为主线，发现为主旨的教学模式观；践行以问题发现、能力培养、素养提升、智慧学习为一体的教育理念观。

会学比学会更重要，因为学会是解决问题的症状解，而会学是解决问题的根本解。记得有一则故事，说是美国杰斐逊纪念堂年长日久，墙面上出现裂纹，需要维修。维修方案起初是清洗墙面，重新粉刷。但老板要求一次性彻底解决问题。工程师们开始讨论墙面出现裂纹的原因究竟是什么，然后有针对性地拿出治理方案。酸雨的腐蚀导致墙面的裂纹，酸雨从哪来？清洁剂。为什么要用清洁剂洗刷大楼？鸟粪。燕子为什么聚集在大楼？大量的蜘蛛。蜘蛛被飞虫吸引，飞虫因尘埃而吸引。最后，解决问题的最终方案是关上窗帘。这个故事告诉我们一个道理，提高学习成绩要从根本上解决问题，不能靠增加作业量，增加学习时间，而是要寻找原因、对症下药、掌握方法、提高效能。

能力素养是优秀教师的内在特征，也是优秀学生的天赋秉性。培育能力素养主要表现在教学设计的八个方面：给学习加上生活的联系，给思考注入情感的色彩，给探究提供材料的支撑，给情境插上想象的翅膀，给讨论安排比较的案例，给主题引领深度的理解，给练习优化学法的指导，给学习强化快乐的体验。

当下的教学误区是，仅满足于知识学习的浅阅读、浅理解，忽视了素养学习的深度参与、深度阅读、深度理解和深度探究。

会学的途径与方法，我认为不是通过教师简单地传授讲解、练习和辅导就能掌握的。活动中体会方法，比较中领会实质，反思中意会内涵，探究中悟会规律。学习的方法不仅是阅读练习，更强调活动、比较、反思、探究。会学的途径是体会、领会、意会和悟会。教师要格外注意启发学生的灵性与悟性，否则，他们可能没有体会的欣喜感，领会的发现感，意会的认同感，悟会的成就感。

三、跟进反思，提炼思维素养，让学生乐学

跟进反思就是把自己或同行作为研究对象，进行持久的观察、比较，从中感悟有效导学的策略、指向、创意、立意及导学魅力。追求卓越是跟进的动力，专业进步是反思的活力。

课改实践中涌现出许多先进典型，但他们的教学模式为什么我们总是学不来又学不像呢？究其原因，我发现是思维素养方面的问题。我们只看到了表面的东西而忽略了本质的东西。破译先进经验要在四个方面下功夫：发现模式背后的理论支撑，体会模式运用的快捷方式，破解模式传递的基因密码，感悟模式构成的核心要素。

例如"先学后教，当堂达标"，这是著名的洋思经验。经过跟进反思，我提出关于"先学后教"的深度思考：先学突出主体地位，后教规划学习分工；先学掌握知识结构，后教强调主题拓展；先学重在行为自觉，后教贵在学法指导；先学难在提出问题，后教巧在深度解析；先学反馈学情学趣，后教追求素养智慧。能够把"先学后教"的教育内涵，提炼得这么精准，表达得这么完整，要求得这么具体，概括得这么全面，这种总结概括能力，实质上就是思维素养的一种体现。

学习的过程究竟是快乐的体验还是痛苦的折磨，关键取决于教师的教学设计与导学创意。如果学习是一味背概念、做习题，那一定是痛苦的学习。怎样把学习变成学生乐于参与的主动选择呢？我告诉大家乐学指导的十大秘诀：①把兴趣转化为志趣；②把知识转化为学识；③把问题转化为课题；④把比较转化为发现；⑤把规则转化为习惯；⑥把合作转化为成功；⑦把作业转化为作品；⑧把要求转化为需求；⑨把互动转化为灵动；⑩把感动转化为感悟。

乐学课，以人教版八年级下册《探索建设社会主义的道路》为例。①学习内容：探索的标志、解决的问题、经历的过程、实践的意义。②教学思路：一面旗帜、二个主题、三个阶段、四个转化。③主题解析：探索寻找出路，难在思想解放；探索是个过程，需要耐心等待；探索难免失误，关键正确对待；探索道路曲折，相信前途光明。④道路选择：苏联模式的成就与弊端；中国实践的成绩与问题；中国道路的思考与选择；中国特色的认识与坚守；中国理论的丰富与完善；中国模式的期待与形成。

乐学就要让学生有一种充实感、成就感。当学生忍不住要向别人炫耀自己的学识见解、要与别人分享自己的学习发现时，他一定体会到了学习的快乐。

四、教师的专业发展与专业素养

教师专业发展主要有五种类型：一是重复型教师，磨道式循环，其特征是经历与辛苦；二是积累型教师，渐进式提高，其特征是经验与能力；

三是反思型教师，螺旋式上升，其特征是比较与感悟；四是研究型教师，顿悟式觉醒，其特征是课题与写作；五是创新型教师，智慧式导学，其特征是风格与主张。

教师专业发展主要经历六个时期：知识储备期、技能提高期、优势发挥期、素养磨砺期、风格成熟期和思想形成期。当然也会有发展瓶颈期和倦怠消退期，它们属于消极因素，本文不作探讨。一般教师发展成为骨干教师、优秀教师乃至卓越教师，都会遇上不同的障碍。其中的关键是素养磨砺期。

结合我三十多年的教研经历，我把专业素养的呈现概括为十项要求：①发现问题的敏锐眼光；②思考问题的多重角度；③讨论问题的深度参与；④提示问题的核心要素；⑤引领问题的认知高度；⑥解答问题的规范要求；⑦展示问题的个性见解；⑧提炼问题的教育价值；⑨拓展问题的主题要求；⑩生成问题的教育智慧。

专业发展要经过"三次成长"的磨炼。一次成长靠个人努力、经验积累，形成自己的教学特点；二次成长靠同伴互助、理论提升，形成自己的教学特长；三次成长靠专家引路、实践感悟，形成自己的教学主张。一次成长，由新入职的年轻教师变为独当一面的骨干教师，其标志是教学方式的变化；二次成长，由骨干教师变为素质全面的优秀教师，其标志是教研方式的改进；三次成长，由优秀教师变为出类拔萃的卓越教师，其标志是思维方式的成熟。

专业发展要拓展自己的优势潜能。成功一定是在自己的优势领域。每位教师对自己的优势要有一个清晰准确的判断。学识渊博可以旁征博引，见解深刻可以分析透彻，大气厚重可以批判思维，风趣幽默可以别开生面。总之，上出什么风格的课，讲出什么特色的课，要根据自己的学识积累、个性特长，而不应去一味地模仿名家名师。

专业发展要形成自己的教学风格。教学风格大致有四种类型：首先是自然亲切型。教师不矫揉造作，也不刻意渲染，在平等亲切的氛围中，侃侃而谈、娓娓道来。其次是灵动睿智型。立意高远、创意精巧是这类教师的特征。他们讲起课来，深入浅出、生动有趣、条理清晰、环环相扣。再次是自然本色型。教师善于因势利导、随势而为，既不套用什么模式，也不借用什么方案，营造和谐氛围，倡导深度参与；提问回答，点拨解析，注意达成认知共鸣、情感共鸣，形成教学合力和思维引力。最后是提示感悟型。他们往往不直接提出问题而是提示矛盾，让学生去发现问题，提出问题。在初步学习的基础上，通过主题探究、主题解析，引导学生去深度参与，深度理解教学主题。

专业发展的终极目标是形成自己的教学主张。对普通教师来讲，提出自己的教育理论要求太高，难以企及；讲自己的教学经验，失之空泛，流于俗言。教学主张，既可以是自己教学特色的概括，又可以是教学思想的表达，既符合一般教师的身份和要求，又体现优秀教师的水平和境界。所以，我们要致力于形成自己的教学主张。

成长是一种进步，要有动力牵引；成长是一种提高，要有能力支撑；成长是一个转变，要有活力引领；成长是一次蜕变，要有张力拓展；成长是一次升级，要有精力保障。专业成长需要协调这"五种力"。

教师专业素养的涵养与生成，是一项综合性的系统工程，要把学习、实践、反思、改进融合在一起，要讲究研究、写作、表达交流的综合体现，要追求教学立意、教学创意的设计与表达。

决定今天成就的不是今天的知识、能力和水平，而是昨天我们对人生、事业和梦想的态度；同样道理，决定明天成就的也不是明天的知识、能力和水平，而是今天对人生、事业、梦想的追求。我们的今天由昨天的付出而决定，我们的明天由今天的努力和付出而决定。

教学工作需要知识和能力，但更重要的是创意与智慧，然而最终起关键作用的是专业素养。拥有专业素养，教学会少走弯路，不走错路；缺失专业素养，教学将会缺少灵气，课堂将会缺乏创意。专业素养是专业能力的加速器，是专业水平的稳定剂，所以我们要格外重视专业素养的涵养与生成。

记得2013年7月《光明日报》在报道中国选手获得游泳世锦赛花游单人技术自选和自由自选两个亚军时，许多媒体的标题都是"技不逊人，艺不如人"。用中国选手自己的话说，与俄罗斯选手的差距，不在技术上而是整体上，如音乐、舞蹈、表现力、影响力等。说白了，就是运动员文化素养的欠缺导致了艺术素养的欠缺。

竞技体育不仅是身体与技术的对抗，而且是科技的对抗及文化素养的对抗。"头脑简单、四肢发达"的运动员很难进入优秀运动员的行列。同样道理，有效教学不仅看重对知识的拥有量，关键在于调动学生主动学习、鼓励学生深度学习、支持学生合作学习、组织学生创新学习的教学立意与教学创意。可以毫不夸张地说，教学创意是区别一般教师与优秀教师的关键所在。教学创意来源于专业素养的涵养与生成。若想成为真正的名师，在教学艺术上出人头地，就必须重视专业素养的涵养与生成。

一般教师在专业发展的过程中，往往倾向于学习名师的教学模式，误认为借用、套用别人的模式可以使自己省心、省力并取得良好的教学效果。名师的经验不向世人保密，但我们总也学不走也学不像。究其原因，就在于我们欠缺跟进学习的支撑，跟进实践的保障和跟进反思的提升。

阅读思考：

1. 教师专业发展的五种类型、六个阶段分别是什么？专业素养的十项要求是什么？

2. 教师发展要经历哪三个成长阶段？你目前处于哪个阶段？对未来发展有什么规划与打算？

六微循环：促进教师三次成长

——论"互联网+"背景下的教师专业发展

我们正处于一个大变革的时代，信息技术日新月异，"互联网+"的新态式已经深刻改变着整个社会。随着微博、微信、微创、微客的日渐普及，朋友圈、同学圈、老乡圈、同事圈的日趋扩大，一个信息生产、传播、评判与接受的"微时代"已经悄然而至，并将成为新时期的时尚文化和主题文化的样态。

"互联网+"教育的新态式也同样在改变着教育。要适应微时代的阶段特征，就要认识微时代的基本概念。微时代指互联网技术支撑下的信息传播与接受，其特征一是信息内容短小精巧，使朋友之间乐于传播、便于收藏；二是传播主体就是我们普通大众，体现自媒体的特点，讲我们自己的所见、所想、所做、所悟；三是作为传播方式，微博、微信是一种更加生动、快捷、自由的传播方式。

我们要适应"互联网+教育"的时代变化，从微教研入手，争取微起步。微教研立足于小问题，着眼于小方法，致力于小改进，得益于小提高。坚持抓实、抓细、抓小、抓精，争取以小见大、从小到大、逐步提高、逐步发展。微教研倡导"小切口、大纵深、低起点、快步走"的教研策略。微教研要体现网络检索、网络学习、网络交流、网络研究的时代特征。

微进步是指教师的专业成长是个渐进、渐悟、渐变的过程，只要心中有梦想，就会发展不停步。微进步就是致力于点滴的进步，着眼于点滴的提高。微进步讲究以老实的态度做学问、朴实的心态干工作，求实的方法写文章。个别教师写教案基本靠"粘贴"，搞教研基本靠"下载"，写文章基本靠"复制"，做课题基本靠"剪辑"，虽说是省心、省力了，但难以收获真正的进步。

怎样适应时代的变化，跟上"互联网+"的步伐，来促进教师的三次成长呢？我们要以互联网思维的方式，坚持"跟进学习、跟进实践、跟进培训、跟进提高"的教研策略，践行教学、教研、培训三位一体的方法，致力于推进教师的专业化成长、个性化发展和整体性提高。

根据我个人的观察分析，教师群体大致可以分为四个层次：年轻教师、骨干教师、优秀教师和卓越教师。年轻意味着入职时间短，教学经验少，职业认同感弱，敬业精神亦弱；年轻教师的另外一层含义是不以生理年龄、工作年限来划分，而是以教学成熟的程度来认定。虽说有十年教龄，但若不能独当一面，仍被认定为年轻教师。从年轻教师成长为卓越教师，要经历三次成长转变过程。一次成长是从年轻教师发展为骨干教师，二次成长是从骨干教师提升为优秀教师，三次成长是从优秀教师修炼为卓越教师。

一次成长靠个人努力、经验积累，形成自己的教学特点；二次成长靠同伴互助，理论提升，形成自己的教学特长；三次成长靠专家引路，实践感悟，形成自己的教学主张。一次成长的标志是行为方式的变化，二次成长的标志是教研方式的改进，三次成长的标志是思维方式的成熟。

三次成长意味着成长过程中的三道坎。迈过了这道坎，你就完成了一次提升，一次蜕变。迈不过这道坎，就将沦为平庸或处于停滞状态。我个人认为，一次成长率为85%—90%，二次成长率为50%左右，而三次成长率为10%—15%。为什么多数教师不能成为优秀乃至卓越教师呢？究其原因，就是缺少一种有效的方法，一种有效的策略来推动教师的专业成长。阻碍教师专业成长的因素，概括起来就是有经历无经验，缺少反思；有体会无感悟，缺少发现；有观点无系统，缺少提炼；有做法无依据，缺少支撑；有思考无写作，缺少作品；有总结无理论，缺少提升。

针对教师专业成长的现状，依据信息社会的时代特征，借鉴循环经济的环保理念，践行"有效教学、有效教研、有效教师、有效成长"四位一体的教研策略，我提出"六微循环，促进教师三次成长"的研训方案。

一、微课例：积累教学经验

教师的专业成长，很大程度上取决于教学技能的提高和教学经验的积累。经验的本义：一是经历、经过；二是体验、感受。经验的来源有四：学习、实践、借鉴、感悟。对教师而言，微课例是积累教学经验的好方法。

微课例是指在一节完整的常规课中，总有一点儿出彩的地方，总有一点儿可以借鉴的地方，尽管这些优点不突出，特点不鲜明，但要用比较的方式来发现它，观摩的方式来"点赞"它。把这些优点、亮点用"录课"

的方式记载下来，用微博、微文的方式发至同事圈，把自己的看法与朋友分享，把自己的课例让朋友点评。

教师职业生涯中必须找对三种人：一是榜样式偶像，让我们有梦想与追求，生成发展的动力；二是伙伴或对手，让我们有比较与竞争，生成思考的活力；三是恩师或导师，为我们提供点拨与点化，生成研究的张力。你喜欢什么样的人，一定会努力成为什么样的人。人们常说，小成功靠个人努力，大成功靠朋友帮助，巨大的成功要靠对手的挑战。

过去的教研活动总是局限在一个相对封闭的环境中，"萝卜烩萝卜，还是萝卜"，怎么给它加上点儿羊肉，让它增值呢？缺少高人的高见与高招，大家也就是七嘴八舌，没有定论。微时代的特征是其民主性、开放性。我们把微课例的片段投放在网络上，可以收获肯定，也可以看到"吐槽"。微课例冲破了围墙的限制，在更大的范围内交流意见，这就是寻求高人指点，追求教研增值点的过程。

微课例重点关注某个教学环节、某个问题的解决。它与微课的区别在于，微课用于教学，微课例用于研讨；微课服务学生，微课例服务教师。

有效教研倡导在常态化中的研讨，在家常课的情境中的研讨。微课例恰恰就是在平常、平凡、平实中下功夫，找亮点。教学诊断提供课改思路、经验积累夯实发展基础。

二、微课题：解决教学问题

课题是指研究或讨论的主要问题或亟待解决的重大事项（《现代汉语词典》）。微课题主要针对教学实践和课程改革中的问题，以课题的方式予以立项，以研究的方式予以解决，以微博的方式予以推广。

确定微课题首先要做网络上的学术检索，一则看看这个问题是不是已经有人做过，还是别人也同时在做；二则比比这个问题别人的研究思路、研究方法和研究成果，与我们的思路、方法是否雷同，避免剽窃之嫌疑。其次，要做网络上的同步介绍。微课题在网络上的同步介绍，用意一则是引起同行关注，便于相互帮助、相互借鉴、丰富思想、碰撞观点。二则是自我督促。课题研究既然已经公之于众，大家等着看你的下文，等你的结论，总不能失信于网友。再次，微课题要做网络公示。敢于把自己的研究结果公布于众，一则要有学术自信。我的研究成果一定是基于独立思考的结果，不可能是"下载""复制"别人的成果或"剪裁""嫁接"别人的结论；二则要有比较意识。课题研究是见仁见智的过程，谁的结论更有说服力、影响力，不取决于其地位、官职，只与研究成果的价值相关。

三、微反思：寻觅教学特色

教学特色是教师在长期的教学过程中所形成的别具一格、独树一帜的具有个性化特点的教学风格。特色首先表现为与众不同，模式化的教学不会有特色，程序化的教学也不会有特色。特色体现在教学设计、结构设计、活动设计和习题设计之中，特色融入了教师个人的学识见解和优势特长，所以，特色的教学，别人学不走，也学不像。套用现成的教案，模仿名家的课例，都不可能上出有神采、有韵味、有特色的课程来。

教学反思的一个主题就是如何形成自己的教学特色。一要具有精益求精的敬业精神，认真上好每一堂课，精心设计、精心组织、精心斟酌。二要具有厚积薄发的文化底蕴。教育是门综合性的艺术，单凭学科知识很难成为优秀教师，也很难形成自己的教学特色。有了厚重的文化底蕴，看待问题可以更远，讲解问题可以更活，引导问题可以更深，研究问题可以更透。缺失文化底蕴，你就只会按部就班讲教材，人云亦云讲练习。三要具有博采众长的学习热情，不放过每一次观摩的机会，不放松每一次学习的劲头。在一点一滴的比较中提高自己，在一点一滴的进步中完善自己。四要具有学识见解的创新精神。独特性是教学特色的精髓，创新性是教学特色的灵魂。对待别人的经验，只有经过自己的理解消化、行为转化、思想内化，才可能真正融会贯通，成为自己的东西。一味模仿他人的风格，套用别人的模式，那就只能扮演一个追随者的角色。五要具有个性化特点与优势特长的融合。教学特色一定既要体现教师个人的个性特点，又要体现学科特点，还要反映教师的学识见解和优势特长。要形成鲜明的教学特色，需要我们长期的探索与不懈的坚守，只有在课程改革的实践中，坚持自我反思、自我完善、自我提高，方能逐步形成自己的教学特色。

微反思就是紧紧抓住特点、发挥特长、形成特色。二十中语文教师宋瑶瑶，擅长简笔画。她以简笔画为突破口，调动学生的学习兴趣，以教学技能的特长为依托，以创设情境、形象思维为特点，积极探索"绘图阅读、绘图对话、绘图作文"的"三图教学"，努力形成"图文结合、形象思维、生动表达、个性理解"的教学风格。

四、微创意：扮靓灵动课堂

教学创意是教师在教学设计和实施过程中提出的具有创造性的教学构思或独具匠心的教学举措。教学创意对于创设教学情境、调动学生兴趣、激活学生思维、促进师生对话、捕捉教学灵感、提升教育品质等方面，都具有突出的实践意义和指导意义。创意体现对教学素材的整合驾驭，创意说明对教学本质的深刻认识。教学创意让有效教学更精彩，教学创意让教师成长更有力。

课程改革倡导"用教材教"，怎样做到与众不同、与书不同、与网不同，那就需要有教师自己独特、新颖的见解，有独到、别致的方法。教学创意可以是备课时的预设，也可以是讲课时的机智，还可以是听课时的顿悟，更多的是课后反思的生成。

我曾概括总结出教学创意的八种途径：一把生活引入课堂，教学才会生动；二把联系引入课堂，教材才会鲜活；三把观点引入课堂，思想才会碰撞；四把比较引入课堂，理解才会深刻；五把体验引入课堂，情感才会共鸣；六把方法引入课堂，能力才会落实；七把用心引入课堂，领悟才会生成；八把自由引入课堂，学习才会自觉。

生活有创意，家庭有情趣；教学有创意，学生有乐趣。每节课都能有一两个微创意，我们的思路就会越来越宽，方法就会越来越活，体会就会越来越深，学习就会越来越有效。

常规课堂上，学生们大多处于接受性学习的被动状态。课程改革致力于改变这种状态，力求达成师生共同学习的互动状态。我个人认为最理想的教育应该是师生共同研讨、共同进步的灵动状态，形成灵动的思维、灵动的对话、灵动的探讨、灵动的课堂。

我把课堂学习的心理状态分为被动、互动、主动、感动与灵动五种层次。让学生回答问题、背答案者，皆属于被动学习；师生之间有对话、有启发、有提示、有评价者，基本属于互动学习；鼓动学生独立思考、大胆提问者，大致属于主动学习；创设情境、提供情感体验，关注生活、添加情感联系，这才有了感动学习的样子；灵动课堂上学生不受教材的束缚，可以自由地提问，教师不受考试的影响，可以尽情地讲解。探究的问题可能永远不会作为考试题，但对学生的思维方式、情感态度、文化素养和价值取向会产生难以估量的影响。

秦始皇哪一年统一中国？为什么是秦始皇完成了统一大业？战国七雄当中，谁曾经最有机会统一中国，他怎样错失了历史机遇？维护中华民族"大一统"的力量是什么？上述四个问题，从思维层面、知识含量、问题导向、问题设计上，可以看到"五动"学习在思维层次上的差别。

五、微讲座：表达学识见解

微讲座是一种非正式、非正规的学术研讨交流活动。过去搞讲座的讲师大都是领导、专家，而微讲座的讲师则是我们自己。微讲座时间不长，15—20分钟；题目不大，切合教学实践，讲自己的心得体会；要求不高，不强调理论上的系统性，只求有个人见解。微讲座给普通教师提供一个展示的舞台、交流的平台，让一线教师讲自己的故事，讲自己的学识，讲自己的梦想。

微讲座可拍成视频，放在校园网或朋友圈，进行交流和传播，通过联合学校，协作教研。共同拟订多个微课提纲，在规定时间段都上传各自的微讲座视频，这既是一种交流，又是一种比较，既是一种展示，又是一种碰撞。

微讲座的主要内容是教师自己的学识见解，微讲座重在求心得、有创见、有新意而非一般性的知识介绍。微讲座贵在求充实、有内容、有内涵，而非普及的培训。经验总结、教育叙事、教学反思、教学随笔，都可以是微讲座的内容。不管讲什么，一定要有自己的见解，一定要讲自己的主张。微讲座优在求易懂，有逻辑、有推论。微讲座新在求创意，有新意、有开拓。微讲座应该是学校生活浓墨重彩的一道风景线。开展微讲座对于繁荣教研文化、活跃课改氛围、鼓励教学创新、打造名师团队，具有积极的促进作用。

微讲座案例：培养学生的核心素养

1. 核心素养：不用别人提醒的自觉，不用纪律约束的自由，不用伪装自己的真诚，不求他人回报的奉献，不用领导督促的主动，不为名利所累的淡泊。

2. 培养途径：①养成良好习惯；②培育阳光心态；③建构自强精神；④树立团队意识；⑤结交知己挚友；⑥拥有人生导师；⑦丰富人文情怀；⑧坚守理想信念；⑨规划职业志向；⑩提升创新品质。

六、微创作：表达教学主张

微创作有两层含义：一是创作的产品要在网络上交流公示；二是作品不求"高大上"，只讲小巧、精致。微创作的主要指向，就是表达自己的教学主张。

《人民教育》2015年第三期发表《教学主张与教师成长》专辑，余文森先生著文《教学主张：打开专业成长的"天眼"》。余先生认为"要把优秀教师培养成为卓越教师，最核心的工作就是帮助他们提炼自己的教学主张，并围绕教学主张开展系统的理论和实践研究"。名师区别于普通教师的地方就在这只"天眼"上，能够于平凡中见新奇，平常中见学识，平淡中见动力。提炼教学主张也就是引领优秀教师完成第三次成长，把教学经验上升到理论高度或用理论来充实、改造自己的经验，使之拥有"理论因子"或"理论成分"，把经验变得更系统、更深刻、更有说服力和影响力。

微创作是指教师在专业成长过程中对自己的教学经验、教学反思、教学创意和教学设计等研究成果，坚持小切口、大纵深，小积累、大提高，小创作、大主题。以小见大，以小见长，以小见深，只要有真知灼见，只要是个人见解，都可以算是微创作。就语文教学来讲，有简单语文，诗意语文，情致语文，大语文，真语文，也有主题教学、"三图教学"，还有精致阅读、群文阅读等各种各样的流派。但不论什么主张，自我反思是教学主张形成的关键环节，个人特长是教学主张形成的能力支撑，服务学生是教学主张形成的实践依据，理论提炼是教学主张形成的核心要素。

教研创作的六项要求："一个见解写新，一个观点写透，一个主题写好，一个立意写高，一个系列写全，一个创意写巧。"

微创作案例：形成办学特色，需要讲究五个方面的工作：

1. 教学常规的锻炼：把简单的工作做精致；
2. 局部优势的凝练：放大自己的潜能特长；
3. 教学品质的磨炼：打造自己的教学风格；
4. 教学主张的锤炼：提出自己的学识见解；
5. 教育自觉的信仰：坚守自己的教育梦想。

教师的专业成长有其规律性，所以我们从小处入手，以求点滴进步；有其周期性，所以我们讲"循环"，以求逐步提高；有其特殊性，所以我们讲引领，以求成效。教师成长呈现出金字塔的形状，卓越教师处于塔尖，优秀教师处于上部，受限于能力不够、实力不足等因素，人数最多的一般教师处于塔基。"六微循环"为打破教师成长的局限提供了新途径，通过搭建一个校际交流平台，让同事、朋友更加了解彼此所做的努力和取得的成果。"微时代"强调的是交流研讨，把自己可能不成熟的设想、结论投放在网上，既是一种自我督促，又是一种自我鞭策，既是一种自我完善，又是一种自我提高。

成长是一种进步，需要动力支撑；成长是一种提高，需要能力保障；

成长是一个转变，需要活力引领；成长是一种蜕变，需要张力拓展；成长是一种升级，需要定力维护。

教师专业成长是一项综合工程，它要把学习、实践、反思、改进、研究、写作融合在一起，方能起到最佳效果。

"六微循环"针对专业成长的六个要素，致力于有效教研的落实、落细与落小。我们相信积少成多、循序渐进的道理，期待着与大家一道共同发展、共同进步。

阅读思考：
1. 如何才能形成自己的教学特色？你的教学特色是什么？
2. 主要通过什么途径培育学生的核心素养？

坚持四个跟进，推进牛津版教材落地生根

——牛津版初中英语教材使用情况的考察报告

2016年3月8日至12日，受新乡市教研室主任郭义林的委托，与教研室教研员周凤敏一道偕同辉县市教育局副局长王琦、副主任张守金，延津县副局长李宗建、主任何校、副主任王社琴及两县骨干教师共17人，赴沈阳考察牛津版初中英语教材使用情况。

一、考察使命

此次考察，我们身负五项使命，或者简单地讲，我们要解决五个疑问：

1. 新版教材怎么用？课改理念倡导用教材教，但具体如何用并且用好，用得恰到好处、恰如其分，却始终是一个难题。关于用教材，我有一个比喻。教师如同媳妇，教材好比面粉，学生如同孩子。媳妇做饭，不能说我只会蒸馒头。一日三餐，顿顿吃馒头，孩子吃不了三天就会闹意见了。好媳妇、巧媳妇都会变着花样来做饭，哄着孩子多吃饭。现在，我们的任务就是来转变思想、拜师学艺、学会怎么适应学生，给学生提供合适的教育。

2. 集体备课怎么改？很多学校都有集体备课的规定，但真正落实的偏少，能备出新意、备出高招、备出创新效果的更少。新乡市教育局将推出的教学常规检查，也把集体备课列为重点项目。沈阳第四十三中学的集体备课，大家不讲虚话说真话，不套空话讲实话，紧紧围绕文本拓展，联系生活的主题展开讨论，很有务实精神。集体备课的程序应该是：①初步设想；②教参比较；③集体交流；④思想碰撞；⑤学识见解；⑥教学特色。在个人见解的基础上，碰撞思想形成闪光点；在集体讨论中，比较学识形成新见解；二次设计，提出个性化的新思路。

集体备课重在提炼创意，难在提升立意。教学创意既讲究联系生活，又推崇拓展教材；既讲究激发学趣，又推崇学法指导。教学立意经历了两个转折，从知识立意到能力立意是第一次转折，从能力立意到素养立意是

第二次转折。核心素养的价值取向就是让学生学会求知、学会生活。

怎么评价集体备课的效度？我草拟了六项要求：①解析教材，明确学习目标；②创设情境，引入生活联系；③自主学习，完成知识建构；④活动设计，引导深度参与；⑤学法指导，掌握思维要素；⑥素养立意，呈现价值取向。

3. 有效教研怎么做？教学问题怎样由"教"学转向"导"学，让学生明白学习是学生自己的事；提高学习成绩的秘密在于调动学趣，指导学法，了解学情，提升学旨。

有效教研不管教研员取得的教研成果有多大，取得的表彰级别有多高，就看你解决问题的实际效果。有效教研重在问题归纳，难在问题解决。一句话，教研的效度决定教研员成长的速度，教研的质量决定教研员成长的质量。

4. 教学特色怎么磨？特色是比较的产物，但主要是专业磨砺的结果，教学特色由教学特点、教学特长发展演化而来。对教师来讲，优秀教师的发展要求是如何形成自己的教学特色，进而提出并完善自己的教学主张。

沈阳四十三中学的两位教师姜娜和王粤，教学特点突出、特色鲜明，很值得我们仿效。他们没有什么模式，也不刻意去学什么模式，只关注自己的学生，关注自己的课堂。谦虚之下透出的职业自信，让我们一行很有感触。我注意到了顾明远先生为四十三中的题词："追求卓越，弘毅志强。"我理解的卓越，不是要超越别人，而是做最好的自己。辽中县两位教师孙敏和年长虹，讲述自己的教学经历、教学创意和成长故事也给大家留下了深刻印象。另外王海欧教师朴实无华，更接地气，令人倍感亲切。

学习别人不是为了模仿别人，而是为了成就自己。磨砺自己的教学特色，塑造自己的教学风格，提出自己的教育见解，形成自己的教育主张，这是名师成长四部曲。参加此次考察的教师，都是辉县、延津县的骨干教师，都是负有使命的种子教师。我们要想成长得更快、更好，就要从教学特色入手，抓住专业成长的目标努力。

5. 深度学习怎么推？教学实践中一个值得我们探究的问题是怎样推进深度学习向纵深发展。从三维目标的达成情况看，知识与能力、过程与方法还能得到落实，而态度、情感与价值观则往往被人忽略。就是知识也只是关注中考与高考的命题点，知识背后的文化内涵、人文情怀、价值取向和本质意义,并没有得到充分的重视和拓展。

深度学习包括深度参与、深度探究、深度拓展、深度理解四个方面的内容。沈阳四十三中、辽中县城镇二中、辽中县茨榆坨中学的教师们怎样推进深度学习是我们此次考察的重点内容之一。

二、收获感悟

此行收获主要有五项成果。

1. 课改策略。沈阳市教研员张达老师说,12年前沈阳引进牛津版教材时,他提出要将外版教材的教学方式引入国内,要学得有模有样,做到有滋有味。我将其换种说法,首先,有模有样要瞄准课改先进地区,学课改理念,学课堂操作;其次,有滋有味要在实践中找到自我,坚持做最好的自己;再次,有神有采要在提高中找到成功的途径,体验成功的快乐。跟进学习、跟进实践、跟进培训、跟进提高就是我们的课改策略。

2. 理念。张达老师提出"挖掘文体内涵,启迪学生思维,拓展国际视野,培养人文情怀"的课改理念,既有实践意义,又有指导意义。结合新乡的实际,我加上四句话,作为完善和补充:"达成基本目标,加强生活联系,倾注情感色彩,学会基本句型"。英语教材究竟是应该中国化多一些,还是国际化多一些?虽然起点高,要求高,但我们如果能跨过这道坎,就会迈上新层次,跨上新台阶。前面将是一片坦途。

3. 幸福。对教师来讲幸福是什么?就是做自己喜欢做的事。最幸福的是什么?和自己喜欢的人一道做自己喜欢的事。张达教师身边围绕着一大群既喜欢英语又喜欢张老师的教师们,他一定是最幸福的人。

4. 素养。在交流中,我感到了新乡与沈阳在课改进程中的"代际差"。我们还停留在知识与能力立意的层面上,涉及的问题局限于教材、练习题范围内,很少提到用教材、出创意、讲素养的层面,这就是差距。这个差距不是教学硬件的差距、教学技能的差距,而是教育理念的差距。所以,我们要格外注意教师专业发展的软实力。

5. 深度。深度不仅指挖掘文本内涵,还应该指优化课程结构,适应学生认知,调动学习兴趣,引导自主学习。理解基础上的记忆是有效的记忆,但理解需要学生的参与、案例的比较、教师的引导、自己的感悟。只有抵达事物的本质、特征和规律,才算是有了深度学习的模样。

基于每一位学生,关注每一位学生,发展每一位学生,成就每一位学生，这应该是我们共同的教育梦想。适应学情、适应教材、适应新形势的要求，是我们用好牛津版教材的心理基础。学生起点低，教材难度大，教学要求高，面临困难大，解决问题的关键取决于老师的心态。我们只有克服畏难情绪，才能带动学生去快乐学习，这是我们用好牛津版教材的心理准备。热爱学习的要诀是创设情境，设计活动，让学生充分展示，深度参与，这是沈阳之行的最大收获。

怎样做酸奶，不是生物课而是英语课的内容；包饺子，不是课外活动而是创设真实的英语情境；画教师肖像，不是美术课而是英语课的活动内容；英语接龙，英语竞猜，小卡片随身携带、顺口溜信口传唱，都是沈阳、辽中教师的教学创意。沈阳四十三中英语组长高文老师说得好："只要思想不滑坡，方法总比困难多。"

向人学、向事学是成功的捷径，向书学、向网学是成功的基础。做好自己的事，上好自己的课，讲出自己的特色，形成自己的风格，这是我们专业成长的目标。怎样成为优秀的英语教师？我把此次考察的心得归纳为一句话：上心，研读教材；用心，调动学生；热心，参与活动；关心，鼓励进步；爱心，成就发展。

有了目标，我们就有了前进的方向；有了榜样，我们就有了前进的动力。成功是无数个小成功积累的结果，成功就在我们自己的脚下。

三天的考察学习，我们走访了三所学校，听了六节现场课，参加了三次评课议课互动和一次集体备课活动，聆听了两位教师的经验介绍。三所学校，既有"高大上"的城市代表，又有县城中学的典型，还有农村中学的样板。尤其是年长虹、孙敏两位教师的经验介绍，极大鼓舞了我们教师的信心。可以说我们见到了真人，学到了真本事。

学具体方法，我们只能亦步亦趋，永远也学不成名师；学思路策略，我们才能学得有模有样，有自己的教学特色、风格和品位；学教育智慧，我们才可能从优秀迈向卓越。卓越就是把自己的事做到极致，成就最好的自己。

此次考察，我给各位种子教师提了一项个人建议：塑造教学风格，尝试三味教学。所谓三味，即趣味、风味和韵味。趣味强调快乐感受，风味突出学科特点，韵味渗透人文情怀。在三五年之内，如果各位能做得有模有样、有滋有味、有神有采，就一定能在牛津版教材的使用过程中，在课程改革的深度实践中，找到适合学生的方法，也找到成就自我的路径。

阅读思考：
1. 怎样提高集体备课的效度，把备课变成"思维碰撞"与"素养立意"的磨课？
2. 我们如何形成自己的教学特色、教学风格、教学见解与教学主张？
3. 热爱学习的要诀是什么？
4. 三味教学的特色是哪三味？你的课堂有几味？

跟着名师做名师

2016年3月22日，新乡市教研室在河南师大附中召开"基于中学语文教材的读写结合教学实践研讨会"，会上特意邀请长沙市名师邓志刚老师做专题报告《向课文学作文》。邓志刚是长沙市语文工作室首席名师，执教于百年名校长沙市雅礼中学，著有8部教学专著，在全国许多省市做的专题讲座有一百多场。他引领工作室成员，编著出版的序列化的作文教材，广销全国各地。

语文教学的任务是"读说听写"，最难的地方是作文。难的原因有很多，怎样克服困难，提高教学效能，这是摆在我们面前的一个不容回避的问题。我们遇到的难题，在别人眼中已不是难题，他们通过研究已经解决了此类问题，并形成了自己的研究成果，我们要有开放的胸怀和"看齐意识"，善于向名师学习。

新乡市教研室提出"跟进学习、跟进实践、跟进培训、跟进提高"的教研策略，就是要瞄准领军人物，借力而行，借脑而为，借势而做，争取自己更大的进步。我们邀请邓志刚老师讲学，用意就在于此。邓老师讲的题目是"向课文学作文"，我模仿邓老师的题目，要讲的题目是"跟着名师做名师"。

一、名师的特征

名师之所以成为名师，自然有其过人之处、超人之处。我大致概括了名师的五个特征：有实践历练，有教育梦想，有教学风格，有思想主张，有精神境界。

与名师相比较，我们不缺实践历练，也不缺教育梦想，我们缺的是教学风格、思想主张和精神境界，尤其是欠缺思想主张。我们也有新乡名师、中原名师，但能拥有自己的学识见解，能提出自己的教育主张的名师却凤毛麟角。向名师看齐，向名师学习，"跟进学习"是个主动选择，要做到有模有样；"跟进实践"讲究学以致用，要做得有滋有味；"跟进提高"要预留教育反思的时间，做到有时有响；"跟进培训"突出问题导向，做到教学相长。通过四个"跟进"最终形成自己的教学主张。

二、名师的课堂

《中国教育报》曾刊载过一篇文章《阅读教学中的"研究"智慧》

(2014年11月5日,《环球周刊》),作者是深圳市盐港小学王娟女士。她在文章中介绍了美国纽约一所小学的课堂教学。

学习主题:阅读与写作相结合的学习指导。

学习步骤:①研读经典的侦探故事,探讨悬疑的产生与揭晓;分析基本的写作方法,尤其侧重人物、场景、可疑之处、解密方法,类似于我们强调的记叙文六要素。②拟订提纲、呈现结构、概括主题、提炼要点。用一个山坡的图形,形象地展现出故事的起因、经过、转折、高潮、结尾。每个段落、每个环节,都要用词语短句进行概括。深度阅读在于把握文本结构。③开始仿写,明确目标。根据提纲进行写作,避免盲目性,克服片面性。④把作业变成作品。作业写完了,并不意味着任务终结。老师要求学生设计封面,要有文章摘要、核心词、目录,还要有参考文献。这是我们大学毕业论文的要求,而在美国则是小学生的作文要求。然后装订成册。⑤小组合作,互相阅读,完成互评表,分项写出评语或读后感。我们把批阅作文视为负担,美国同行则让学生评价自己。⑥正式宣读并接受提问、质疑。⑦作品展示,自我欣赏。一篇文章,用5号字打印整整5页。但附有草稿,参考资料20多页。

与名师的课堂相比较,我们会发现差距不是在于写作技巧、写作方法,而在于教学思想、教育理念。

写作要有方法,把作业变成作品,让学生学会评价自己,让思想碰撞生成思想火花,让作品陪伴学生成长,这都是思想差距在课堂上的表现。

三、跟着名师做名师

从一般教师成长为优秀教师,发展为名师,要突破四个瓶颈的制约,即思想境界、能力提升、教研转型、素养内化。

写作是教师专业发展的助推器。因为写作促进有效学习,写作促进深度思考,写作促进思维转化,写作促进专业发展,写作提升学识见解,写作提升课改成果,写作提升教研价值,写作提升理论含量。所以,我们要跟着名师学写作。

学习名师的工作思路与方法,可以提高教学效果和教研效能,促进自己的工作迈上新台阶。但如果仅仅是学习工作思路和方法,我们就只可能跟在名师的身后做一个追随者。学习名师的思想和品质,可以提升教学品质和品位,促进自己的工作层次。学习名师的境界和追求,可以真正提升自己的思想境界和专业追求。

学习名师不是为了模仿名师，而是为了成为名师，甚至超越名师。要想成为名师，就要明白名师成长的四个步骤：一是磨砺自己的教学特色；二是塑造自己的教学风格；三是提出自己的教育见解；四是形成自己的教育主张。

学习名师的过程，不仅是一个单纯的学习过程，而且是一个实践、反思、提炼、内化的过程。俗话讲"师傅领进门，修行在个人"。修行就是思考、探究、发现、感悟教育规律的过程。

学习名师，要善于学习、勤于思考、乐于写作、肯于助人。不把信息当作知识，不把收藏当作掌握，不把背诵当作理解，不把抄写当作思考，不把"下载"当作写作，不把"链接"当作拓展，不把提问当作启发，不把学会当作会学。

读写结合是一个老课题，但只有邓志刚老师把它做成了系列，做出了成果，《向课文学作文》《阅读与识见提升》《阅读与构段谋篇》《阅读与语言表达》《阅读与情感激活》，这些著作无一不证明了名师的内涵。

我毫不夸张地讲，我们已竭尽所能为各位老师做好准备工作，至于能否学到真本事，就看各位教师的灵性与悟性了。

你若把学习当成是爱好，那你就会快乐；你若把学习当成是煎熬，那你就会苦恼；你若把工作当成是享受，那你就会是生活的主人；你若把工作当成是苦役，那你就会是生活的奴隶。

跟着名师做名师，一定要掌握六个关键环节：①学习，让专业视域得到拓展；②实践，让教研能力得到提升；③反思，让经历成为经验；④交流，让观点得到验证；⑤风格，让特色变为支柱；⑥写作，让思想成为永恒。

只要我们有成为名师的梦想，明白名师成长的途径，掌握造就名师的方法，加上我们自己永不懈怠的努力、坚持和探索，我们一定会成为新的名师。

阅读思考：

1. 名师的特征是什么？要成为名师的策略是什么？
2. 写作是促进专业发展的有效路径，写作为名师成长提供了哪些正能量？
3. 跟着名师做名师，一定要掌握的六个环节是什么？

后记

衷心感谢大象出版社的帮助，2009年出版《有效教学课例与反思》，2012年8月推出我的个人专著《有效教学行动研究》，2014年11月出版《导学的创意与智慧》，2016年冬，《有效教研案例研究》即将付梓。一路走来，有大象出版社的陪伴，我深感荣幸，甚感欣慰。

新乡市教研室在课改实践中，提出"有效教学、有效教研、有效教师、有效成长"四位一体、协调发展的教研策略，倡导以有效教学为抓手，有效教研为依据，有效教师为重点，有效成长为归宿。有效教学之所以执行无力、指导乏力，原因就在于缺少有效教研的有力支撑、有效教师的有力拓展、有效成长的有力保障。

教学是教师的基本职责。要搞好教学，就必须提高自己的教学技能，提升自己的学识见解，把研究引入到教学工作中来。"教而不研则浅"，讲的就是这个道理。教研是教师专业发展的必修课，教研是优秀教师的内家功。但究竟怎样抓教研，把教研工作落实、落细、落小，却让许多人心有余而力不足。心不在焉无意抓，漫无头绪无从抓，满眼问题无处抓，职业倦怠无力抓，这是教研在实际工作中遇到的四大障碍。

有效教研是我们从有效教学行动研究中总结出来的一个概念。有效教学、有效教研、有效教师、有效成长四位一体，互为支撑，互为表里，互相呼应，共同提高，构成教师专业发展的组织结构。有效教研坚持以案例研究为抓手，问题解决为导向，思维方法为引领，学识比较为途径，专业发展为目标，教学主张为归宿。之所以提出有效教研的概念，一则是因为实际工作中确实存在着伪教研、假教研、低效教研和无效教研现象；二则它是有效教学的自然延伸、应然拓展和必然选择。有效教研不看你有什么层次的立项，拿过什么层次的奖励，而是看你解决了什么问题，取得了什么么效果，是否真正起到提升教学水平、促进专业发展的作用。

有效教研以案例研究为抓手。案例研究又称案例分析，是哈佛大学商学院工商管理的经典课程。案例研究起初只是作为一种教育技能用于教育实践，后来被许多公司借鉴为培训员工的重要方法。案例研究是指结合文献资料对单一问题、单一对象进行分析研究，进而得出事物一般性、普遍性规律的方法。案例研究具有情境性、亲历性、真实性和引导性的优点，是一种接近事实本真的教研方式，能显著提高学习者发现问题、解决问题、归纳问题和生成问题的综合能力。

案例研究用于教师培训，最受欢迎，也最有效果。案例研究操作示意图如下：

案例研究 { 第一步：选择案例　提出问题 / 第二步：研讨案例　发现意义 / 第三步：碰撞思想　提高见解 / 第四步：行动验证　推广应用 } ⇒ { 破题：呈现案例　问题情境 / 构题：分析反思　能力立意 / 解题：点拨思路　问诊把脉 / 答题：规范要求　自主建构 }

案例决定研究的价值，研究决定案例的意义。

案例研究的积极意义有三点：首先，提高教师查阅检索文献资料的能力，为从事研究打下专业的基础；其次，提高理论与实践相结合的能力，教研的生命力就在它的有效性，理论的生命力就在它的启发性；最后，提高教师的综合素质，形成质疑意识，提升创新品质。

案例研究的具体要求，一次把一个问题讲透。"论有效阅读的七个要诀""论导语设计的六个招式"，是解决具体问题的典型代表，属于对教育问题在微观层面上的探索；"有效教学的感性认知""论有效教研的十个基本指向"，这类文章属于对教育问题在中观层面的思考；"论教研员的核心素养与发展指向""论优秀教师专业素养的涵养与生成"，这类文章属于对教育问题在宏观层面上的研究。

选择学习，你就会有层出不穷的问题；选择教育，你就会有数不清的习题；选择研究，你就会有做不完的课题；选择教师，你就会有料想不到的难题。但是，只要我们还有梦想，就会有追求的勇气和发展的动力。

教研，我们永远在路上。